評伝　横井小楠

未来を紡ぐ人　1809-1869

小島英記

藤原書店

評伝　横井小楠

目次

主な登場人物　6

主な登場人物

横井小楠《よこいしょうなん》（平四郎）1809-1869　熊本藩士。思想家・政治家。儒教から出発した独自の思想で理想社会の実現をめざす。福井藩主の松平慶永（春嶽）に招聘されて藩政改革に力を発揮、幕府の政事総裁職になった春嶽のブレーンとして幕政改革でも活躍した。暗殺未遂事件に巻き込まれ、士籍剥奪、沼山津閑居の不運に遭う。明治新政府の参与に登用されたが、誤解がもとで暗殺された。

長岡監物《ながおかけんもつ》（米田是容《こめだこれかた》）1813-1859　熊本藩次席家老。小楠らと藩校時習館の改革をめざし、実学党を形成する。のち小楠と思想的に対立、絶交した。

下津久馬《しもづきゅうま》（休也）1808-1883　熊本藩士。奉行、番頭など歴任。小楠の幼なじみで心友、実学党の同志。

元田伝之丞《もとだでんのじょう》（永孚《ながざね》）1818-1891　熊本藩士。時習館で小楠に兄事。実学党に参加するが、のち距離を置く。江戸・京都留守居などを経て、宮内省に出仕、井上馨と「教育勅語」を起草する。

徳富万熊《とくとみまんくま》（一敬、太多助）1823-1914　小楠の門弟第一号。水俣・葦北郡の総庄屋の家に生まれる。徳富蘇峰（猪一郎）は長男、徳冨蘆花（健次郎）は二男。

池辺藤左衛門《いけべとうざえもん》（熊蔵）1819-1894　柳川藩士の門人で、同藩に小楠の肥後実学を導入。小楠の福井招聘に動く。

立花壱岐《たちばないき》1831-1881　柳川藩家老。池辺藤左衛門に師事、小楠に多大の影響を受けた理想主義者で藩政改革を実施。

松平《まつだいら》 慶永《よしなが》（春嶽《しゅんがく》）1828-1890　福井藩主。田安家より養子となり、藩政改革に着手。小楠を招聘し、藩政改革をすすめる。将軍継嗣問題で一橋慶喜を推すが、井伊直弼ら南紀派に敗北して隠居謹慎。その後、幕府の政事総裁職として活躍するが、小楠の失脚後、精彩を欠く。

村田《むらた》氏寿《うじひさ》（巳三郎《みさぶろう》）1821-1899　福井藩士。藩校明道館の御用掛。松平慶永の命で小楠招聘に尽力。目付役となる。

吉田《よしだ》東篁《とうこう》（悌蔵《ていぞう》）1808-1875　福井藩儒。門人に鈴木主税、橋本左内らがいる。上国遊歴で来福した小楠を弟の岡田準介ともてなし、親交を結ぶ。

中根《なかね》靭負《ゆきえ》（雪江）1807-1877　福井藩士。松平慶永の藩政改革を補佐、側用人。小楠と挙藩上洛計画で対立。

三岡石五郎《みおかいしごろう》（八郎・のち由利公正《ゆりきみまさ》）1829-1909　福井藩士。上国遊歴で来福した小楠の講義に感銘を受け、財政問題に目覚める。のち小楠と協力して藩政改革をすすめる。明治新政府の参与、五箇条の御誓文の原案を起草。東京府知事。

勝海舟《かつかいしゅう》（麟太郎《りんたろう》）1823-1899　幕臣。咸臨丸で渡米。神戸海軍操練所を実現、軍艦奉行、海軍奉行並、陸軍奉行となる。江戸無血開城の立役者。小楠と親交を結び「おれは、今までに天下で恐ろしいものを二人みた。それは横井小楠と西郷南洲だ」と評した。新政府で海軍大輔、参議兼海軍卿、伯爵、枢密顧問官。

坂本《さかもと》龍《りょう》馬《ま》 1836-1867　土佐藩を脱藩、勝海舟の門人となり、神戸海軍操練所の設立に奔走。海舟を通じて小楠を知り、思想的影響を受ける。海援隊を創設、薩長同盟を実現させるが、中岡慎太郎とともに暗殺された。

評伝　横井小楠

未来を紡ぐ人　1809-1869

横井小楠（1809-1869）

序章

海舟もたまげた高調子な思想

幕末維新の先駆的思想家といわれ、維新の十傑にもあげられながら、日本史の教科書にも登場せず、知名度も低い。横井小楠とは、そも何者だったのでしょうか。

江戸無血開城の立役者であった勝海舟が、『氷川清話』で述べた人物評があります。

「おれは、今までに天下で恐ろしいものを二人みた。それは横井小楠と西郷南洲だ。横井は、西洋のことも別にたくさんは知らず、おれが教えてやったくらいだが、その思想の高調子なことは、おれなどは、とてもはしごを掛けても、およばぬことがしばしばあったよ。おれはひそかに思ったのさ。横井は自分に仕事をする人ではないけれど、もし横井の言を用いる人が世の中にあったら、それこそ由々しい大事だと思ったのさ」

海舟ほどの人物を驚嘆させた小楠の、高調子な思想とは何だったのか、それを知らなければなりません。

幕末の名君のひとりに数えられる福井藩主の松平慶永《よしなが》（春嶽）に、小楠が熊本から招かれて藩政改革にあたったとき、万延元（一八六〇）年に著わしたのが『国是三論』です。一藩の改革の先に日本という国家建設に必要な「富国・強兵・士道」の三論を説いたものですが、そこに、こういうことを書いています。

「アメリカはワシントン以来、三大方針を立てた。第一は、天地の間に殺し合いほど悲惨なことはないので、天意にのっとって世界中の戦争を止めさせるのを務めとした。第二は、世界万国から智識を集めて政治や教育を豊かにする。第三は、大統領の権限を世襲ではなくて、賢人を選んでこれに譲り子に伝えない。これによって君臣の関係を廃し、政治は公共和平をもって務めとし、政治法律制度から機械技術にいたるまで地球上の善美と称するものはみな採用し活用するという理想的な政治が行われている。

イギリスでは、民意を尊重する政体で、政府の施策は大小にかかわらず国民にはかり、賛成するところを実施し、反対することは実行しない。開戦講和についても同様だ。それゆえロシアや清朝中国とそれぞれ数年にわたって戦争をし、死傷多数、多額の経費を要しても、だれ一人として怨むものはない。

ロシアその他の国々でも、多くは文武の学校はもちろん、病院・幼児院・聾唖院などを設け、政治・教育はすべて倫理道徳によって民衆のためにおこなわれ、ほとんど古代中国の三代の理想政治に符合するにいたっている。

このようにすぐれた政治をおこなっている西洋諸国が日本にやってきて、公共の道をもって日本を説き鎖国の方針を改めさせようとした。日本がなおも鎖国の旧方針を固守し続け、徳川一家のための幕府政治や、各大名一家のための藩政治をおこない、交易の理を知らないのは愚行というほかはない」

小楠は安政二（一八五五）年の夏、中国の林則徐がつくらせた世界情報事典ともいうべき『海国図志』の翻訳版から米英露など西洋各国の情報を得て衝撃を受け、開眼します。

情報は正確ではないにせよ、西洋が体現しつつある政治原則、共和政治、議会制度、民主主義、福祉、教育などの理念が、尭舜三代の理想、公共の道に近いと見立て、これをもって実現すべき国家目標だと唱えたのです。さらに注目すべきは、その新しい国家は世界平和を創出すべき存在になるべきでした。彼はこう書いています。

「日本は地球の中央に位置して海の便は四通八達し、英国に勝ることは万々である。だから、幕府がもし維新の令を下し、わが国固有の鋭勇を鼓舞し、全国の人心を団結させ、軍政を定めて威令を明らかにすれば、外国は恐れるに足らないのみならず、逆に機会を見て海外諸国に渡航遠征、わが義勇をもって海外諸国の争いを仲裁してやれば、数年もたたないうちに諸外国のほうから日本の仁義の風を仰ぐようになるだろう」

小楠はすでに安政四（一八五七）年、福井藩から招聘の使者として来た村田氏寿《うじひさ》に、意訳すればこういう話をしています。

「日本に仁義の大道を起こさねばならない。強国になるのではない、強国があれば必ず弱国が生まれ、侵略するからだ。この道を明らかにして世界の世話焼きにならねばならぬ。（アームストロング砲の）一発で一万も二万もの人が戦死するということは、必ず止めさせねばならぬ。日本の現状を正視すれば、インドのような植民地になるか、世界第一等の仁義の国になるか、選択肢はこのほかにない」

「世界の世話焼き」という表現が印象的です。

大日本帝国憲法の起草に参画し中央集権国家の確立に尽力した井上毅《こわし》が、元治元（一八六四）年秋、時習館居寮生のときに沼山津《ぬやまづ》に隠棲していた小楠を訪ね、『沼山対話』を著わしましたが、ここに「割拠見《かっきょみ》」という言葉が出てきます。「自国本意の見方・利己主義あるいはナショナル・インタレスト」という意味です。

「各国は割拠見の気習をいだき、自分を利する心で、至誠惻怛《しせいそくだつ》（他人を心底思いやる気持ち）の根元がないから、天をもって心として至公至平の天理に則ることができない」

「彼らは、しょせん戦争をしなければ日本人の心を交易にむけられないと思っているに違いない。

そういう計算は精密だが、枝葉末流の精緻さで、至誠惻怛から発したものとは違う。各国の割拠見で惨憺たる戦争を引き起こし、真実公平の心で天理に則り割拠見を抜けたワシントンの国アメリカでさえ南北戦争をひきおこし、その遺意は失われた」

アメリカに対する失望とともに、ナショナル・インタレストが支配する世界で独立し平和思想をもって生き抜くには、至誠惻怛をもって決意を示すほかないと表明したのです。

小楠らの肥後実学党の同志で、途中から離れた元田永孚《ながざね》は、明治天皇の側近になりましたが、小楠の後輩を自認しました。ただし、彼が起草に参与した教育勅語は小楠思想から遠いものです。

ともあれ、その彼が、小楠の談話をまとめた『沼山閑話』（慶応元年秋）に、こう記してあります。

「西洋の学はただ事業上の学で、心徳上の学ではない。事業はますます開けたが、人情にわたることを知らず、交易談判も事実約束を詰めるだけだから、ついに戦争となる」「心徳の学があって人情を知らば、西洋列強の戦争は止むべきなり」「もし、わが国で三十万石以上の大名に、その人物を得て、三代の治道を講究し、そのうえに西洋の技術を得て皇国を一新し、西洋に普及すれば、終には戦争を止めることができるだろう」

小楠は慶応三（一八六七）年六月二十六日、アメリカに留学中の甥で養嗣子の左平太と大平宛て書簡に、こう書いています。

「西洋列国は利の一途に馳せ、一切義理これなく」「富国強兵器械の事にいたっては、誠に驚き入った事業で、今日ほど盛大なのは過去にもなく、至れり尽くせりというべく、ただこの一途のみ用いるべき事で、道については堯舜孔子の道のほか世界にないのはいよいよもって明らかである。一言でこれをいえば、西洋学校は稽業（学業）の一途で、徳性をみがき知識を明にする学道は絶えてなく、本来の良知を一稽業に限ったのでは、その芸業のほかはさぞかし暗いことと察する。すでに西洋列強の、これまでの有名な人物をみても、アレキサンデル・ペイトル・ボタマルテ（アレクサンダー大王、ピョートル大帝、ナポレオン〔ボナパルト〕と思われる）らの類い、いわゆる英雄豪傑のやからのみで、ワシントンのほかは徳義ある人物はいっさいなく、これからもワシントン級の人物は決して出てくる道理がない。戦争の惨たんはいよいよもってはなはだしくなるであろう」

これより先、左平太・大平がアメリカに出発した慶応二（一八六六）年、小楠はふたりの旅のはなむけに、自分の理想を凝縮させた次の言葉を与えています。

堯舜孔子の道を明らかにし
西洋器械の術をつくさば
なんぞ富国に止まらん
なんぞ強兵に止まらん
大義を四海に布かんのみ

小楠は維新政府の参与になりましたが、慶応四（一八六八）年五月、一時、病重篤になったときに口述した「遺表」で、「ただ富強の事に従うのは覇者の術である」と述べ、「西洋各国をみるに、その崇ぶところ耶蘇（キリスト教）をもって宗とし、道は人の良心に基づくことを知らず、その精励の出ずるところ、人事の行われるところ、ただ利害の一途に出で、倫理綱常を廃棄し、酷剝（薄）を極めて、我の欲をなすにいたる。実に宇内の大患なり。独り本朝は未だこの害を蒙らず」、つまり、西洋的な富国強兵だけでは覇者の術であり、キリスト教ではない道を知る可能性のある日本だけが世界平和を実現できると表明したのです。

骨抜きになった小楠思想

坂本龍馬の有名な「船中八策」は、上洛中の前土佐藩主山内容堂（豊信）に大政奉還論を進言するために、長崎から藩船の夕顔丸で向かう途中、同藩参政の後藤象二郎に口頭で示したものを、海援隊の長岡謙吉が筆写したものとされています。龍馬は小楠と懇意の勝海舟の弟子で、福井の客館や沼山津の隠宅に小楠を訪ねています。当然、彼の「船中八策」は、『国是三論』の思想を引き継いでいました。

一　天下の政権を朝廷に奉還せしめ、政令よろしく朝廷より出ずべき事。

一　上下議政局を設け、議員を置き、万機を参賛せしめ、万機よろしく公論に決すべき事。

一　有材の公卿、諸侯および天下の人材を顧問に備え、官爵を賜い、よろしく従来有名無実の官を除くべき事。

一　外国の交際広く公議をとり、新に至当の規約を立つべき事。

一　古来の律令を折衷し、新に無窮の大典を選定すべき事。

一　海軍よろしく拡張すべき事。

一　御親兵を置き帝都を守衛せしむべき事。

一　金銀物価よろしく外国と平均の法を儲くべき事。

以上八策は、方今天下の形勢を察し、之を宇内万国に徴するに、之を捨てて他に済時の急務あるなし。いやしくもこの数策を断行せば、皇国を挽回し、国勢を拡張し、万国と並立するもまた敢て難しとせず。伏て願くは公明正大の道理に基き、一大英断を以て天下を更始一新せん。（原文はカタカナ表記）

上下二院制、公議による政治運営は、立憲制による近代的統一国家の創設ですが、後藤象二郎は、これを列藩会議の構想にまで後退させた公議政体論にして、山内容堂を納得させました。

徳川慶喜の大政奉還の意向を聞いた英国公使パークスは皮肉っています。

「ほとんど普通選挙といってもよい制度を基礎にした大名の改革案（土佐の建白書）は、スタンレー卿（外相）の微笑を誘うかもしれない。たぶん、彼らは自分たちが実行しようとしていることの意味を、まだ十分には知らない。改革案のなかで注目を引くのは、第二院（下院）の設置である。これが大名（藩主）の権力に打撃をくわえることになるのは必至だからである」

新政府は、慶応四（一八六八）年三月十四日、五箇条の誓文を発します。

一　広ク会議ヲ興シ万機公論ニ決スベシ
一　上下心ヲ一ニシテ盛ニ経綸ヲ行フベシ
一　官武一途庶民ニ至ル迄各其志ヲ遂ケ人心ヲシテ倦マザラシメン事ヲ要ス
一　旧来ノ陋習ヲ破リ天地ノ公道ニ基クベシ
一　智識ヲ世界ニ求メ大ニ皇基ヲ振起スベシ

幕藩体制に別れを告げて、ご一新の時代の到来を、高らかにうたったものですが、小楠思想という観点からは著しい後退です。ただし、匂いは残っています。

それというのも、御誓文のようなものを出そうと最初に主張した福井藩出身の参与由利公正（三岡八郎）は、小楠が同藩の藩政改革をしたときの同志であり弟子でしたから、彼の原案の「国是五章」は小楠思想をもっと強く打ち出したものだったのです。

一　庶民志を遂げ人心をして倦《う》まざらしむるを欲す。
一　士民心を一にし盛に経綸を行うを要す。

一　知識を世界に求め広く皇基を振起すべし。
一　貢士期限を以て賢才に譲るべし。
一　万機公論に決し私に論ずるなかれ。

ここには、民衆の力を発揮させて新政の基礎にしようとする、かなり平民的立場からの発想がありました。これを土佐藩出身の参与福岡孝弟（藤次）に示したところ、福岡は、字句を大きく変え、順序を改めます。

由利案の第五条を「列侯会議を興し万機公論に決すべし」と修正し、第一条にすえました。由利案の第一条の「庶民志を遂げ……」を、「官武一途庶民に至る迄各其志を遂げ……」と改めて第二条に置き、由利案の第二条の「士民心を一にし……」を「上下心を一にし……」と上下を差別して第三条に、由利案の第三条は、字句はほとんど同じで第四条に置き、由利案第四条の「貢士期限を以て……」の「貢士」を「徴士」に改めたのです。

貢士とはもともと中国の先秦時代に、諸侯が才学のある人物を中央に推薦した者のことで、新政府が採用し、まもなく廃止された制度では、諸藩から選ばれて議事に参与する人です。これならば選挙の仕方によっては代議士的性格をもたせることが可能でしたが、徴士は政府が上から選ぶものです。要するに土佐藩出身の福岡の案は、山内容堂らの「公議政体論」にそったもので、原案からはほとんど異質のものになったのです。

さらに福岡案をもとに、長州出身の木戸孝允（桂小五郎）が修正したのが、発布された五箇条です。

福岡案第一条の「列侯会議を興し……」を「広ク会議ヲ興シ」と一般化し、福岡案第五条の徴士の条を削り、その代わりに「旧来ノ陋習ヲ破リ……」としてこれを第四条に置き、「知識ヲ世界ニ求メ」を最後にすえたのです。木戸の修正は、土佐派の公議政体論を退け、天皇政権独裁の理念を基礎としたものでした。

小楠は、尊皇派や復古主義者、天皇制国家主義者にとって、危険な思想家でした。小楠の理想は、堯舜三代の理想政治です。君主は器にあらざれば取り替えなければなりません。安政四（一八五七）年春の「沼山閑居雑詩」に、「嗟乎《ああ》血統の論、是《こ》れ豈《あ》に天理に順ならんや」とあります。君主の血統論、世襲制を否定した思想は、封建君主制はもとより天皇制にとって危うさをはらみます。しかし、実は小楠は尊王家でもあったのです。「小楠」とは、忠臣楠木正成の長男正行《まさつら》のことです。

栄枯盛衰が著しい世界各国の王権のなかで、日本の天皇制が存続した理由に、王権がもつ二つの要素、つまり権威と権力が分離したことがあげられています。政治的主体の権力は上皇、摂関、将軍が受けもち、同時に権力の持つ暴力、頽廃といった悪を引き受ける。そのことによって、天皇は昇華され、政治責任を直接、問われない聖なる存在であり続けられるわけです。小楠の天皇も政治的権力と次元を異にする存在だったわけです。

小楠は言っておりませんが、これは象徴天皇制ということです。つまり、ここまで述べてきた小楠の理想を、もし憲法にしたとしたら、それは戦後の平和憲法とは似て非なる独創的な平和憲法ということになるでしょう。

そういう小楠は幕末の大事な時点で失脚し、沼山津に逼塞《ひっそく》させられます。ようやく新政府に召されて参与になりますが、新政権にとって小骨が刺さったような小楠の存在を疎ましく思う感情は強く、明治二年一月に暗殺されてしまいます。近代日本の構築にとって悔やまれる損失であったといわなければなりません。

そして今、小楠流にいえば、国際社会は各国の「割拠見」によって、いよいよ混迷し、劣悪なリーダーたちは闊歩、公共精神の衰退は格差を拡大させています。

小楠の高調子な思想に注目することが、人類の豊かな未来を紡ぐ可能性につながるのではないでしょうか。

第一章

腕白坊主の誕生

横井小楠は、文化六（一八〇九）年八月十三日、熊本藩士で百五十石取りの穿鑿《せんさく》所目付という中級の役人だった父大平（時直）と母かずの次男に産まれました。

又雄と名づけられ、元服して通称を平四郎、実名は時在、呼び方は「ときひろ」「ときあり」「ときのり」ともいわれて未詳ですが、のち小楠の号で知られます。兄の典太郎は通称左平太で、実名は時明です。

横井家は、熊本藩の名家ではありませんが、家系によれば先祖は鎌倉幕府の執権をつとめた北条氏で家紋は「丸に三ツ鱗《うろこ》」です。

最後の執権・北条高時の二男だった相模二郎時行が処刑されて、北条得宗家はほろびました。その子の時満が尾張国に逃げ、三代目の時永が横井姓にあらためたと伝えます。時満から五代の時延の第四子時久が、尾張藩主の徳川義直につかえました。時久は豊前小倉藩主だった細川忠利と親しくなり、その縁で甥の時次とその弟時助が忠利に召し抱えられ、熊本移封にも従いました。「三横井」と呼ばれた末流のひとつが小楠の家です。

父大平は鷹揚で温厚、有能な官僚として郡代や奉行職などを歴任します。一方、母かずは利発聡明で算術にすぐれ、俊敏で滅多に笑顔もみせない厳格な性格でした。そういう両親のもとで小楠は、とんでもない腕白坊主に成長します。生まれつきの悍馬《かんば》でした。激しい喧嘩をするのは毎度のことで、他家の犬猫を殺して川に投げ込むなどいたずらのかぎりをつくし、厳格な母もお手上げでした。

小楠が悪童から脱し、一段と成長するきっかけの一つは、七歳の時、弟三雄（仁十郎）が誕生したことでした。この悪戯小僧が、なんともやさしく、弟をかわいがったのです。しかし、三雄は母の弟、叔父の永嶺庄次の養子となって去ります。

さらに、自分のおかれた環境を知るにつれ、思慮深くなっていきました。二男の冷や飯食いという立場が分かってきます。

それに熊本藩の財政状態が悪く、農民も藩士も困窮していたのです。知行は手取りが四割。職につきになれば足高《たしだか》が加増されますが、支出も増えます。小楠が十六歳の文政七（一八二四）年には「当暮れより家禄百石につき十七石手取りとす」とあるように、家系は常にひっ迫していたのです。父の大平は役得がつきものの郡代なども歴任して、ほぼ順調な出世コースを歩きますが、廉直《れんちょく》な性格で私腹を肥やしませんでした。母の家計のやりくりをみながら、自分がしっかりしなければならないと思うのが当然です。

疲弊する熊本藩

熊本藩にかぎらず、すべての藩が永年、財政に窮して幕末にいたっています。

寛永九（一六三二）年のこと、幕府は、肥後熊本藩主で加藤清正の子忠広の嫡子光正に不届きなおこないがあり、さらに忠広が無断で江戸から母子を帰国させた罪で領地を没収します。この加藤家取りつぶしは幕府の陰謀が疑われています。そして熊本五十四万石に豊前小倉から入封したのが細川忠利でした。

忠利は治世よろしきを得て、二十四万両もの財を天守銀として蓄えました。しかし、二代光尚から三代綱利になるころから、急速に蓄財も底をつきます。まず光尚の代には、国禁をおかして長崎に入港したポルトガル船警備のため一万余の軍勢を派遣させられ、多額の出費をしいられます。

さらに綱利の代には、明暦の大火で江戸城の天守閣が焼失し、修復を命ぜられて準備中にまた大火があって用意した工具や私財を全部失いました。このため江戸の借銀だけで五百八十五貫余、江戸城修復のお手伝費の銀二百十八貫余、米二千五百九十石余をついやしました。

しかも綱利は豪放で派手な性格のうえ、時代も元禄の享楽期でした。巨費を投じて、いまは水前寺公園になった成趣園をつくり、お花畑の館に白川の水をひいて泉水をもうけました。また参勤用の七十四梃立ての巨船の波奈之丸を、二回もつくりかえます。

綱利が甥の宣紀《のぶのり》に家督をゆずったとき、江戸の借財だけで三十七万両をこえていました。宣紀は財政難に苦しみながら死んで、子の宗孝《むねたか》がつぎますが、宣紀の訃報をきいて出府する旅費にもこまって冥加銀を課したほどでした。

そして西日本が大凶作、藩は六千百余人の餓死者を出すほどで、幕府からの拝借金二万両ではとても足りずに、富裕な商人、農民から寸志上納による士分取り立ての制を本格化し、幕府に許可を願い出て藩内かぎり通用する銀札を発行しました。

宣紀は妻妾六人の子だくさんで、その死後も、宗孝は係累の生活費や婚礼費用にもこまり、本人の婚姻費用すら手当がつかず延期したほどです。さらに幕府から利根川の改修を命じられ、十五万三千両をつかいました。

その在位十六年のうち十二年は毎年、凶作です。銀札も信用がなくなり中止しますが、財源払底で再発行し、これで富商打毀《うちこわ》しがおこって銀札を停止しました。十年後には大坂蔵屋敷におくる米もなくなって、三度目の銀札を発行しますが、信用のなくなったものが流通するわけもなく発行を停止します。

不運な宗孝は最後まで悲劇的でした。江戸城内大広間の北側の厠《かわや》で斬られて死んだのです。人違いでした。犯人は譜代旗本の寄合衆板倉修理勝該《かつかね》で、かねて「狂癇《きょうかん》の疾」のため、本家の板倉佐渡勝清が家の断絶をおそれて隠居させ、自分の庶子につがせようとしたのを恨んでの犯行でした。板倉本家の家紋が九曜巴、細川は九曜丸星で、薄暗い厠では判別がつかず誤認されたのです。

そこで新藩主として登場したのが、名君の誉れ高い弟の重賢《しげかた》です。宣紀の十三番目の子は、長い部屋住みで鍛えられていました。重賢は、堀平太左衛門勝名を用人から大奉行に登用し、中老、家老と累進させて、宝暦の改革を推進させます。行政、法制、衣服政令細則による倹約、文教、財政・産業、農業におよぶ改革は、一応の成果をみたものの、時代の流れには勝てません。

次の斉茲《なりしげ》の治世には、せっかく三十二万石まで圧縮された藩財政が、ふたたび四十六万石にふくれあがります。仕方なく銀札を再発行、三割八分余りの定免（定率の地租）を実施し、節倹策をおこない、はては恩義ある大坂蔵元の加島屋からの借金を「不届きにつき」支払い停止にするありまさです。

財政危機は、小楠が二歳になった文化七（一八一〇）年から斉樹《なりたつ》に引きつがれ、一時は好転のきざしもみられたものの、ふたたび悪化しました。

大志

文化十三（一八一六）年、八歳で小楠は藩校の時習館に入学しました。すでに兄典太郎は就学し、優秀で将来を期待されていました。

熊本城の二の丸に、時習館（講文所）と東・西両榭《しゃ》（講武場）が置かれていました。

通常、七、八歳で初等科の「句読・習書斎」（斎は学問をする部屋、教室の意味）に入学をゆるし読書・習字をして、十二、三歳で上級の「蒙養斎《もうようさい》」に移り、十七歳ぐらいで試験に通れば転昇をゆるされ「講堂」で高等の学科を学びました。

講堂生のうち希望者は「菁莪斎《せいがさい》」の居寮生にして藩の費用で寄宿勉学させました。居寮生になるのは二十歳以上がほとんどで、期間は三年ですが、不行跡がないかぎり何回でも願いつぐことができました。

武道は、東・西両榭で修業しました。時習館の授業は、定休日の一日と十五日をのぞき毎日ありましたが、両榭の稽古日は月に数回で、各武芸の師範が交代で教えています。

時習館で小楠は、下津久馬《きゅうま》という生涯の友を得ました。

久馬は一つ年上ですが、千石取りの大身下津通喬《みちたか》の嫡男で、名は通大《みちもと》。のち隠居して休也《きゅうや》といい蕉雨《しょうう》と号します。十六歳で藩の留守居大頭組見習となり、家老、中老に次ぐ重職である大奉行を輔佐する六人の奉行のひとりに就任し江戸詰め奉行になりました。

激しく燃えるような小楠と、温和だが芯の強い久馬は、よい組みあわせでした。互いに切磋琢磨し、「句読・習書斎の麒麟児」といわれます。ふたりの会話は成長するにつれて、窮乏する藩の現状や、異国の脅威など時事問題が多くなっていきました。

小楠が十三の年、ふたりで城南の田迎《たむかえ》村にある騎射場に騎馬で稽古にいった帰り、轡《くつわ》をならべながら、将来の抱負を語りあい、「われら、来るべきときには、あいともに国事を振興しようではないか！」と誓いました。

横井兄弟は優秀で、学問・武芸に出精して何度も賞詞をたまわっています。

小楠はことに居合が好きでした。伯耆《ほうき》流の免許皆伝をうけ、畳の敷き合わせに立てた竹の箸を、抜き打ちに縦に真っ二つにするのを得意にしています。

藩校時習館

時習館の創建は、重賢《しげかた》の宝暦の改革の一環で、士風刷新、人材登用のための教育機関でした。

荻生徂徠を祖とする徂徠学を採用し、初代教授が秋山玉山、二代教授が藪孤山《やぶこざん》、三代が高本紫《し》溟《めい》、四代がいまの辛島才蔵（鹽井《えんせい》）で、助教をしている近藤英助（淡泉）が、次期教授の候補でした。
徂徠学とは何でしょうか。ここで儒教についておおまかな話をしましょう。それを押さえないと、小楠らが何に悩んで苦闘したか分からなくなります。

孔子を祖とする儒教は、戦国時代に孟子と荀子によって他の諸子、他学派に勝利し、中国の正統の学問の地位を得ました。孟子は人間の本性は善であるとして、自律主義的に道徳を理解し、荀子は悪であると他律主義的に理解しました。

儒教の枢要の書を「四書五経」といいます。「四書」は『礼記』中の『大学』と『中庸』、それに『論語』、孟子の書『孟子』のことです。

「四書」は宋代に出た朱子（朱熹）が選びました。『大学』の教えるところは「政治の最終目的は治国平天下にある。これを実現するには、まず家を斉《ととの》え身を修めなければならない。身を修めるには心を正しく意を誠にしなければならない。この正心誠意を身につけるためには〝格物致知《かくぶつちち》〟、すなわち物の道理をきわめ、学文を習得しなければならない」というもので、この格物致知をどうするかが儒者にとって重要になるのです。

「五経」は先秦時代に存在したと伝えられる経典六経のうち、亡失した楽経以外の経書である「易・書・詩・礼・春秋」の五経で、漢代に諸家の流伝をもとに復元編纂されました。

儒教は前漢の武帝が董仲舒《とうちゅうじょ》の献策により正統教学にして以来、清末まで王朝支配の正統な教学となりました。

宋代以降、科挙による官人支配層が登場すると、統一王朝の内外の政治経済的緊張状態のなかで、国家主義的〝名分〟思想や正統論を展開させ、また仏教、道教の流行による危機感から、道義心をやしない古聖の道を主体的に体得しようとする新儒学＝宋学が生まれました。これは三綱五倫（君臣・父子・夫婦と兄弟・朋友）と五常（仁・義・礼・智・信）を、理（天理）とし、〝気〟による万物（自然と人）の差異を説き、家父長制的礼教体制を〝理気〟概念で体系づけ、洗練された天人合一思想の朱子学となって完成し、正統教学の地位をかためました。しかし、封建秩序の内部矛盾が増大して、明代には形骸化した朱子学批判として王陽明の陽明学が登場します。

日本では、徳川家康が天下をとって、幕藩体制のイデオロギーは朱子学がふさわしいとされます。禅僧をやめて朱子、王陽明らの多彩な影響を受けた儒者であった藤原惺窩《せいか》の弟子の林羅山（道春）が、惺窩の推薦で駿府に隠居した家康につかえます。

羅山が家康、秀忠、家光、家綱まで四代につかえたことで、儒者の地位は向上しました。幕府権力の確立とともに林家の権威はあがり、諸藩の儒者になるものは林家塾の門人が多かったのです。綱吉が湯島に先聖殿移転を命じ壮麗な聖堂が建てられ、一般に湯島聖堂（焼失、再建をくりかえす）といわれました。

その後、吉宗が聖堂を林家の家塾と釈奠《せきてん》（孔子を祀る典礼）の式場にとどめず、天下の士庶民の精神教育の場にしようとします。松平定信が林家に「朱子学擁護の達」を伝え、他流門は幕府に採用しないと声明（寛政異学の禁）、直参だけでなく藩士・郷士・牢人の聴講入門を許可しました。林信敬（簡順）が病死し嗣子がなかったため、幕府は美濃岩村藩主松平乗蘊《のりもり》の子衡《たいら》（述斎）を相続人にえらび大学頭《だいがくのかみ》に任じます。寛政九年には家塾を切り離し幕府直轄の学問所（昌平坂学問所・昌平黌）が成立、寛政十二年には名実ともに幕府教学の中心として天下の学府となったのです。

藤原惺窩の弟子には松永尺五《せきご》、中江藤樹らがいました。その後、山崎闇斎《あんさい》の登場で、朱子学が本格的に受容され始め、その弟子の浅見絅斎《けいさい》、佐藤直方を通じて崎門《きもん》学派が形成されます。

多様な学派が併存し、個々の思想に立ち入れば単純ではありませんが、大分類すれば、朱子学派のなかで経験主義的性格のこい貝原益軒、新井白石、ならびに中井竹山・履軒、山片蟠桃《ばんとう》ら懐徳堂学派があります。朱子学を批判した藤樹の弟子の熊沢蕃山、三輪執斎、大塩中斎（平八郎）らの陽明学派、また陽明学をふくめた宋明の新儒学を批判してただちに孔孟の学にかえろうとした山鹿素行、伊藤仁斎・東涯（古義学）、荻生徂徠、太宰春台らの古学派、ほかに多くの折衷学派や考証学派を生みました。

古学派の素行は古学と武士道の結合、仁斎は『大学』『中庸』のテキスト批判により朱子の四書中心主義の一角をくずし、徂徠は幕藩体制の危機感から儒教を政治思想として再認識し、孔子ではなく礼楽制度をつくった堯舜らを聖王として崇拝されるべきとし、彼らの言行を記した古典を正確に理解することが儒教研究の課題としました。

そういう徂徠学派の創設による時習館で、小楠も初めは師の教えをすなおに学んでいましたが、そのうちに、かれら儒者たちのあり方に疑問が生じてきたのです。

武士子弟の不良化

小楠の悪童ぶりは、ほぼおさまったとはいえ、時々は激しい喧嘩をしました。十歳か十一歳ごろ、朋輩と喧嘩のすえ、小便をひっかけて帰宅しました。しばらくして、その者が家におしかけて「敵討《かたきうち》にきた！」と真剣勝負をいどんだのです。しかし、抜刀して死闘におよべば、勝っても切腹せざるをえません。

小楠は言いはなちました。

「小便をしかけられ、黙っていては武士道がすたるというが、そんな馬鹿なことはなか。第一、武士たる者が、小便をしかけられるとは何事じゃ！　その時にはもう、お前の武士道はすたれてたんじゃ！」

相手は、目を白黒させて立ち往生し、悄然として去りました。のちに機智縦横といわれ、機先を制して他を圧倒した小楠の素地はすでにありました。

熊本藩では公的教育機関のほかに、家中町ごとに十七、八歳以下の少年たちが自主的に士道にはげみ、文武芸の修練をする団結組織の郷党（連）がありました。

この連に所属する少年たちは、時習館の休日に各自の家にあつまって論語の会読をし、文武の研鑽や品行を確認、不行跡には罰をあたえ、あるいは絶交の制裁をしました。

弊害もありました。侮辱されれば復讐し、他連との反目、軋轢が激しく、常に一触即発の状態で、喧嘩争闘が絶えまなかったのです。親たちも喧嘩に勝てばほめ、負ければ叱ります。裁決は時習館の教官にまかされたが、抜刀して殺傷した場合は切腹です。抜刀せずに殺されれば罵言され、逃げれば士籍を剝奪、という士道観がありました。

母のかずは子供たちを連に入れませんでした。ことに小楠の気性の激しさでは、必ずや刃傷沙汰で命を失う恐れがあったからです。

文政九（一八二六）年に新藩主になった斉護《なりもり》は、子弟の不良化は身分制度もゆるがすと危機感をいだき、文政十一年に家中若者が連を唱えて結党するのを禁止しますが、一片の通達で解消されるものではありません。

天保四（一八三三）年四月、斉護は子弟教育に実のある学問という意味で「実学」奨励を布達し、筆頭家老の松井式部と次席家老の長岡監物に実施を命じます。熊本藩には、世襲家老の家に松井（筆頭＝一座）、米田（次席＝二座）、有吉（三席＝三座）があり、松井、米田両家は、細川家ゆかり（細川藤孝の別姓）の長岡姓をゆるされて、松井家当主は「長岡佐渡」、米田家当主は「長岡監物」を名乗ることがあります。

十一月には時習館における大身《たいしん》子弟の出席怠慢や、師にたいする不遜の行為を戒めます。しかし、その後もやまなかったため、翌五年一月に松井・長岡両家老名で指定心得方を示達し、二月にさらに訓告したが、事態は悪化するばかりです。

斉護は十一月に松井・長岡両家老に時習館を監督する文武芸倡方《ぶんぶげいしょうかた》として文武芸の奨励を指導するよう命じます。

斉護は、かねて不和であった松井、米田両家の融和と藩内一致が必要と考え、人事のバランスをとっています。松井山城（長岡督之）の養子松井式部（章之《てるゆき》＝督之の没後、長岡佐渡を名乗る）が十七歳で家老見習になると、同い年の米田是容《これかた》（長岡監物）も半年遅れで家老見習を命ぜられ、監物が家老になると、ほぼ同時に式部も父子で家老になるという具合です。だが、皮肉にもライバル意識がさらに高まり、藩内が二派に割れる結果になりました。

文政元（一八一八）年には、父の大平も家老の派閥争いに巻き込まれています。小楠が十二歳のとき、大平は奉行副役の足高二百石から、格下の鉄砲二十挺頭・普請作事頭兼帯を命じられ、足高も百五十石に減らされます。

八代《やつしろ》は松井家が代々、城代をつとめましたが、本藩から派遣された八代城付の藩士と松井家の家臣（陪臣）の反目がかねてありました。

八代妙見社の祭礼で警固をしていた両者が衝突し、問題が表面化しました。藩庁と松井家の面子《めんつ》の調整は、松井家の特殊な家格をどう位置づけるかという厄介な問題をともないました。というのも、同家は細川家の筆頭家老でありながら、秀吉・家康以来、山城と和泉両国に百七十三石を下賜《かし》されて将軍家直参の性格もあったからです。

事件を担当した次席家老の長岡監物（米田是睦《これちか》）は、八代城付藩士に不利な裁断をすれば、今後の勤務がむずかしくなることを憂慮し、松井家に譲歩を求めましたが、松井山城（督之）の納得はえられず、二年後の文政三年、藩主の斉樹によって松井家有利に裁断が下りました。

このため監物は世襲家老を辞職し、米田家はしばらく凋落《ちょうらく》します。のちに小楠と関わる監物は、この先代が天保三年に死んで、子の是容が二十歳で世襲家老の地位を回復し監物を名乗ったのです。大平の転出は、この事件を担当したためでした。

監物は文武芸倡方拝命後三カ月余で江戸詰家老となり、天保六（一八三五）年三月、腹心の下津久馬をつれていきました。中老の平野九郎右衛門が監物の代理をします。

そういう状況で起きたのが九月の伊藤石之助らの一揆でした。時習館訓導、阿部仙吾の邸宅が放火されて全焼し、藩の探索で、驚きの事実が発覚します。

藩士の子弟が十九人、百姓ら六十余名が捕縛され、彼らが大がかりな反乱をくわだてていたことが判明しました。一揆連判状に署名血判し、近在の百姓たちに武装訓練をして鉄砲も用意していたというのです。

ことに藩当局が衝撃をうけたのは、一味に千石以上の大身の嫡子がいたことでした。首謀者は伊藤石之助と大塚仙之助といって伊藤は二百五十石取り楯之助の弟、大塚は百五十石取り五郎右衛門の嫡子だが、同志の岩間小左衛門は千九百石、横山清十郎は千三百七十石、住江庄太郎は千石取りの嫡子だったのです。

父の死

文政五（一八二二）年、大平は江戸在勤でしたが、横井家は内坪井町から水道町に転居し、小楠は十四歳から三十七歳まで住みます。

天保二（一八三一）年の正月に、大平は火廻並盗賊改を命ぜられました。加役です。五月に普請作事頭兼帯当分となり、六月には兼帯となります。ところが、七月四日、作事所で突如、倒れて駕籠で帰宅し看病したが、夕刻には死去しました。脳溢血《のういっけつ》とみられます。享年五十三でした。

横井家は悲嘆と憂愁につつまれましたが、さいわいにも家督相続のほうは左平太が「文武芸心懸け宜しきをもって」大平の知行百五十石を改めて新知として下賜され、番方を命ぜられました。

小楠は父から兄の「厄介」の身分となりました。

左平太は、家督相続後に時習館句読師《くとうし》当分を申し付けられたが願いによって免じられ、翌年、穿鑿役当分となります。天保六年に同本役となり、翌七年には飽田《あきた》・詫麻《たくま》郡代当分、さらに益城《ましき》・葦北《あしきた》両群代助勤兼帯から阿蘇南郷郡代に就任します。

小楠は天保四（一八三三）年六月、二十五歳で時習館の居寮生を命ぜられ、「菁莪斎」に寄宿して講学に専念します。そこへ訓導邸放火事件と大反乱の陰謀が起きたのです。

ほぼ一年の吟味をへて天保七年八月に判決が出ました。藩は事件を遺恨のための意趣の企てとして、藩士にあるまじき士道忘却の罪に問います。

首謀者の伊藤石之助、大塚仙之助、横山清十郎、堀内彦右衛門の四人が死刑（刎首）、伊藤はさらに梟首《きょうしゅ》三日、大塚はささ札三日となりました。士分の刑は重く、親族にもおよびましだが、百姓は軽い処分になりました。藩の高度な政治的判断でした。

翌七年五月、国許にもどり文武芸倡方に復帰した監物は、時習館改革方針を打ち出して斉護の支持をえました。斉護は式部の文武芸倡方を解き、熱意にまさる監物に存分に腕をふるわせることにします。

第二章

江戸遊学はしくじった

長岡監物《けんもつ》（米田是容《こめだこれかた》）は、小楠に注目します。

小楠より四歳年下の二十四歳ながら、清廉な熱血漢は、身分の差を越えて接します。ふたりを取りもったのが心友で監物の信任厚い下津久馬でした。

監物と久馬、監物の留守中の代理であった中老の平野九郎右衛門、それに小楠の会合が頻繁にもたれ、時習館菁莪斎《せいがさい》の改革案が固まっていきます。

小楠は十月には「学問、多年精励して進歩著しく、詩文も出精上達し居合・剣術も数年心がけ厚く、芸術の進歩格別なり」と九曜紋付上下一具を賞賜され、十一月に居寮世話役になり、改革が具体化し、新制度の菁莪斎初代居寮長に抜擢されたのが、翌天保八年の二月でした。小楠二十九歳、久馬三十歳、監物は二十五歳です。

改革の骨子は、それまで「皆、自己の請願で入寮し、その才を論ぜず、多くは貧士で自活できない者が入寮し、その員も十人余に過ぎず」という制度であったのを、「藩士の志行才学ある者を撰《えら》んで居寮生にして、かつ藩閥の子弟を撰び、艱苦に耐え、因習の弊を除き、人材を養成し、国用に供しようとの趣旨で」選抜任命制にし、人員を二十五人に増やし、その奉給も上げて、学芸の成就に専念できるようにしたことです。

新しく居寮生になった者たちは、二月より次々に入寮してきました。

その年の志行才学の者として入寮し、のちに明治天皇の侍講となり、「教育勅語」の起草に参与した元田永孚《ながざね》（伝之丞《でんのじょう》）によれば、門閥より五名、学才志行をもって五名が、これまでの寮生およそ十三人にくわわりました。

居寮生は、翌天保九（一八三八）年に十七名、同十年、八名、同十一年、十三名が入寮します。

小楠は、寮生の指導に燃えました。監物も、家老の立場で館榭《かんしゃ》（文武）惣教をかねて、率先して自宅に居寮生を集めて会読にあたりました。

このため時習館は、「生徒みな奮進《ふんしん》、志を合わせ、あい共に親睦を主とし、悖戻《はいれい》（道徳にそむく）するところなし」（元田）といったふうで、これまでにない熱気につつまれました。

元田はのちに自著の『小楠先生遺文後序』で、小楠を絶賛しています。

「先生は道学中の俊傑である。年少にして志を天下に振起するにあり。私は二十歳で初めて先生に会った。（略）先生は、時に二十九歳、私は師兄として先生につかえ、先生は私を心友として遇してくださった」

ところが、退寮者が改正後の一年で十余人にのぼったのです。藩の調査が入り、判明したのは、なんと居寮長たる小楠の欠点でした。

報告によれば、「塾長を仰せつけられた横井平四郎は、才力ある人物で、相寮倡方（長岡監物）などが格別重用する理由はあるが、平日、多弁で、いささか人の和が薄く、信用しかねる族《やから》もある」。藩庁の見解では「総体に平四郎は酒を好んで、酔っ払うと気荒になって、たびたび、そのようなことがおこった」。このため、自然と寮中、学業で競う気分が失われ、人望も失墜して退寮者が続出したというのです。

ただし、注意した者があって、最近では静かになったので、「今後、重畳《ちょうじょう》、平四郎が公平専一に教授すれば、藩校も繁昌するであろう」と記してます。長岡監物が説諭したのです。だが、問題は、それだけではありません。

彼は、時習館の教授・助教たちからも反感をもたれていました。ことに助教で、天保十二年に教授になる近藤英助（淡泉）は、小楠から時習館の改革について何も知らされず、頭ごなしに決められて不快におもっていました。

しかし、現体制を変えるのが改革の目的だったから、摩擦が起こるのは、やむを得ない面もあったのです。むしろ、小楠の奔放不羈な性格が、器量のちいさい謹直の儒者たちには嫌われたといっていいでしょう。

この事態を、監物の政敵である松井一派が見逃すはずがありません。責任を追及されて監物は苦境にたちました。

ついに天保十（一八三九）年二月、下津久馬が学寮混乱の責任をとらされて奉行を罷免されます。長岡監物は、文武芸倡方の辞任をかけて松井山城に抗議しましたが、「藩主斉護の深慮のあらわれ」という返事によって不満やるかたなく同三月、同役職を辞退します。

そして、小楠も二月、居寮長解任のうえ江戸遊学の命が下り、三月には出発することになったのです。その後は、柏木文右衛門が居寮長、荻角兵衛が副長になります。

本来、江戸遊学は名誉ですが、この件に関しては、明らかに左遷人事でした。実体は時習館からの小楠追放を意味したのです。この一見、名誉な措置にいたったのは、監物の弁護がものをいったからです。

時習館改革は頓挫しますが、江戸遊学はまたとない好機です。監物も、同志たる小楠が水戸学の藤田虎之介（東湖）ら一流の人物と接触し、中央の知識を吸収してさらに大きくなることを期待します。

天保十年三月某日、小楠は、元田伝之丞、荻角兵衛、藪《やぶ》三左衛門ら菁莪斎で親しかった見送りの者たちを同道して熊本を出立。半日あまりの大津で一泊し、彼らと別れの宴をひらきました。

このとき、小楠は七絶二首を詠みました。

「熊本に残る君たちよ、言をなせ。おれは、これから一人で行くから」

彼はめげません。生来、「プラス思考」の持ち主です。「熊府を発す」の七律を詠じています。

「いま十年間の時習館の勉学を脱して、気持ちは一笑飄然《ひょうぜん》としているのである。雲をながめ白川の水音を聞きながら、龍田山の花の香りが旅衣に薫じる街道をゆく。そして、自分の大望は、延陵の季子―呉国の公子―が、各国を周遊して、よく風俗を観《み》かつ民情を察したというのと同じ志をいだいたからには、講学するのにどうして孔門十哲の商（子夏）の文学を求めようか。万里の空に双翼をはばたいて、群れを離れて飛んでゆく鷹がおれだ」

途中、鶴崎の郡会所（郡代役所）内にある兄の役宅へたち寄り、再会の喜びと、船の風待ちもあって、ここで三日をすごしました。

船は周防灘、播磨灘を過ぎ、天保山沖より大坂へ。彼は上陸するまでに、「舟中雑詩」七絶十首を賦しています。

「あの辺りは兵庫、伊丹」と、人声がします。

「湊川《みなとがわ》！　湊川！」

小楠が大声を出します。

「もっと近寄れんかな」

湊川は楠木正成の討ち死にの地です。

小楠は正成・正行《まさつら》父子が大好きでした。ことに正行。次のような意の古詩を創しているほどでした。

「ああ、かの小楠公（正行）は、その身を一身に勤王のために捧げつくし、歌を献じて、せっかく賜った宮女を辞退した。その至誠の精神は天地を貫くの概がある……」

四月朔日（一日）、大坂に着きました。小楠は、その繁華な大都市に目をみはります。

淀川をさかのぼり伏見へ。関ヶ原の合戦の前哨戦で、伏見城にちった鳥居元忠の昔をしのび、江州にはいると、大津馬場の義仲寺にもうで、旭将軍木曽殿の墓に一篇の長歌をささげました。

石部の旅籠についた小楠は、ここで感動の体験をします。

ふと壁をみると、十二、三年前に江戸詰を命ぜられた父の時直が宿泊して記念のために貼付した名札があったのです。思いもかけない亡父の筆跡。みるみる感涙にむせんで、ただちに二首を叙しました。

「父上に、馬鹿もの！　としかられたわい……」

亡父の名札に思いを残し、桑名から尾張の桶狭間へ。

「累々たる古墳春草の裡《うち》」に、今川義元の戦死した跡をとむらい、三河、遠江、駿河、相模をとおり、江戸についたのが四月十六日です。

藤田東湖

まず旅装をといたのは、木挽町《こびきちょう》にあった親戚の不破萬之助の御小屋（肥後藩の建てた藩士の住宅）です。五月十一日に芝愛宕山《あたごやま》下の某邸に居を移します。そして、早速、江戸で会いたかった人々を訪ね始めます。

小楠が、ぜひとも会いたいと思い、長岡監物らも期待した水戸藩御用調役の藤田虎之介、のちの東湖は、期待に違わぬ人物で、ふたりは肝胆相照らす仲となります。

当時、彼は水戸学・藤田幽谷《ゆうこく》の跡継ぎとして世に知られ、藩主継嗣問題では、徳川斉昭の家督相続に活躍し、その信頼が厚かった人物。斉昭は諸藩士に名君とみられていました。

虎之介は、当年三十四歳の男盛り、色黒の大男で、押し出しもよい。小楠は〈なかなか見事な男ぶりだ〉と感服します。口を開けば、朗々たる声音で、ふたりともすぐに打ち解けて、談論風発、初対面ともおもえません。

訪問後の覚書にこう記しました。

「この人、弁舌さわやかに、議論はなはだ密、学意は熊沢蕃山、湯浅常山などにて、程朱流の究理を嫌い、もっぱら事実に心がけたる様子なり」

「都下花奢《かしゃ》の風を嫌い、もっぱら武事に心がけ、公務の暇には藩中の子弟をひき立て、もっとも鎗術に達したるよしなり」

そして、「諸藩中にて虎之介ほどの男は少なかるべし」と激賞したのです。

小楠は、着府してのちの事情を、書簡で長岡監物に報告しました。

六月十七日づけの返書には、小楠が出立後の時習館でも、居寮生の退寮を願い出でる者が続出し、心配している。また、水戸の藤田虎之介のような令名家と知り合ったとは、いろいろ珍しい話もあるであろう、「実に羨ましきことです」とありました。

監物はつづけて「酒の方はどうですか。いよいよもって厳禁を祈り申します。この儀のみは深く気づかっております。ご千笑々々。下津は辞職後、禁盃の約束であったところ、近日は毎夜ほどに酒宴の物音がきこえます。お笑いですね」と書きました。

みなの心配は当然ですが、国許から上府する者があれば、先達が歓迎して、あちこち飲み歩くことになります。酒も、また女遊びの方も、吉原から深川その他の岡場所まで、ひととおりは行って好奇心をみたしたのでした。

あの藤田虎之介も、一緒に呑んだときに「それがしの好むものは、第一に女、第二に酒、第三に読書でござる」といったではないか。小楠も同感です。

五月二十八日には、湯島に林祭酒（大学頭の唐名《だいがくのかみ》）を訪ねて、門下になりました。幕府の学政の元締め、一代の大儒です。諸藩からの遊学生は、まずは大学頭に謁するを恒例としました。

そこで塾頭の佐藤一斎に対面しています。天下に知られた大儒に対する印象は、「一斎、当年七十になる由、壮健なる老人、言語しおらしく、物慣れたる容子《ようす》、言外にみるなり」と、あまり感心していません。

酒失

小楠は七月、羽澤（現渋谷区）の石経山房に隠棲する、肥後生まれで碩儒といわれた松崎慊堂《こうどう》をたずねています。佐藤一斎とならび称された大儒で「学問博大、胸中、幾万巻の貯えあることを知らず」。ただただ、六十九歳の泰斗の人格・博識に心服します。

「人となりは靄然《あいぜん》春風のようで、胸中にはわずかな城郭（隔て）もない。私が音韻《おんいん》のことをたずねると、（慊堂は）例を引き、証《あか》しをたて、その説は二時《ふたとき》（四時間）に及んだ。当時、大儒は一斎・慊堂といわれたけれども、その実、一斎はなかなか慊堂におよばず。ただ一斎は、人物が聡敏《そうびん》で世事に錬通している。これが二家の名を斉《ひとし》くするゆえんである」

小楠は佐藤一斎の弱点を鋭くついています。

一斎の『言志四録』は西郷隆盛が愛読して、人格形成の糧にしたことでも知られる名著です。しかし、人間的に疑問がないではありません。

渡辺崋山の絵に「松崎慊堂像」と、最高傑作ともいわれる「佐藤一斎像」があります。ふたりは崋山の儒学の師でした。小楠の江戸遊学中におきた「蛮社の獄」に崋山は連座し、二年後に自刃します。

このとき、松崎慊堂は崋山のために老中水野忠邦に嘆願書を上申して、献身的な助命運動をしました。

他方、佐藤一斎は、椿椿山《りょうそん》が崋山の救済運動にくわわるよう頼んだとき、「裁きの結果をきくまで待つ」といいます。その後、崋山の処分を予言し、椿に「崋山に懇意であることを示すのは賢明ではない」と忠告しました。冷たい仕打ちです。

一斎の父は岩村藩家老の佐藤信由で、俊才の一斎は主君の三男のお相手でした。大学頭の林簡順の門下生になりますが、簡順に後継ぎがなく、幕府はこの岩村家の三男をいれます。先に書いたように、林述斎です。一斎は親しい仲ですが、あらためて子弟の礼をとって、その後、塾長になりました。もちろん、実力があり情実ではありません。ともあれ、そういう立場がありました。

そして、崋山の逮捕が監察である鳥居耀蔵《ようぞう》の讒言《ざんげん》によるものであったこと、背後には、鳥居と伊豆韮山代官の江川太郎左衛門英龍との確執があったこと、その鳥居は林述斎の三男で旗本鳥居一学の養子であったこと、そういう世俗の力関係を重くみる保身の術に、一斎の人間的限界があったように思われます。小楠の炯眼《けいがん》というべきでしょう。

立秋をすぎ八月十九日には、幕府の勘定吟味役であった川路三左衛門（聖謨《としあきら》）をたずねています。川路は三十九歳。藤田虎之介が初めて川路を訪問したとき、一見して「その人物、凡ならざるを知れり」と感服したといって、推薦したのです。

小楠は、「この人その名を聞くこと久し。はたして非常の英物なり」と称賛しています。交遊は「江都の旗本列藩有名の士、大抵交りを納《おさめ》る」という熱心さ、とにかく人から学ぼうと懸命でした。ことに藤田との交情は緊密で、「藤田虎之介を訪《おとな》う、夜話極めて適す、虎之介の韻を和す」と題した詩があります。

「蔬菜を肴《さかな》に酌みかわしながら話していると、興にのったあまり、すべて我をも忘れてしまった。おたがいによく話が通じあうので、議論に熱せず激することなく、水よりも冷やかに、あたかも熊沢蕃山の著『集義和書』や『集義外書』を読むような気がする」

この時期、水戸の藩政改革は重要な段階にありました。

藩主斉昭は江戸定府が決められていましたが、藩政を直接指導するために、幕府の許可を得て、翌天保十一年早々に帰国の予定でした。小楠は水戸藩に強い関心をしめします。兄左平太に書簡を寄せて、「二月、余寒が去ったころに水戸に遊学するはず」と告げました。

天保十年の歳もおしつまった十二月二十五日、藤田虎之介は、小楠ら諸藩の友人たちを邸宅にまねいて忘年会をひらきました。来年はじめには、斉昭にしたがって藩政改革のため水戸に帰る送別の意味もありました。

宴もたけなわ、小楠は立ち上がり、

「いよいよ来春から藤田殿はご帰藩ありて、改革の道を進まれる。そのご壮挙を念じて、それがし、七言古詩を賦して、わが志を述べさせていただきたい」

激烈な長詩でした。

「赤心忠愛、自ずから道あり……」

水戸藩では、改革派と保守派の党争が激しいが、あい争う非を誡《いまし》めたのです。小楠のいきおいに虎之介もおうじて詩を和韻します。

小楠は、虎之介の詩を書いた紙を懐にして帰りました。酔いざめして、風邪をひいて寝込んでしまい、三日後に、礼状を使いに持たせました。虎之介から返事がきて、

「過日は、わざわざお越しいただき、近来、これにないほど愉快でした。しかしながら、はなはだ失敬なこともあって汗顔のいたりです。それなのに、懇《ねんご》ろなお手紙をいただき、感謝すると

ころを知りません。お風邪をひかれたよし、お大事になさってください」として、自分の詩の返却を頼みました。小楠の激越な詩にこたえて激しい詩をつくったが、酔いが醒めてみれば、調子に乗りすぎたとおもわれ、返却を頼んだのです。

無念の帰国

年はあらたまり天保十一年の春、二月初めごろ。

小楠が、いよいよ水戸に出立しようとしたとき、大変なことが起こりました。昨年末の忘年会のあとに引き起こした事件が、江戸詰め重役の知るところとなって問題化したのです。

あの折、めちゃくちゃに酔っ払った小楠は、会津藩士の橋爪助三郎や熊本藩士の片山喜三郎らと帰る途中で、御家人の相良由七郎と作詩のことで喧嘩になり、相良の頭をぶん殴って、あわや抜刀寸前におよんだのでした。おどろいた橋爪や片山が止めに入って、片山が泥酔した小楠を愛宕山下の家まで送り、翌日、相良をたずねて詫びをいれ、内々ですんだはずでした。

しかし、事はすぐ片山から肥後藩邸の江戸詰重役、家老代大奉行の溝口蔵人《くらんど》と奉行の澤村太兵衛に伝わりました。具合の悪いことに、重役は松井派でした。小楠の言動は監視のもとにあったのです。

快哉をさけんだのは溝口と澤村です。「待ってました」とばかりに処分をすすめます。なにぶん修学の身にもかかわらず、遊所にひんぴんと出入りして過酒におよんだ不法。また他藩の者としげしげと交際し、酒を吞んで藩の秘密が漏れてはこまるし、過酒によって他藩の者と問題を起こした「外聞も悪い不埒なおこない」。江戸詰の重役としては見すごせない面もありました。

江戸より事件の報告をうけ、国許から中老・家老の名で、二月十三日付けの書面が溝口蔵人にとどきます。

「国許で話し合ったところでは、平四郎も並の者ではなく、人材もいないなかではまず秀才と申すべきであり、もし帰国させれば、そういう過酒の評価が固まってしまい、平四郎も気力を失い、のちのち、勉学もできかねるようになっては惜しむべきことです。事件が穿鑿方より目付、奉行へ報告されて公然の沙汰となるのは避けたいので、なにとぞ、江戸藩邸のほうで、平四郎に相当のお咎めを仰せつけられ、来年までは引き続き遊学させておきたいとおもいます。

しかし、報復の心配があれば、彼の願いもあるように、水戸か奥羽かいずこかにいかせるのもよいのではないでしょうか。禁酒の件は澤村等から教示されたく、また国許からも（長岡）監物・（平野）九郎右衛門より、きっときっと謹慎するよう申しつかわします。太兵衛等の教示ぐらいですめば、それで収まりますが、公になると大変ですので、江戸藩邸でお咎めくださりたくおもいます。それでも、国許でいろいろ議論がおこるでしょうから、そちらでお咎めがあい済み、過ちをあらため、帰国させれば批判の矢さきも少しは鈍ると申すべく、平四郎も深く感謝し、きっと謹慎するであろうと話し合いましたので、とくと太兵衛などにお話合い、よろしくお取り計らいください」

国許では、実に寛容な対応を示したのです。

ところが、この書状がとどいたときには、すでに小楠は国許へ出発させられたあとでした。どうしようもありません。

帰国の前、逆境の小楠に、うれしい話が藤田虎之介より持ちこまれています。

「わが主より、貴公を小藩にて登用したいとの御意なれば、受けていただけまいか」

「まことにありがたきお言葉でござりまするが、それがし、一旦、帰藩して処分を待つ身でござれば、その儀ばかりは、おうけするわけにはまいりませぬ」

ひたすら固辞する小楠の存念を察した虎之介はあきらめます。

藤田東湖（1806-1855）

第三章　実学党に結集する

「一片の孤雲去って、西に向かう……」

天保十一（一八四〇）年三月三日、失意の小楠は、漢詩を一首のこし、数人の同輩に見送られて、新宿駅から江戸を去ったのです。三十二歳でした。

しかし、めげていません。これは天性です。五尺（一五一・五センチ）に足りぬ小軀ながら、その身には、はち切れそうな希望があります。

〈水戸の藤田虎之介のように、藩政改革につくしたい〉

熊本に戻って処分を待つ身が、胸には火のような情熱がたぎっていました。

彼の遊学の念願のひとつは、諸国の実情を視察する「観風」にありました。何事もなかったら、二月には水戸に遊学し、五、六月からは仙台、会津、米沢を観国する計画でした。それらが水泡に帰したのは残念だが、帰路もまた、その絶好の機会です。

このため、往路とは道をかえて、甲州街道を甲府にとり、そこから中山道にはいります。途中、甲府勤番の長野清淑に再会するのも楽しみでした。

初めて会ったのは昨秋、江戸城の芙蓉《ふよう》の間、甲府勤番の控えの間です。ひとめ惚れのようなもので、酒を呑み、その人格識見を知って、さらに親しくなりました。その名のように清廉、禁欲的な長野。対照的に、酒も女遊びも、人間的欲望には逆らえない弱みのある小楠とは違いました。一方、長野はなんともいえぬ活気に満ちた小楠と話すのが楽しかったのです。

俗に「甲の府勤番、山流し」といいました。不良旗本の左遷場所のようなところです。長野のように、上司に直言・諫言をも辞さず、賄賂なぞもってのほか、おもねることなき硬骨漢も敬遠されたのです。

淡い交わりで、音沙汰なかったが、小楠が江戸をたつときいて、甲府から詩をつけて梨を贈ってきました。清風軒と名づけた長野の自邸で、一夜を心行くまで語り明かしました。

甲府を発ち、韮崎から上諏訪、下諏訪に至り、中山道へ。それより深山幽谷の木曽路をいきます。美濃路にはいり、大井宿をすぎて、有名な難所の十三峠では閉口します。難渋して太田宿にいたって、木曽川を渡りました。

加納、美江寺、垂井を経て、関ヶ原へ。さらに江州は摩《すり》（摺）鍼峠《はりとうげ》の頂上にある立場（休憩所）の望湖堂にあがって、琵琶湖の風景を賞したあと、草津から京都にはいります。

その足で、昨秋、江戸で別れたふたりの友、益田君積と井上子柝《したく》を、二条の客舎にたずね、西山に遊び、嵐山にゆき、爛漫の花に浮かれて、数日を楽しみました。

伏見より大坂へ淀川をくだり、往路と同じく、大坂より海路をとり、何事もなく、兄左平太が郡代をしている鶴崎に到着しました。

ゆるゆると旅をしたので、四月になっていました。

さすがの小楠も、故郷が近づくにつれ、さっぱり詩想がわきません。鬱々として、ふて寝するしかありません。江戸で多くのものを学んだ、そういう自負心も、母や兄、一族の悲歎をおもえば、急になえてくるのでした。

郡代の役宅で二日間、左平太のさりげない激励によって、少しは元気を取りもどした小楠は、阿蘇路をたどって熊本城下へむかいます。

龍田山の花の香、白川の水音、往路には心躍ったものどもが、なつかしいはずの故郷の景観が、どこか白々しい。〈おれもだらしがないな〉と、活をいれたとき、

「横井先生！」

「平四郎！」

街道の遠くから、数人の人影が手をふって、近づいてきます。

下津久馬（休也）、元田伝之丞（永孚）、荻角兵衛（昌国）らの、なつかしい笑顔でした。

咎をうけた身ですから、歓迎会も、城下外れの某所で、ひそやかにおこなわれました。

そして夜、水道町の座敷で、平伏する小楠に、猛母の叱声が飛びました。

逼塞《ひっそく》

小楠は、また兄の家の六畳間に居候の身でした。

世間には冷たい視線があったから、久馬や元田らが目立たぬようにたずねてきて、江戸の土産話を興奮してききました。

藩庁の裁きは、時間がかかりました。

六月に、兄左平太が、病気を理由に鶴崎郡代を依願免となって帰ってきました。

「だいたい、お前が心配ばかりかけるから」

母は責めたが、兄は「私が蒲柳《ほりゅう》の質《たち》だからですよ」といなします。

左平太は能吏だが、父に似て清廉な性格で、郡代になっても役得に手をそめませんでした。いまは病気療養のため、無役となり知行百五十石、父の代よりさらに貧窮してますから、いよいよ肩身がせまい。

ようやく、十二月に、以下のような処分が決定しました。

横井平四郎

「
右の者、江戸へ遊学仰せつけ置かれ候《そうろう》うち、間々《まま》、過酒におよび候うちには、外向きにおいて、不都合の振捌《しんはつ》（ふるまい）をもいたし、そのほか、おいおい不慎の儀もこれありたる様子、あい聞こえ、遊学差し越されたる候身分、別して不埒《ふらち》のいたりにつき、七十日逼塞《ひっそく》仰せつけられ候事。」

予想を上回る、重い処分です。

過酒のほか、「不慎の儀」とは何か。江戸における他藩の士との親交、そして小楠のしゃべり過ぎが問題視されたのでしょう。

久馬らは「七十日の逼塞は長すぎる」と批判しましたが、小楠は、

「いやあ、七十日は短か。おれは学問をし直すたい。家にこもって誰にも会わんで、書を読んで考える。とても七十日では足らんばい」

小楠は、六畳の一室に謹慎し、門を閉じ、客を謝絶しました。

天保十二年春、逼塞もとけて、友の往来もはげしくなります。

ある日、元田伝之丞がやってきて、「先生、私は、菁莪斎《せいがさい》を退寮してきました」と告げました。

小楠の後任の居寮長になった柏木文右衛門に心服できず、寮内で孤立して、三年半たって、つい

に退寮したのです。

しかし、学問をあきらめたわけではなく、同室だった荻角兵衛（昌国）や居寮生だった藪三左衛門らと会読をつづけます。一方、下津久馬も論語を研究し始め、そこで小楠が「ともに朱子学によって聖人の道を学ぼうではないか」と誘い、五人で会読することになりました。

『時務策』

天保十二（一八四一）年の秋、小楠は「時務策」と題した三本柱の献策をまとめます。

第一に、これまでの節倹令は、上の難渋を救うためだけの聚斂《しゅうれん》（過重の租税をとりたてる）の政であり、藩主・藩庁が率先して節倹すべき。

第二に、諸役所が藩士や領民に積極的に拝借銭を貸し付けては利子をとる貨殖政策を禁止する。

第三に、城下町の風俗を正し、奸商《かんしょう》を取り締まるため、町方分職奉行の指揮とは名ばかりで、実際には町方根取《ねとり》（総務）が支配している城下町に、町奉行を復活させよ。

細川重賢《しげかた》の「宝暦の改革」いらい、藩営の金貸業で収入を確保することがはじまりました。この貨殖の利政が、「今日の大弊害の本《もと》を開いた」のです。官府を富ますのではなく、士民の利益になる道を世話するのが富国の道なのだから、それに反する貨殖の筋はいっさい撤廃しなければならない。そう考えたのは、むろん小楠ばかりではありません。貨殖政策は、かねて識者には評判が悪かったのです。

消極的な政策ながら、上ではなく下を利するのが、本当の富国であるという「小楠思想」の萌芽がみられるのは確かです。

小楠は長岡監物に期待します。監物は快諾し、献策を自らのものとして藩に提出しました。それにこたえて、時間はかかったものの、翌天保十三年暮れに、藩庁は若干の制度改革をしました。まず十一月に複雑な貨殖機関の整理をはかります。また十二月、新町一丁目町会所を寺社町奉行所として、町方分職奉行を日勤させることにしました。それまで根取まかせであった城下町支配ではなく、いわば奉行の陣頭指揮制としたのです。小楠の献策が、少しは活きました。

小楠ら五人が会読を始めたころ、久馬が「監物さまが、『通鑑《つがん》綱目』の会読をされたいそうじゃ。とくに平四郎は歴史がことのほか得意ゆえ、いろいろ教えてもらいたいというておられる」と告げます。

『資治通鑑』は、宋の司馬光が、英宗の詔を奉じて撰した史書で、周の威烈王から五代の終わりまで、千三百六十二年間の歴代君臣の事跡を編年体に編纂したものです。これを朱子（熹）らが綱（大要）と目（詳注）に分類して編集したのが『通鑑綱目』です。

監物は山崎闇斎派（崎門学派）の朱子学をやって経学に通じていましたが、歴史は得意ではなく、きちんと学びたいと思ったのです。一方、小楠らは経学に通達していませんから、監物に教えを乞うことになりました。

監物の屋敷の書院には、五人が定期的にあつまるようになりました。のちに元田は、「この五人の会が、実学党の始まりである」とのべていますが、次第に監物の私塾の参加者はふえていきます。

彼らが評価したのが熊沢蕃山であり、肥後では大塚退野、平野深淵でした。

蕃山は通常は陽明学者に分類される人ですので、陽明学を批判した小楠が評価するのは一見、不審ですが、蕃山は自分から陽明学者だといってはおりませんし、小楠らにとっては「看板は陽明だが、中身は朱子だ」という理解であって、もう少しいえば、陽明学を包含した朱子学者ということになるでしょう。

彼は岡山藩主池田光政の藩政改革を主導し、「実学」を語ったまれな儒者で、その著『集義和書』を小楠は若いころから晩年までくりかえし熟読し、門人に教授しています。つまり、小楠実学の完成に重要な影響を与えた儒者だったのです。また大塚退野の著作で「為己《いこ》の学」を悟り、弟子の平野深淵を読んで「堯舜三代の治」を知ったのです。ちなみに為己の学は、利己主義ではなく、ひたすら自己の内的要求を実現し、内面を純化し、天に恥じない境地の自己を求める儒学です。

いまや難問山積する現状を何とかするためには、徂徠学的な宝暦改革の尾をひく肥後藩政や、時習館の学風は変えなければなりません。

自分たちがこの「実学」を覚得《かくとく》したのは、「独《ただ》一身の幸のみならずして一藩の幸、また天下の幸であった」と自負します。以前の学問は空理空論の〝虚学〟であり、自分たちの学こそ実学である。もちろん、実際の改革、現実の打破に役立つ学問でなければなりません。

ともあれ、会の中心人物である長岡大夫（監物）は地位も高く、学徳ともにそなわっています。そういう人物を擁する状況を拡充して一国におよぼし、さらに天下におよぼすのは難しいことではないとおもわれたのです。

「しかし、その効を求めるのは即功名心であって、最もまさに痛く戒《いまし》むべきである。唯、勉《つと》めて己の知識を進め、己の心を正しくし、その気質を変化して、各聖賢の地位にいたるべきである」というので、みなみな相互に切磋琢磨して、その知見のいたらないところを進め、その意思の誤るところを正し、その気質の偏向したところを開き、ことごとく則を古聖賢の言行に取りました。その克己力行・講学求道は、それぞれの地位や、その性質によって、切実の工夫をするよう勉励したのでした。

改革の気運

天保十四（一八四三）年春、長州に旅した荻角兵衛が帰国して、小楠たちに「これぞ、名君と思われる」と、一冊の言行録を差し出しました。

長州藩主で、天保七年に二十三歳の若さで死んだ崇文公《すうぶんこう》（十二代藩主毛利斉広《なりとう》）の言行録「見聞私記」でした。

小楠らは、それを読んで感嘆しました。

「崇文公は、けだし、大賢の資をもって、篤《あつ》く聖人の道を信じられた。民を治めるには、必ず身を修めるのが本であり、身を修めるのは必ず、閫門《けいもん》（統治者）より始めなければならないとわかっておられた。だが、惜しいことに在位は、ひと月にも満たなかった」

その冬、平四郎は「題見聞私記後」と題する感想文を大意、こう書いています。

「徳川太平二百年、天下三百諸侯、これだけ年月がたち、これだけ藩の数があっても、聖人の道を信じ、本当に吾が身を修めた徳で民を治めたのは米沢の上杉鷹山《ようざん》公だけである。だから鷹山公の没後でも、その徳業は民心に深く染みて忘れられない。これが本当の聖人の政治なのだ。徂徠学的な功利権変をもって民を治めては、政治をやればやるほど弊害が大きい。それを、いっこうに悔悟しないのはどういうわけだろうか」

　この時点で、小楠の思考には朱子学の立場が鮮明になっています。

　天保十五年（十二月五日より弘化元年）正月二十日、長岡監物は上書「御内話之覚《おぼえ》」を藩主細川斉護に提出しました。

「文武の儀は士人の当然の職務」であるはずが、「跡目相続や報奨金・役職のための利益誘導の筋に堕落している」と指摘し、その弊を改めて時習館の風紀を一新すべきことを強調しました。この上書で、はじめて「実学」の語をもちい、彼ら「実学党」の党名の由来になります。実学とは、ほんとうの学問、実践の学という自負でした。

　ところで、時習館の改革をしようとした細川斉護は、宗家の出身ではありません。文化二（一八〇四）年、支藩の宇土藩三万石・第七代藩主細川立之《たつゆき》の長子に生まれ、文政元（一八一八）年、父の死で家督相続し第八代藩主立政《たつまさ》となりました。

　ところが宗家第九代細川斉樹《なりたつ》に嫡子がなく、跡目を将軍家斉の子にしようという声が藩内にあがります。しかし、長岡監物の父是睦は「細川家の正統が断絶するにしのびない」と反対して宇土支藩からの継嗣を主張し、文政九（一八二六）年二月、立政は斉樹の養子となり宗家を家督相続して斉護と改名し、宇土藩は弟の行芬《ゆきか》に相続させました。その意味で斉護は長岡監物を信頼するかたむきがあったのです。

「今度は、実学によって改革をはかりたい」という監物の上申をいれた斉護は、同年七月、ふたたび監物を文武芸倡方に任じ、時習館の総指揮をとらせることにしました。

監物は新方針で「時習館の教育は、詩文学偏重ではなく、実学実芸、実践倫理である儒学が必要である」と強調します。

さらに翌八月に、藩主の直書にそえて、教授・助教に訓示し、また十一月には学校目付にも訓示しました。そこでは、学問の内容以前に、時習館の規律指導が要求されました。天保六年におきた伊藤石之助らの一揆の再発は未然にふせがなければなりません。「上下の別・長幼の礼を重んじ、自然と礼譲《れいじょう》の風にいたらしめる」ことを目標とし、「凌虐不遜《りょうぎゃくふそん》をもって勇気ある態度と誤解している弊風」を改めるべく、「教導に己をつくす覚悟で、平素のみずからの言辞応接に注意し師の威権の回復に努めよ」と強調したのです。

監物による時習館の旧弊刷新の動きとともに、五人で始まった実学の会はますます盛んになっていきます。

背景に時代の動きがありました。

天保十二年五月十五日、老中首座水野忠邦によって主導された幕府の天保改革が、将軍家慶の上意をもって幕をあけたのです。享保・寛政の改革を模範とし、その政事を復古する仁政をめざしますが、要は崩壊の危機にある幕藩体制を立てなおすため、財政再建をはかるものでした。実学をもって藩政改革をめざす監物の存在は、にわかに大きくなり、当然、藩政主流派の松井派が反発を強めます。そして、斉護が憂慮したような、藩政中枢部を二分しての争いに発展していきました。

このころから、監物や平四郎らの一党は「実学派」「実学連」「実学党」などの名称でよばれる一方、主流派は「学校党」「反実学党」などと称されます。

天保十五年、藩政主流派の学校党が、ひそかに内偵した実学党参加者ないし賛同者の推計などをみてみると、藩士だけで四十七名を数え、禄高千石以上が十四人もいます。

これより先の天保十四年、病のいえた兄の左平太は天主方支配頭当分、続いて本役になりました。横井家には、久しぶりに明るい気分がもどってきました。そして、小楠の思想遍歴も、ようやく実学に方向性を見出していたのです。

弘化二（一八四五）年、小楠を徳富万熊（一敬）という青年がたずねてきました。芦北《あしきた》郡佐敷《さしき》の惣庄屋の長男で、母は葦北郡津奈木《つなき》の徳永家の娘です。徳永家から熊本の武士の不破家に養子がはいっており、兄左平太の妻清子は、不破家当主敬次郎の二女という縁がありました。不破家や横井家には、若い叔父の徳永一瓢《いっぴょう》とともに遊びにきて、ご馳走になる機会もおおかったのです。

万熊は、まず近藤英助（淡泉）の塾で勉強し始め、時習館に五年間修学して、二十一歳で退学、一時、故郷に戻り、そのとき二十四歳でした。

万熊は小楠を尊敬していました。ところが、敬愛する人は江戸遊学を酒失でしくじり、無念の帰国をしました。逼塞がとけて、ふたたび活動をはじめた小楠をたずねた万熊は、「ぜひ、内弟子にして下さい」と頼みこみました。小楠はその熱気に負けました。

教授方針は、「道徳は経国安民の本《もと》にして、而《しこう》して知識によりて進む。これゆえに孔門大学の教え、格物致知《かくぶつちち》（朱子学では、後天的な知を拡充〔致知〕して、自己およびあらゆる事物に内在する個別の理を窮め、究極的に宇宙普遍の理に達する〔格物〕ことをめざす）をもって先とす。己れを修め人を治める内外二途の別なし」という点に要約されます。

徳富万熊は、その心友の矢島源助、矢島の妹順子の夫竹崎律次郎を小楠の私塾に勧誘しました。三人は門人中の最古参、いわば小楠堂の鼎《かなえ》の三足ともいうべき存在で、初期の門人は、彼ら豪農・郷士の子弟たちでした。

なにぶん小楠は、藩の主流派から憎まれた存在ですから、藩士の子弟は、なかなかその門をたたけなかったのです。しかし、彼の名が高まるにつれて、藩士や他藩からも入門者が増えてくるようになりました。

草創期にいち早く入門したのが、柳川藩士の池辺熊蔵（藤左衛門）です。藩校伝習館の訓詁学に不満の彼は、かねて肥後藩の時習館改革に注目し、小楠が塾をひらいたことを知るや、熊本にやってきました。池辺によって柳川藩に導入された小楠の実学は、肥後学と呼ばれて定着し、同藩中の有志輩の十中七、八は肥後学派に帰依していたといわれるほどになるのです。

小楠堂

弘化三（一八四六）年七月に、兄左平太は、精勤ぶりを賞されて座席が組頭列に進みます。横井家は暮らしに余裕ができて、水道町から相撲《すもう》町にひっ越しました。邸内に十二畳の一室を建築して、それを小楠の居室兼諸生会読の場とします。さらに、弘化四年三月、そまつな普請だが家塾を新築し、「小楠堂」と名づけ、万熊ら二十余人の諸生を寄宿させます。三十九歳です。

小楠堂には自筆の「掟」がかかげられてありました。

礼儀を正し高声雑談致す間敷《まじき》事

師範引廻しの申図（申し図り＝師範が指導のために言うこと）違背致す間敷事

酒禁制の事

「酒禁制」の一項は時習館居寮生のための四カ条の書札からとられます。自制、自虐かユーモアでしょうか。

相撲町の横井家塾は、にぎわいました。

小楠の講義は、教材に朱子学の原典をもちいながら、時事の問題をあつかうのでわかりやすかったのです。そして修身から治国平天下までを教授しました。

師弟の仲は睦まじかったのですが、ときおり、小楠は狂的なふるまいにおよんで、みなを当惑させました。

「オイ（おれ）は脱藩する！　脱藩してしまう！」

そんな叫び声をあげて、身悶えしました。周囲はただただ、なぐさめるしかありません。

熊本藩という閉塞的な世界。その窮屈な世界では、毛色の変わった人間はにらまれ、疎外されるのです。この鬱屈による激情は、肥後にとどまるかぎり、これからの人生でも、爆発します。

ともあれ、苦心惨憺の実学の道は、確実な目標へ彼を近づけていきます。

しかし、小楠の精神が高揚するいっぽうで、実学党をかこむ形勢はにわかに不利になっていきました。

幕府の天保改革が、士民多数の利害と対立して、怨嗟《えんさ》の声満ちるなか、江戸・大坂近傍の私領を収公する上知令《あげちれい》にたいする反発を直接の契機に、天保十四（一八四三）年閏《うるう》九月、水野忠邦が老中を罷免されて頓挫《とんざ》したのです。

さらに、翌天保十五年五月には、水戸の徳川斉昭が幕府より致仕《ちし》謹慎を命じられます。失脚の理由は、調練で鉄砲の揃い打ちをしたことや、幕府に申し立てた財政不足が、それほどの急迫状態ではないと判断されたこと、蝦夷地支配をたびたび願い出たり、浪人を召し抱えたりしたこと等々でした。改革派の中心にいた藤田東湖・戸田蓬軒《ほうけん》らも蟄居になります。急速な軍事力強化などが恐れられ、斉昭に対する大奥の反感もありました。

熊本の実学党は、かねて主流派から、

「水府藩士と意気相通じ、学風やや似たる」

などとみられていましたから、排斥の動きはさらに強くなります。

「もしこの一派をして志を得せしめば、わが藩もまた幕府の忌《い》むところとなり、その禍のおよぶところついに君侯の罪に帰するにいたらんも測りがたし」

というのです。

誹謗中傷が、とくに監物と小楠にあびせられました。

弘化三（一八四六）年、藩主斉護は、世襲家老の長岡佐渡（松井）と長岡監物（米田）の対立を解消しようとして、支藩、御一門の斡旋を依頼しますが、無駄でした。ふたりは互いに顔をあわせるのをさけて役所にも出勤せず、にらみあいをつづけました。両者の対立は泥沼化し、時習館の館生にも分裂がひろがりました。

「放置できぬ」

斉護は、横目に監物の私塾＝実学党の実態を調べさせました。それによると、

「……博覧多識を忌《い》み、詩作文章を卑しめ、四書ならびに近思録・朱子家訓あるいは近代の故先生にては大塚退野先生・森小斎などの語録よりほか取り扱わず、会読の節は文義一通りざっとあい済まし、前後、物に譬え証拠を引くなどして、今日、諸生の授用になる侯話のみ多く、文義次第には古今ご政事の得失・お役人の善悪をも勝手に論説して、館中の学風は以前より俗学虚学、何先生は実学の罪人などと自賛毀他《じさんきた》の話もあり、深く実学に立ち入った面々は、講堂出席・諸先生の会読は固く禁忌になったようで……何様異躰の学風を、学校教官衆をはじめ笑止であると嘆息しております」

これでは、実学党は「独善的徒党」の印象です。報告を読んだ斉護は、監物に対し「私塾の生徒たちを学校へ出席させよ」と説諭しました。

「形勢、利あらず」

監物は同年十二月、久馬、小楠と相談し、同僚の家老・中老を激烈に非難する上書を出して、「ともに政務を議するにたえず！」、家老辞任を願い出ました。

斉護は慰留しますが、翌弘化四年三月、ついに辞任を認めました。

その翌月、「奉行など重職に実学党の者を任用するばあいは、事前に長岡佐渡（松井章之）へ伺うべき」との方針が打ち出され、藩の人事は松井一族が掌握して、公然と実学党は圧迫されます。世襲家老の家柄にして、先代に続いて家老職を追われた長岡（米田）家中は、沈鬱な空気につつまれました。

「ご家老を辞任に追い込んだのは、横井平四郎が悪かったからだ」

憤激する者が多く、「平四郎がやってきたら、斬り殺そう」と息巻きます。

監物は家来たちをいろいろ教え喩し、

「どうしてもききいれなければ、一人、二人斬りすてる」

とまでいいましたが、それでも心配で、一番近い荻角兵衛の家に、

「危ないから平四郎を家にこさせるな」

と急報しました。

荻は「横井先生を説得できるのは伝之丞しかいない」と、元田に連絡し、驚いた元田は、夜道を走って、小楠に急をつげました。

「わしは懼《おそ》れんぞ！」

小楠の意気や豪壮でしたが、元田の必死の説得に従って監物邸に行くのをやめたため、大事に

はいたりませんでした。

小楠がもっとも信頼を寄せた元田でしたが、用人の父三左衛門が四月に、江戸から帰ってきて、

「長岡大夫さまの忠賢、一国の人物たるは、もとより論をまたない。しかし、その言行が当世にあわず家老職を辞されたのは、大いに君公の心に違却するところがあったからだ。君公に拝謁したところ、おまえの子の伝之丞は監物派のひとりだ。なんじ、心を労するならん、と懇々とはなされた。おまえは、しばらく実学をやめて、監物の会読にも出るな」

と説教します。

「臣子の道は忠と孝のみ」

元田は、進退極まります。すぐには従えず、悶々とするうちに、心労からか、ひどい眼病にかかりました。一時は両眼ともみえなくなり、六月から交友を謝辞し、監物の門にもいかず、小楠、久馬とも疎遠になります。

結局、監物の会合は、中止のやむなきにいたりました。

第四章

広がる世界で人物探し

当時の藩論に抗して初期に入塾した嘉悦市之進（氏房）、安場一平（保和）、山田武甫《たけとし》（初めの名は牛島五次郎）は、ことに母親の力強い後押しがありました。嘉悦勢代子、安場久子、山田由以子はいずれも女丈夫、女傑で「熊本実学連の三婆さん」とよばれました。こういう女性たちが熱心な支持者というのも小楠の面白さです。

嘉悦ら三人に宮川小源太（房之）をくわえて、のちに「小楠門下の四天王」とよびました。「識の嘉悦、徳の山田、智の安場、勇の宮川」といわれ、明治維新後は藩閥時代に、それぞれ健闘してます。

安場保和は、胆沢《いさわ》（岩手）県・酒田（山形）県の大参事、熊本県権大参事をへて、大蔵大丞、租税権頭。岩倉具視らの欧米視察に随行し、福島・愛知・福岡の各県令、元老院議官、貴族院議員、北海道長官などを歴任し男爵。胆沢県大参事のとき、県庁の給仕だった後藤新平（満鉄総裁、逓信・内務・外務大臣、東京市長）を見い出して援助し、のちに娘の和子を嫁がせました。

後藤新平は、熊沢蕃山の『集義和書』を愛読していますが、これは真の儒教を実践しようとする小楠実学のもとになったものです。小楠の未来を構想する力は、安場保和から後藤新平につながったともいえるでしょう。

嘉悦氏房は、安場のあとの胆沢県大参事、八代県・白川（熊本）県の権参事などを歴任しましたが、安岡良亮県令を批判して辞職、実学派の私塾広取黌をひらき、青年教育をする一方、同志と緑川製糸所を設立し、殖産興業に尽力しました。県会議長、九州改進党を結成し、衆議院議員にもなりました。娘の孝子は私立女子商業学校（嘉悦学園）の創立者です。

山田武甫は熊本藩少参事、熊本県参事、熊本洋学校や古城医学校の創設に尽力し、敦賀県令、帰郷後、殖産興業に貢献。立憲自由党を結成、拡大して九州改進党を組織。衆議院議員活動中に病没しています。

宮川房之は、長崎県令になりました。事績はよくわかりませんが、長崎病院内に医学場設置を示達したとあります。徳富一敬らと共立学舎設立の中心になっています。

ほかの門人については、小楠が医学を学ばせた内藤泰吉は、維新後、軍医として東北に出征、軍務官病院副頭取、明治三年、熊本に医学所が設立され、校長格、通町病院を開院、肥後の西洋医学の振興に足跡を残しました。長男の游は工学博士、仏文学者の二男濯《あろう》はサン・テグジュペリの『星の王子さま』の翻訳で有名です。

朱子学者の自負

草創期の藩外の門人では、隣藩の柳川藩士、池辺藤左衛門のほか、越前藩士の三寺三作《みでらさんさく》が重要です。彼が小楠の存在を同藩に伝えたことが、のちの招聘《しょうへい》につながります。嘉永二（一八四九）年十月十五日に小楠をたずね、同月十九日から十一月十日まで、小楠堂に滞在しました。

三作は三寺剛右衛門の弟で厄介の身分。この年二十九歳で、山崎闇斎の系譜の崎門《きもん》学者です。藩の政教刷新にかんする五カ条の建白を、藩主の松平慶永（春嶽）にして、そのなかの「天下の大儒を聘し学校を興し教育を盛んにせよ」という案が採用され、全国を遊学して、「朱学純粋の学者」を探すよう命じられます。京都の崎門派学者の梅田雲浜《うんぴん》（源次郎）をたずねて、熊本藩家老の長岡監物は見識があるときき、その家臣で同門の家儒、笠隼太《りゅうはやた》（夕山）宛ての紹介状を持参しました。

笠は、「かねて水魚の交りいたす人」と、小楠に会わせます。その識見に感服した三寺は師礼をとり、越前招聘もにおわせたのです。

三寺は帰国するとき、「お考えがよくわかる代表的な著作を」願いました。小楠は、漢文の「恭題恭勝公和歌巻後」「題見聞私記後」「読諸葛武侯伝」の三点、「感懐」と題する十首の漢詩と序文、そして久留米藩の藩儒本庄一郎宛ての手紙「奉問条々《ほうもんじょうじょう》」をあたえました。

小楠は、本庄へ手紙をかく直前に、長岡監物の向学の姿勢に不満があって、正論をもってせめますが、監物は「一々敬服いたし候」と書きながら、論議を拒否しました。朱子学者として自信を持ちはじめた小楠には、監物の昨今の態度にはりあいがありません。そこで朱子学者として高名な本庄一郎に長文の「奉問条々」を送りつけ、自分の学問論を次のように展開して、「ご面倒ながら（批判があれば）遠慮なく書きいれて送り返してください」と頼んだのでした。

「朱子以来、宋・元の儒者は、盛大の気象はとぼしかったが、たいていは師の説を守り、支離滅裂の病はなかった。明・清の儒者にいたっては、いっこうに頭脳がないから、格致（格物致知）の訓を誤り、いたずらに書を読み、その義を講じて問学と心得ていた。これは（明の永楽帝勅選の）『永楽大全』の陋習《ろうしゅう》で、俗儒の無用の学におちいったのだ」

「王陽明が、この俗儒の弊害をみて、良知の説を唱え別に寂禅異端の幟《のぼり》を立てて、朱と王（朱子学と陽明学）の二つに分裂したのは誠に嘆かわしい。陽明の非は元より論ずるにおよばずだが、一方の朱子学も格知の訓を誤り、和漢古今ともに無用の陋《ろう》儒におちいり、天地のあいだに有益でない学問になってしまった。いささか性気材識あるものは、この俗儒をみて朱子学と心得、あるいは良知の説（陽明学）におちいり、あるいは功利（徂徠学）に入り、または学問は無用なるものとして、いっさい学事を廃してしまうなりゆきは当今天下のあり様で、もとはすべて俗儒の陋にあり、慨嘆のいたりである」

「朱子学は後世の朱子学者によって骨抜きにされ、それがいまも続いている。明一代の真儒は薛文靖《せつぶんせい》とおもうが、そのほか朝鮮の李退渓《りたいけい》がいる。朱子以後はこの二賢にとどめをさす。日本では藤原惺窩《せいか》がとくに傑出の人豪だ。一生、権現様（徳川家康）につかえず、その志は高大である。家康は、聖賢の道を尊信したわけではなく、儒学者が物知りだから顧問にして、和漢古今の種々のことを調べる道具に使った。林羅山がまさにそうである。（家康の場合）治国のことは仏教を信じ、天海・南光坊のごときが黒衣の宰相ともいうべきだ。

藤原惺窩のあとは山崎闇斎である。朱子学の書を世にひろめたからだが、拙藩の先儒、大塚退野は、本人（闇斎）の修養はあやしかったと語録でいっている。山崎門で傑出しているようにみえるのは浅見絅斎だろう。しかし近ごろの崎門派は、講義だけを学問と心得て闇斎・絅斎の学意を失い、固陋《ころう》寡聞の偏屈の儒者に落ち、おかしく思われる」

「近ごろ朱子学を唱える人では、大坂懐徳堂の中井竹山がある。しかし、この人は道を遠くにみて我が事をいたさず。人事の義理は明かにあるけれども、徳性を尊ぶところは忘却し、心術を功利の上に馳せている。これは要するに徂徠学にして朱学を唱えるもので、この学の大狂いは竹山である。徂徠は公然と功利を押しだしたので、その非が明らかだけれども、竹山は表に飾りをつけているので、なかなか非がみえない。これをきちんと批判することが必要だとおもう」

待ちに待った本庄の返書がきたのは、翌嘉永三年の四月でした。

「ご議論、一々正当にて、拙者等異見ござなく候……ただし古人を指摘《したく》（指してとがめる）する意が重くなり、失礼ながら、自ら涵養温潤《かんようおんじゅん》の気象を求めることが乏しいかと……」

彼の手紙に意見を書き入れたものに、こういう返書がそえてありました。

小楠は失望しました。

いま小楠の思想は、陽明学の主観主義でも徂徠学の功利主義でもありません。それらが批判した堕落した朱子学ではない真の朱子学をものにしたと確信しています。重要なのは、現実政治に対する関心、現状把握と学問的対応にあります。朱子が現実の問題に対処したように、我々もしなければならないのです。

帰藩した三寺が持ちかえった小楠の文章は、確実に藩内に影響を与えますが、招聘の話は具体化しません。三寺の礼状に、こう書かれていました。

「弊藩執法《しっぽう》の浅井八百里《やおり》が私の留守中に死にました。あなたのご学風を八百里にきかせられなかったのが、千載の遺憾です」

浅井政昭、通称八百里。藩主松平慶永の側近・補佐役で側向頭取・目付として藩政改革につとめ、「君子」といわれたが、三十七歳で没しました。

三寺は「厄介の身分」です。直接、主君に復命できず、小楠のことを八百里に話して、慶永を説得してもらうつもりだったのでしょう。

「万事多言を費やさず、右八百里病死の一事にてご推判なしくださるべく候」

八百里の死によって、招聘の話も白紙にもどったという苦衷を暗にのべています。

ところで、三寺が帰ったあと、十一月九日に、細川斉護の三女勇姫《いさひめ》が、松平慶永に嫁しました。両藩の関係は深くなりますが、当面、小楠には関係がありません。

上国遊歴

嘉永四(一八五一)年、四十三歳になった小楠は、「諸国遊歴に出よう」と決意を固めます。

〈自分の学問の到達点から諸国の政治をながめ、人物に会おう。真正の朱子学者なら、その志を天下の政治に実現すべきである。各地を実際にみて、その手順を考えよう〉

三寺の来訪もいい刺激です。

「真儒を招こうという越前藩とはいかなるものか」

それを知るのも大きな目的です。

また宮部鼎蔵《ていぞう》から長州の吉田大次郎（寅次郎＝松陰）の名をきき、会いたくなりました。

この年二十一歳の松陰は、九州を遊歴し十二月九日から十三日、熊本に滞在して、砲術家の池辺啓太や山鹿流軍学者の宮部鼎蔵と会い、ことに宮部とは意気投合します。

宮部は三十一歳。国学者の林桜園《おうえん》が開いた家塾の原道館に学んだ尊皇攘夷論者で、のちに同門の河上彦斎《げんさい》らと肥後勤皇党に参加して京都で活躍、元治元年、池田屋で新選組に急襲されて自刃します。

このころの小楠は、藩政主流派の学校党に敵視され、現状改革の意志をもつ彼らとは親しかったのです。吉田に会いたいというと、宮部は「喜んで紹介状ば書きまっしょ」と請け合い、自分を藤田虎之介に紹介してほしいといいました。

遊歴には門人たちも大賛成で、徳富万熊ら富裕な者たちが旅費をつくります。

お供には、万熊の弟の熊太郎（一義）と、長岡監物の家臣笠隼太（夕山）の子の左一右衛門が決まります。左一右衛門は門弟ではないが、砲術の見聞を広めるため、監物と笠の頼みで同行させます。

小楠は、藩庁に遊歴を願いでて許されました。

「嘉永四年　　　左平太弟　横井平四郎
右は用事に付き、紀州・尾州・越前国へ罷《まか》りたく、往来日数三百日願い、二月十八日、御国出

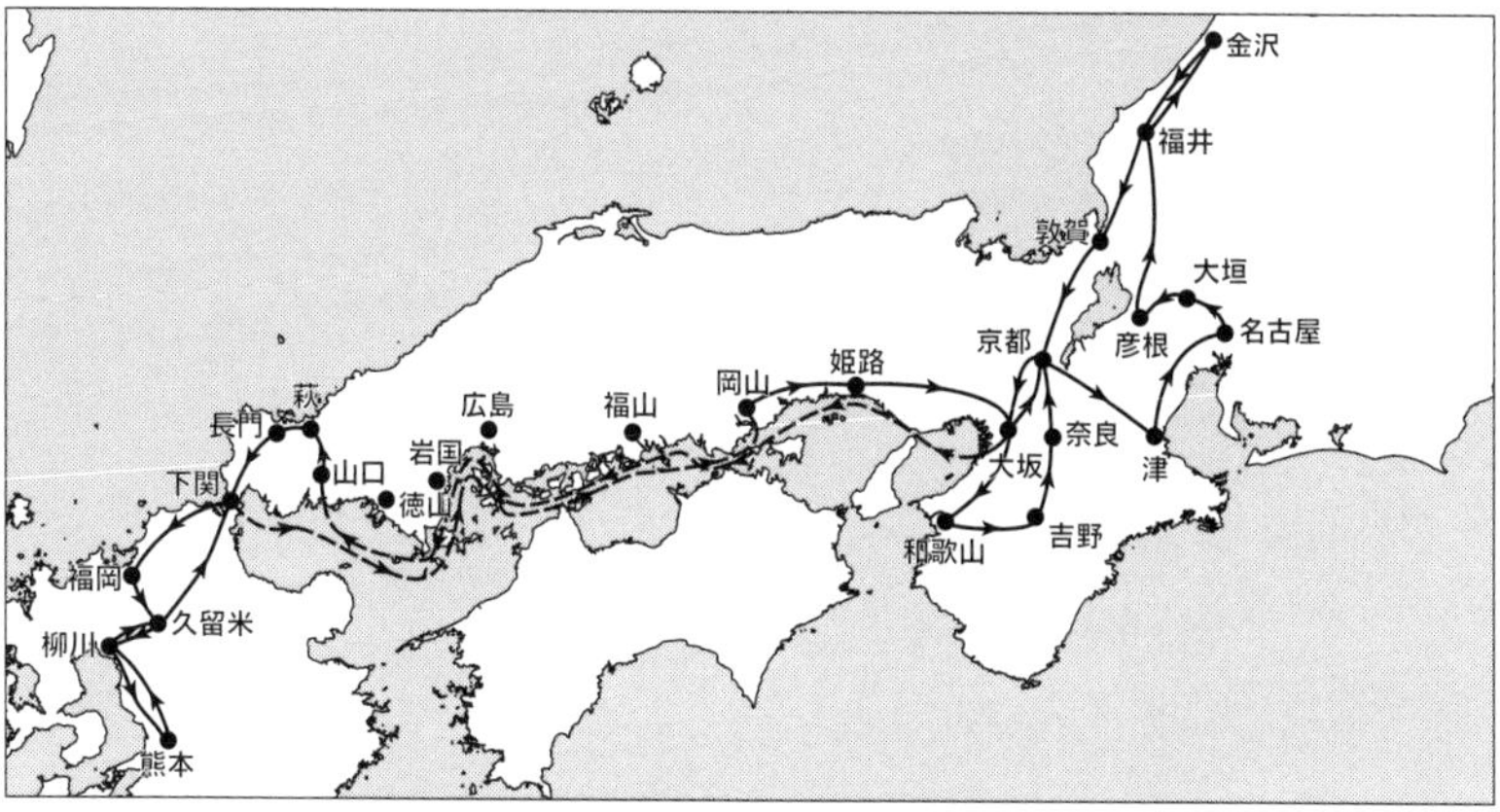

小楠の上国遊歴の主な地名とルート（破線は海路）

立仕り候事」

行程は、まずは柳川から久留米、秋月、下関、長府、徳山、岩国、広島、福山、岡山、姫路、兵庫、大坂、岸和田、和歌山、大和、河内、奈良、宇治、京都、大坂、大津、津、山田、桑名、神戸、名古屋、大垣、彦根、府中（武生）、鯖江、福井、大聖寺、金沢、福井、敦賀、大坂、中ノ関、三田尻、山口、萩、赤間関、大里、赤間、小倉、福岡、博多、大宰府、久留米、柳川と回遊しました。上国は「かみがた」を意味します。

この旅行で小楠は、諸藩の実情にふれ、多くの人士と出会い、鋭い観察眼を発揮します。

まず柳川藩では、古い門人の池辺藤左衛門が肥後実学を普及させ、直弟子や準門生も多いため大歓迎をうけました。訪問の主目的は、かねて池辺よりきいていた二十一歳の大物、のちに家老になる立花壱岐《いき》に会うことでしたが風邪で面会できず、帰路の八月に夜を徹して語り合っています。

小楠の柳川藩に対する評価は、おおむね良好です。

「樸実無文《ぼくじつむもん》（飾り気がなく質朴）で、祖宗いらいの節義の家風がよくよく一定し、士人いずれも気概があって、もっぱら武事に心がけている。しかし、以前よりは、すこし衰えたようすで、藩士が慨嘆している。だがこの士風は西日本では希少である。先々侯いらい君侯は木綿服を着用し、夏袴は葛麻という。これにより、ご家中いずれも綿服を着て、家内は帯・袖口・髪飾りまでが帛《きぬ》を用い、帯は縮緬、八丈までである。宴会もいっさい豪華を禁じられ、酒も痛飲することはない。芝居・三味線・おどりの類も停止で節倹政策も、ほどよくゆきとどいている。ただし、凶荒対策がなりゆきまかせでみるべきところがない」

つぎの久留米藩は、

「士風温和にして圭角《けいかく》がない」

倹約もきびしく励行され感心するが、

「珍客を歓待するのに、これか」

はまぐりの吸物に肴の二品しかなく、不満におもったのが人間味が出ておかしいです。

ともあれ、藩政府には、七十過ぎの老家老・有馬織部（照長）以外、棟梁たる人物がいない。本庄一郎はやはり「通例の一老儒にてなにもこれなき人物」でした。ただ民政に力を入れているようすで、凶荒の手当てとして穀類を買いあげることに熱心だと記しています。

ついで福岡黒田藩の支藩の秋月藩を訪問。

「士風軽浮にて樸実の風これなく、ただただ利に馳せ候ゆえ、文武の道、いささか実を務め候ところござなく」と酷評しますが、みるべきものは蠟の藩営でした。櫨方《はぜかた》が発行している札で櫨を買いあげ、蠟にして大坂に出し、金銀をもちかえって札とひきかえることが、とどこおりなくおこなわれるので、札の価値が安定しています。この櫨買い上げの仕組みは強い印象をのこし、のちに越前藩で実施する殖産興業政策にいかされました。

天下、人材大払底

関門海峡をこえて長州萩藩の下関。西国の大港都で諸問屋六百軒余。諸問屋・青楼などの運上金が毎年一万金ときいておどろきます。

朱子学者の原五郎左衛門をおとずれると、思いがけなく加賀藩の儒者、上田作之丞（幻斎）に会いました。小楠がたつ二日前に熊本を発し、故郷にもどっていったのでした。加賀藩では異端の儒者で、経世家の本多利明の愛弟子。歳は六十四歳で小楠より二十一も年長です。嘉永三年七月から西国視察にでて、翌四年二月、熊本に滞在して小楠をおとずれ、意気投合しました。儒学を社会に活かさねばならないという思想の持ち主で、藩学からは排斥された点で立場が似ていました。

萩にむかう上田とわかれ、一行は海路をとって岡山まで各地を歴訪します。

長府藩から徳山藩、人物は目付の井上弥太郎のみ。

次の岩国藩は、当主の経幹《つねまさ》二十三歳が「よほどの明主にて誠に学をこのみ、はなはだ治道に心がけている。いずれ行く先は盛んになる」。

東上し、広島四十二万石の外様大藩、当主は松平安芸守浅野斉粛《なりたか》です。「士風傾廃限りなく、文武衰微山陽道第一」と低評価。政治は利政のみで賄賂が横行。暴政はなはだしい。陽明学者の吉村重助（秋陽）と語り合い、「山陽道中で第一の人物」と思いました。

次は備後福山藩です。譜代十万石、藩主の阿部正弘は老中首座。熊本で聞いたのとようすが違い、いたって仁愛があり順良の人物らしいのが意外でした。倹約もきびしく、去年からは調練を命じて盛ん、因循のもようはみえない、といたって高得点です。

備中松山はたちよらず。次に名君といわれた池田光政が初代の備前岡山藩。かの熊沢蕃山を用いましたから、観察も綿密になります。「士風の傾廃が広島についでひどい」。それでも、「聚斂《しゅうれん》の利政（過酷な収奪政治）にならないでいるのは、池田光政と熊沢蕃山がつくった制度がいまも変わらないでいるからだ」。

姫路は譜代十五万石、大老になる家柄だが、養子の当主酒井忠宝《ただとみ》は二十三歳で、「政事は、万事、家老まかせ」。国老の高須隼人は若手だが、もっぱら家中をひきたて、文武にはげんでいるようすだ。

大坂では、大坂城代の土屋采女《うねめ》正《しょう》寅直《ともなお》（土浦藩主）の公用人である大久保要《かなめ》（黙之助）に面会。水戸の藤田虎之介らと親しいので、情報をえるためでした。

大久保は藩主に重用されて学館頭として藩校郁文《いくぶん》館（文武館）を改革し、人材を育成して士気をたかめました。また尊皇攘夷の士で、水戸斉昭の解慎運動にも努力し、この年五十四歳。長岡監物におくった書状に、「この人、温然たる人物にて、才識もなかなかあり、底強き気性にて愛すべき人物です。学問はさして深くはみえないが、水戸学で大道ははなはだ明白」とあります。

この手紙で「天下人材は誠に大払底、これまで敬服するほどの人には一人も出会わなかった」としながらも、せめて指を屈せば「柳川に池辺藤左衛門、徳山に井上弥太郎、芸州に吉村重助、京都に春日讃岐守（潜庵）」、そして「大坂に大久保要」の五人がいたと書いています。その後の旅で、何人か人物が追加されます。

和歌山は南龍公・徳川頼宣が藩祖の御三家和歌山藩の城下町で、のちに十四代将軍家茂になる慶福《よしとみ》がまだ六歳で当主。「士風陰険なるところがあり正大ならず、御三家をもって恭遜の態がなく、万事、自負の意がある。忠信質実の風にむかわず、機変知巧を貴ぶ」。反感を感じました。しかし、勧農には力がつくされているとみえ、西では紀州ほど藩士が耕作にくわしいところはない。農具も発達していて麦や野菜は格別にみえると激賞です。

紀ノ川をわたり、川にそってのぼり、途中、農夫と同行して、唐芋の囲いかた、植えかた、水田の水の替えかた、稲の干しかた、木わたの手入れ、大根の作りかた、堤を平地に掘る方法、蜜柑の囲いかたなどをきいています。小楠は気さくで研究熱心でした。奈良では茶の施肥の法、摘みかた、手入れ法、製法を取材。この遊歴では「百工・技芸・農商の者との話し合い」も重要です。

京都東洞院四条上ルの肥後藩御用聞き井筒屋嘉平の家へ立ち寄ると、梅田源次郎（雲浜《うんぴん》）が来訪し、一緒に川原町の医家内田藤造宅をたずね、一間を借りて当分、滞在の予定とします。

梅田雲浜は、小浜藩士で崎門学派の儒者で尊皇攘夷の志士です。のちに安政の大獄の最初の犠牲者となります。かつて父の矢部岩十郎が藩の用事で熊本にいったときに随行し、小楠や長岡監物らに会い国事について話しあったことがあります。お供の笠左一右衛門の父隼太と親しく、三寺三作とも懇意で、非常に好意をもって世話役を買ってでたのです。

福井藩士の岡田準介がたずねてきます。藩儒・吉田悌蔵（東篁《とうこう》）の実弟です。

烏丸通の陽明学者、春日讃岐守（潜庵）をたずねました。小楠のみるところ「聡敏明達にしてはなはだ虚懐の人物」でした。

同志

徳富と笠を京都にのこし、ひとりで大坂の大久保要に会いにいきました。

このとき、緒方洪庵の適塾にいた越前藩の橋本左内にも会っています。左内のことは岡田からききました。まだ十八歳の俊秀な若者とよほど肝胆相照らしたのか、二度も会いました。左内が岡田に宛てた手紙に、小楠のことを「いよいよその造詣の深きようにおもわれる」と書いています。

小楠は左内に、熊本藩の侍医で、洪庵の門の塾長を務めた「奥山静叔《せいしゅく》に学んだらどうか」とすすめます。左内の心はうごき、吉田東篁もすすめましたが、父が反対するうちに死んで、実現しませんでした。

京都にもどり、梁川星巌《やながわせいがん》にも会いました。美濃の郷士の出で、漢詩人として名をなし、雲浜らと親交があって、安政の大獄では捕縛直前にコレラで死んでいます。星巌は、小楠を朝廷の教育機関である学習院に推挙しようとしますが、ことわりました。

雲浜は小楠の面倒をよくみましたが、小楠は岡田への手紙で、雲浜の厚情を謝しながらも「この人、あい替らず偏固にござ候段、迷惑なる人物、さてさて笑止に存じ奉り候。この種の人ほどいたしにくきはござなく候。御一笑々々」と書き、吉田東篁への書簡でも「この人、陽に正直をかざり、陰に利心をさしはさみ」と書いています。

吉田松陰も雲浜とは合わなかったようです。江戸在勤の肥後藩士、松田重助は、萩の松陰にあてた手紙で「誠に恐るべき人物で、僕はあえて遠ざけた」と注意を喚起しています。のちに雲浜には「勤王家の山師」という悪口もあり、嫌われる理由があったということでしょう。ただし、雲浜は岡田に小楠を「実に英邁《えいまい》の質、精練の学、一世の高材と仰感に堪えず候」と書き、心底、畏敬したようすです。

津藩を経て伊勢神宮へ。外宮神官で国学者、歌人として高名な足代《あじろ》権大夫（弘訓《ひろのり》）をたずねました。足代は国典をきわめ、千余巻を考証した人物で、国史を宮中に講じるなど栄誉をえています。洋夷の跋扈《ばっこ》を憂え、諸国から志士が多く訪問しました。「もっぱら海防を心がけている」といって、いろいろ文献をみせました。書籍が山のように積んであって、小楠は写本の交換を相談して、帰国後、実行しています。

十六日は大神宮、天岩戸を拝し、櫛田で投宿。十七日、津に戻り、夕方、平松喜蔵宅で藩校の督学である斎藤徳蔵（拙堂）も列席して話しました。拙堂評は、「学派は朱学なれども、まったく功利に落ちおり、まず吏才ある人とみゆ」でしかありません。

名古屋には約半月滞在します。尾張が横井家発祥の地であり、本家に挨拶して系図などを写しとるのが公式目的のひとつだったからです。

尾張藩士で春日潜庵門下の傑出といわれた鬼頭《きとう》忠次郎（忠純）をたずねて、本家の横井次郎吉方に「同姓懸け合い」の斡旋をたのみました。鬼頭は、藩主慶恕《よしくみ》（のち慶勝《よしかつ》）の側近で町奉行だった田宮弥太郎（如雲《じょうん》）に重用されています。

当主次郎吉をたずね、脇差をみやげに贈りました。『次郎吉家系』一冊、『横井一統系図』二冊を一覧して『次郎吉家系』を借りうけ、宿で筆写します。『横井一統系図』も借りたかったのですが、総本家の三家以外の分家は所持できないというので、横井伊折介邸を訪問し、用人に会って当主との対面、系図写取りを申しいれ、いろいろ質問をし、みやげに槍を贈ります。九月に謄写されたものが熊本に送られてきました。

町奉行の田宮弥太郎をたずねました。田宮評は「人となり、沈静にして明敏、実に国天下を荷う忠誠の人」。田宮は、一つ年上で大藩の重役にもかかわらず、小楠に教えを乞います。「治国の根源はいかが」と田宮にきかれ、「なにとぞ、君主の非心（悪心）を正し、君徳を補佐して、大臣たるもの、そのことをなしたきものです」と答えました。

尾張藩は継嗣問題が続きました。天保十年に十一代藩主斉温《なりはる》が嗣子なきままに没し、田宮は、支藩高須家の世子秀之助（のち慶恕・慶勝）の擁立をはかります。しかし、幕府は田安斉荘《なりたか》を十二代にしたので、秀之助をその跡継ぎにするよう運動したが失敗。十三代には斉荘の養嗣子慶臧《よしつぐ》が就任したが、子なきまま疱瘡《ほうそう》にかかって嘉永二年に没し、ようやく慶恕が十四代藩主となって、田宮を藩政改革に重用したのです。だが、内紛が尾を引いて、改革は容易ではなく、田宮は悩んでいました。

小楠に感謝の手紙を送っています。

「平宵《はんしょう》（平夜）の話、十年の書にもまさり、さてさて種々有用のお咄《はなし》どもうけたまわり、歓喜に堪へず存じたてまつり候」

帰熊後、遊歴中に世話になった岩国の藩学養老館教授の坂本格と井上司馬太郎への礼状のなかで田宮にふれ、「尾張には大身の人傑がある。よほど志これあり。いささかもご三家や大身の尊大さをみせず、道を求める心が切実にみえる」と称讃しました。ふたりの親密な関係は、その後も続きます。

藩校明倫堂の典籍次座の澤田良蔵（眉山）をたずねて肝胆あい照らし、三、四度も会って、以後も文通をしました。

澤田宛て書簡で、「田宮君はあい変わらず君側にお勤めとおもいます。はばかりながらこの地位はもっとも大切の大根本にて、第一等の人物が少しも離れてはいけません」と書き、「尊藩のご隆盛は真に天下列藩の大勢に大いに関係がある」「尊藩は以前、ご内乱より十六年余になる。この間、士風民俗が悪しき方にのみ培養されたので、なかなか一朝一夕には改まらないでしょうが、寛大なるご趣向第一で助長されることのないよう申し上げます。釈迦に説法ですが」等々、のべています。尾張藩への期待が田宮の存在と重なり、「君づけ」は同志扱いです。

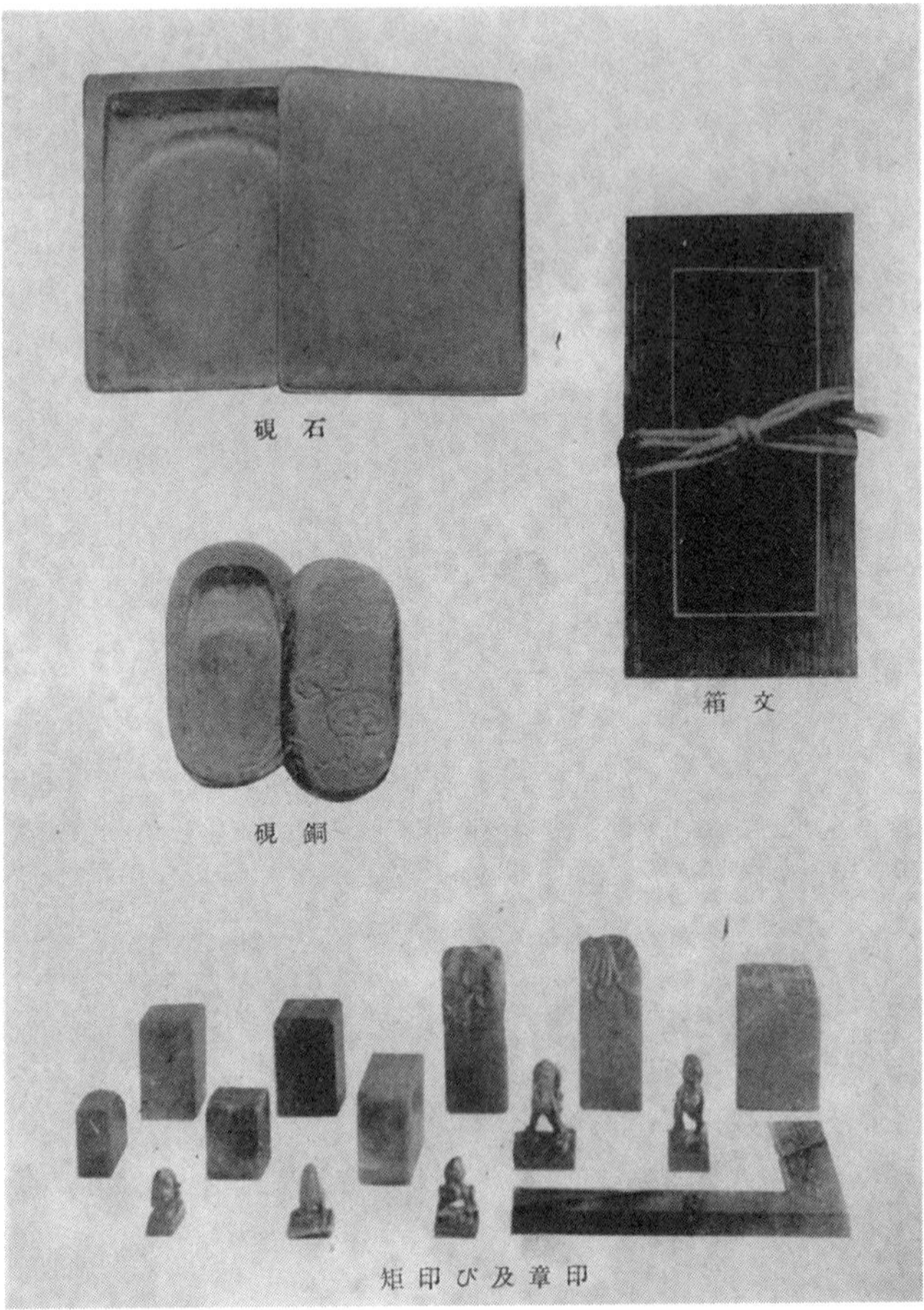

横井小楠遺愛の文房具
（山崎正董『横井小楠　下巻　遺稿篇』より）

第五章　好意あふれる福井藩

名古屋から美濃路を西へもどり、彦根藩では詩文家の田中栄《さかえ》（芹坡《きんぱ》）をたずね、藩主の井伊直《なお》弼《すけ》のことなどをききました。田中は藩校弘道館の教授から会頭になる男で、

「当公（直弼）は、久しく部屋住みの身で、出家しようとさえおもわれた」ということだが、「そのころより『中庸』を信用して読まれ、家督後も同じく『論語』を読まれる」ということから、重臣の免役・登用も断行して、田中の師の藩儒中川祿郎（漁村）を督学にした、といいます。「学はもちろん朱程の学だ」ときいて、大いに好感をいだき、将来に注目しようとおもいます。

いよいよ福井藩です。六月十二日、湯の尾峠をくだって府中（武生）、鯖江をとおり、七ツ（午後四時）ごろ、猛暑の福井につき、石場縄屋に旅装をときました。暮れに、京都で親しくなった岡田準介がたずねてきて、門人がくわわり深更まで話しこみました。岡田は重臣である稲葉正博

の家臣です。

岡田の実兄で藩儒吉田悌蔵（東篁）は文化五（一八〇八）年の生まれ、小楠のひとつ年上の四十四歳でした。

かれの父の金八は「鉈差し」と俗称された軽輩です。吉田は藩校正義堂に学び、京都の崎門《きもん》学者の鈴木撫泉《ぶせん》に私淑し、私塾を開きました。「学は実践にあらざれば不可なり」として、時務策を論じ、門人に藩重役の鈴木主税《ちから》や浅井八百里《やおり》、また橋本左内ら俊足をだしています。その鈴木によって士分に抜擢されました。

吉田・岡田の兄弟が訪問して、おもいもよらぬことをつげました。

「稲葉さまのご厚意により、ご当家の別荘である遊仙楼にお宿を用意いたしました」

滞在中は稲葉家がいっさいの面倒をみるというのです。遊仙楼は、すばらしい邸宅でした。小楠は「ご主意ありがたく身にあまる」思いを吐露します。

連日、藩士の訪問が引きも切らず、深更まで学話にもりあがりました。

大歓迎・大反響

その後も同様で来会者はふえ、御会が毎日開かれます。

吉田宅で「大学」三綱領（明明徳、親民、止至善）の御会をしたところ、なんと七十余人があつまりました。この中に十九歳だった三岡八郎がいました。五カ条の誓文の原案を起草した、のちの由利公正です。『由利公正伝』には、

「（横井小楠）はじめて福井に来遊し、大学の三綱領を講演し、堯舜孔子の道をもって国家を経綸するの学となし、道徳は経国安民の本として知識によりて増進す。ゆえに格物致知を先とし己を修め、人を治むる内外二途の別なしと説く。石五郎（公正の初名）これを聴きはじめて読書の趣味を覚え、反復大学を読み、自らこれを実行せんことを誓へり」

とあります。

小楠の講義は、無味乾燥な儒者の講義とはちがって刺激的で、実に面白かったのです。

感銘をうけた三岡は、早速、「実行」をめざします。その手はじめに、福井藩の財政を調べようとして、藩の統計があまりに杜撰《ずさん》なのにあきれはてました。

「このうえは、自分で調べるほかはない」と、五年かけて統計をつくります。いろいろと疑問がわきました。米は絶対量が不足しているはずなのに、他領に輸出している。要するに、自藩の百姓の大半が米を食べていないのです。歳入と歳出をくらべてみると、毎年二万両ずつ不足する計算になる。一体、将来の対策はどうなるのだ。三岡はその疑問を奉行の長谷部甚平にただしますが、答はえられませんでした。

そういう現実的な改革の萌芽を、小楠の講義はあたえたのでした。のちに三岡は小楠とともに殖産興業政策を推進しますが、それはまだ先の話です。

小楠は、この一週間ほどで、大いに福井の人士たちに自説を披瀝し、ひとまず加賀藩の金沢までいきます。下関で別れた上田作之丞に会うためです。

ここでは藩校明倫堂儒員の大島清太をたずねました。碩儒といわれた故大島贄川《しせん》（忠蔵・惟直）の子です。また関沢房清は、やがて割場奉行として藩政改革にたずさわる人物で、佐久間象山とも親交がありました。関沢を「北陸でえた知己」とおもいます。

七月四日、金沢を出立。この日は小松に泊まり、六日正午には福井につき、遊仙楼へ。わずかな不在でしたが、何やら懐かしい。またまた来訪者がつづき、九日夕の御会の中頃ごろから気分が悪くなり中止。積日の過労と炎暑のため、倒れたのです。洋方医の笠原白翁が来診し、面会謝絶。十二日に快方にむかいました。

翌日、吉田、岡田、三寺ら諸士がおとずれ、吉田が、

「暑さは尋常ではござらぬゆえ、もそっと涼しき場所へお移りいただけばと思いましてな」

用意されたのは、稲葉家のもうひとつの別荘・含翠軒《がんすいけん》でした。十四日も猛暑だが、元気を回復してきます。諸士の来訪が連日、やみません。

二十日はついに送別会でした。吉田悌蔵が七絶二首を贈ります。

「王維が友を送った別れの詩が詠われ、私は感に堪えない。帰られるとき、あちこちで知己にお会いになったら、非才（吉田）も盟友の末につらなったと伝えてください」

また儒者の矢島立軒（剛）が、一文を草しています。

「先生に経義を問えば、その根本と枝葉を開示され、取捨選択されて新たなことを教えていただいたのは、理を窮《きわ》めておられるからだ。ご自身に公的な職責があるわけではないが、慨然《がいぜん》として当世のことに志があって、国家の利病（痢病か）や生民の休戚《きゅうせき》（喜び悲しみ）など常に隠憂をいだいておられ、これをもってか、議論は英発懇惻《えいはっこんそく》、人を動かした。

滞在わずか二旬余（二十余日）で、親をおもい帰国されようとしている。わが藩の先生と道義をもって交わるものたちは、みな別れを惜しんでいる」

福井の滞在は、金沢往復の十五日を通算して四十日におよぶ長逗留で、新暦換算で七月十日から八月十七日までという最も暑い季節でした。

往路で世話になった岩国藩の藩校養老館教授・坂本格と井上司馬太郎に出した手紙で、福井藩を絶賛しています。

七月二十一日、福井をたち、一里先の荒井で諸藩士と別れ、さらに浅水までついてきたものと別れました。そこへ滞在中、身辺の世話をしてくれた奥村坦蔵が駆けつけ鯖波まで同道したので、留別《りゅうべつ》の酒杯をもよおしました。小楠は、

「福井におりましたときには、熊本のほうの空を眺めて、懐郷の念にかられたが、さて、辞去するとなると、福井がかえって故郷のようにおもわれます」

そういって、奥村に賈島《かとう》の唐詩、七絶「桑乾《そうかん》を度《わた》る」を半紙半分大の紙に書いてあたえました。

并州《へいしゅう》（山西省太原）に客舎して已に十霜（十年）
帰心　日夜　咸陽《かんよう》を想（憶）う
端無《はしな》くも（はからずも）既に（更に）度る　桑乾（河）の水
却って并州を望めば是《こ》れ故郷

また美濃紙大に別離と激励の言葉を書いて贈りました。

「余深くその篤志に感ず」

天下広しといえど

帰途は大津をへて、伏見から夜、船で大坂へ。帰心、矢のごとしですが、小楠には、まだいくつか、たずねたいところ、会いたい人がありました。

海路、八月二日早朝、中ノ関に上陸。三田尻をへて山口。一ノ坂峠をこえ佐々並で泊。長州・毛利氏の萩まで四里（一五・七キロメートル）の距離です。萩藩は外様三十七万石、当主の毛利敬《たか》親《ちか》は天保改革に成功して、藩の政情は比較的安定しています。

小楠は吉田大次郎（寅次郎＝松陰）に会いたいとおもっています。また同藩の天保の改革に辣腕《らつわん》をふるい、いまは隠棲している村田清風（織部）をたずねるつもりです。

残念ながら吉田は江戸に遊学中でした。

藩校明倫館の前学頭、山縣半七（太華）をたずねたが病気（中風）で応対できず。教授の平田新右（左）衛門に会いました。

明倫館は享保四年に開設されたが、毛利敬親が弘化三年に学事興隆を命じて、下江向の地に嘉永二年、規模を拡大させた新学館を落成し、西洋医学・兵学など洋学を取りいれ、時勢にあわせようとしています。

宍道《しんじ》直記と実兄で江戸留守居だった柳井孫太郎に面会。明倫館にゆき、村田清風の甥で文武の達人の山田亦介ほか三人と会います。山田は吉田松陰に長沼流兵学を教えて、免許をあたえた人物です。

山縣半七の養子の半蔵（宍戸璣《たまき》）がきて、養父が病気で会えないことを謝しました。

三隅郷澤江村に村田清風をたずねました。自邸に私塾の尊聖堂を設け、子弟教育にあたっています。清風は中風で、不自由な足をかばって杖をついていたが、闊達な老人でした。

眼光鋭く、眉太く、鼻梁たくましく、口をへの字にむすんでいる。しかし、その眼はどこか慈眼ともいうべき色がありました。話好きで時勢論から萩藩の富国強兵・人材育成などに話はおおいにもりあがります。

十七歳のとき、富士山をみて、高吟。

「来て見れば　聞くより低し富士の山　釈迦も孔子もかくやありなん」

豪快な人物でした。

熊本に帰ったあと、吉田東篁に宛てた手紙で、こう書いています。

「なかなかの人傑で、その精神も気魄も旺《さか》んで、人を圧するところは驚きいりました。ただ、惜しむべきは学術が純正でなく、ついには一個の私見に陥っております。右の次第ゆえ、これよりはいっさい親しくはいたしません」

十二日、船で小倉へ。十六日、久留米について投宿。小楠の人気は大したもので、藩校明善堂教官の池尻茂左衛門や本庄一郎、山本左次郎らといっしょに、水戸学信奉者の天保学連を代表する真木和泉守（泉州）、木村三郎、梯譲平がたずねてきました。夕方から山本宅にいって深更まで話し、講釈方の佐田脩（修）平もきて、中村淵蔵、梯謙次、三原顕蔵らも同席しました。

十七日、池尻、中村、山本がいとまごい。真木和泉守をたずねると、そこへ本庄一郎がきて、終日、話をしました。琵琶、和琴をきいて、深更まで話しこみ、真木宅に泊まりました。真木はやがて肥後勤王党の宮部鼎蔵らと活躍して思想的にへだたったが、このころは意気投合するものがあったのです。

十八日、柳川着。池辺藤左衛門はあいにく病床にありましたが、池辺の弟の池辺亀三郎、井本辰之允、浅川鶴之助、笠間太仲、山田彦四郎もきて、深更まで話しました。彼らは藩校伝習館の句読師で、池辺と浅川は平四郎の直弟子、ほかは準門生です。

十九日、藩士が挨拶に来訪。「立花壱岐さまが、野町の別墅《べっしょ》（荘）でお待ちでございます」というので、往路に会えなかった壱岐と会談しました。「磊落真《らいらくまこと》に人傑」、小楠はおおいに感動し、夜をてっして朝五ツ（八時）前まで語りあかしました。

二十日、北の関で越境し、南の関の総庄屋・木下の家に泊まり、熊本に「明日、到着」の飛脚をたてます。そこへ竹崎律次郎が迎えにきました。

翌二十一日、七ツ（午後四時）ごろ熊本城下に入りました。ひたすら残暑のなかを歩き続け、ようやく本格的に秋らしくなったところでした。出町口には門生の永岩寿太郎、元山才七郎、高橋鐵之助、そして出町内に永嶺仁十郎、矢島源助が出迎えました。旅に同行した笠左一右衛門とは寺町で別れ、自宅近くで全塾生の出迎えをうけて、さすがに目がうるみます。

玄関にはいるや、杖を放りだした小楠は、

「アア疲れた！　天下広しといえども、ひとりとして語るべき人物がおらんかったわい！」

そう叫びました。一気に緊張がゆるんだのです。この長旅に、ひとまず確かな手応えはあった。

多くの同志もえた。しかし、自分を超える人間はいなかった。疲労困憊するなかで自負と失望が混在する激情が、そんな言葉をはかせたのでした。

『学校問答書』

帰国後はとくに福井で出会った儒学者たち、ことに吉田悌蔵（東篁）やその弟の岡田準介らとの書簡のやりとりは多く、学問的交流も活発化します。

嘉永五（一八五二）年の正月、岡田準介から『中庸』にある「聖人生知安行（聖人は生まれながらにして人の道を知り、何の努力もなく人の道を行う）」について意見を求めてきました。

ちなみに孔子は『論語』で「生まれながらにして、これ（人の道）を知る者は上なり。学びて、これを知る者は次なり。困《くるし》みして、これを学ぶはまたその次なり。困みて学ばざるは、民にして斯《これ》を下となす」といっています。『中庸』には「その之れを知るに及びては一なり」とあります。それぞれ「生知」「学知」「困知」と生来の才能に違いはあるが、一度悟りをひらけば同一であると。

朱子によれば「生知」は堯・舜・孔子であり、「学知」は禹《う》（舜の禅譲を受けたという伝説の聖王）・稷《しょく》（堯舜時代の名臣）・顔回（孔子の高弟）です。「困む」とは実践が不十分だとの意であると述べています。

小楠はこう回答します。

「私は、天理を体現し至善に達したのが聖人というより、至善は終《つい》に極《きわ》まりのないものであるから、聖人の御心では、いよいよもって不足におもうところが聖人ではないかとおもうのですが、いかがでしょうか。凡人の学者は、心に不足がないゆえに進歩の道もないのであって、これは至善の目当てがないからです。至善の目当てがあれば、一歩進めばまた一歩また一歩、この一歩の進みは限りがないのです。進むに随《したが》って不足の心がいやましに盛んになるのです。終に聖人になっても、あい変わらず不足の心の状態にあるのです。これは至善を極まりと見てはならず、限りがないのが至善と私が申していることなのですが、どうでしょう」

岡田らは驚きました。

『大学』には、「至善に止《とど》まる」とあるからです。

止まるべきところがわかってこそ、めざす目標が定まり、目標が定まってこそ心も乱れず平静になれ、平静であってこそ安らかになれ、安らかであってこそ、ものごともよく考えられ、よく考えられてこそ、止まるべきところに止まるという目的も達成できる、と。しかし、横井先生の考え方だと、「至善に止まる」ことが不可能になります。

岡田らは、いろいろ討議した結果、「至善」を「事上と心上」にわける説をたて、小楠に問います。返事はこうです。

「至善を事上と心上に分けるという高論はもっともって明白で、重々同意いたします。しかるに事上と心上は二つのものではなく、その時点の事について、これが「至善」であると判断して処理するのはいいが、これで安心とおもってしまうと油断になり、たちまち事理を失うことになるから、この心は未だに不足であるとおもっていなければならない。心上の至善は無窮であって、事において処する至善も、結局、そういうことなのです」

つまり、「無限の努力が可能だからこそ聖人なのだ」という小楠の見解は、かねて聖人を遠くおよばない存在にしてしまい、実現不能な建前だけの目標にすぎなくさせてしまう従来の朱子学の考え方よりも現実的といえます。

ところで、そのころ、福井藩では学校を興そうという議論がおこり、吉田悌蔵らから小楠に意見を求めてきました。同藩は文政二(一八一九)年、十三代藩主松平治好《はるよし》が城下桜馬場に藩校正義堂を設立したが、経費の問題などがあって天保五(一八三四)年に閉鎖されていました。小楠の福井訪問が、学校再建の動きに火をつけたのです。

これにこたえて小楠は、『学校問答書』を執筆して送り、さらに吉田宛て三月二十五日の書簡で「尊藩の学校を建てるのはぜひともおやめになって、後日、その時宜がまいってから興されるよう祈っております」と念をおしました。

この「聖人」の見解と『学校問答書』の考えは、この年、四十四歳になった小楠が到達した道徳政治を実現させる運動論で、その成否の鍵を「君主」「藩主」に置いたものです。すでに彼は儒者の域をこえて、類まれな思想家になりはじめていました。

福井藩は、小楠がおとずれた諸藩のなかでもっとも高い評価をあたえた藩ですが、「いまは、その時宜《じぎ》ではない」という判断は問答書にしめされています。

「和漢古今の明君がでると、かならずまず学校を興すのですが、その結果をみるに、学校から出類の人才がでたためしがなく、いわんやこれによって教化がおこなわれ、風俗が敦くなるのをみたことがありません」

「大和でも漢土でも、古《いにしえ》も今も、学校を興したのは、その国、その天下の明君のときではないでしょうか。この明君の興された学校であれば、はじめより章句、文字無用の学問になるのを深く戒められ、かならず学政一致に志し、人才生育に心を留められることでしょう。その学政一致ともうす心は、人才を生育し、政事の有用に用いようとする心です。

しかし、この政事の有用に用いようとの心が、安易なかたちで一統の心に通ってしまい、諸生はいずれも自分が有用の人才になろうと競争するあまり、論語にいう「己の為」の学問という根本を忘れ、政事運用の末節に馳せ込み、その弊害はたがいに忌諱《きき》娼疾《けんしつ》(いみきらい、媚びる病)を生じ、はなはだしいばあいは学校が喧嘩の場所になってしまいます。これはすなわち人才の利政

（功利主義的教育）というもので、人才を生育しようとして、かえって人才を害《そこな》い、風化を敦くしようとして、かえって風俗を壊し、そのあげくには、あつものにこりて人才をいやがる心になり、はては章句文字の俗儒の学校になっていく勢いの止まらなくなるところであります」

「学校は朝廷（君主が政治をおこなう場所）の出会所ぐらいにおもえば、学政一致になるのです」

「右問答の本意は、人君の一心に関係いたし、人君が君となり師となりたもう御身でなくては、いかに制度がよろしくても、たちまち後世の学校になって益がありません。学校の盛衰は君上の一心にあり、その他は論じるにおよびません」

つまり藩主の松平慶永《よしなが》は明君といわれているが、まだ二十五歳と若く、そういう人君・聖人になっていない。そうなるまで待て、というのです。

『文武一途の説』

嘉永五年の三月に、上国遊歴に同行した愛弟子の徳富熊太郎が、疫病で急死しました。熊太郎と妻、妹が熱を発して倒れ、妹と妻が死亡、熊太郎は、六日後に死亡しました。二十八歳でした。腸チブスと見られます。三歳の娘が残されました。

二十里の道を愛弟子のためにかけつけた小楠は、大声をあげて泣きました。吉田に宛てた手紙に、「誠にもって悲傷のいたり、言語に絶し申し候」とあります。

実は、小楠も忙中多難な年でした。

七月末から瘧《ぎゃく》（おこり・マラリア）を患って、八月中は寝たきりで、その後、すこしずつ快方にむかい、十一月一日に、ようやく外出できました。およそ百日も病床にあって、手紙も書けない状態でした。

ところで、病中に重大な情報が飛びこんできています。

六月、オランダのジャカルタ政庁評定官だったドンケル・クルティウスが、出島の商館長ローゼの後任として着任。恒例のオランダ風説書とともにジャカルタ都督の長崎奉行あて書面を携行しました。

提出された別段風説書には、「北アメリカ共和政治の政府が日本に使節を派遣して日本皇帝に書簡を送り、日本人漂流民を送還すること」「日本港のうち、二十三カ所を北アメリカ人交易のために開きたく、かつ日本港のうち都合よろしき所に石炭を貯え置き、カリフォルニアと唐国と蒸気船の通路に用いたく願い立てるであろうこと」「王命で特に高官クルティウスを送り、彼に、日本が西洋諸国と戦争の禍をまぬがれ、国法にも影響しない方便をさずけたので、日本側の委員を任命して商議されたい」と書いてありました。

扱いに窮した奉行の牧義制《よしさだ》は、幕府に指示をあおぎ、幕閣は返答する必要のないものとし、風説書と同様に受け取るよう指示、書面は八月中旬に受理されました。幕閣は委員の任命をせず、クルティウスは九月、江戸に帰任する牧に「方便」の内容を書面にして託します。

「アメリカの交易への意志は堅く、また航海を業とする諸国民は日本が船の修理や食糧供給の便宜をはかるよう希望している。きたるべきアメリカ使節は多くを要求するだろうが、すべてを拒絶するのは今後の確執を防ぐために避けたほうがよい。オランダ以外の船にも入用の品の供給や病人の養生の便宜を与え、日本国に往古より敵対つかまつらざる国々のものには、望みあらば長崎で通商を許すべきである」

と記し、具体的な条約草案を示して、これを提示すれば安全に切り抜けられるはずであると勧告しました。幕閣は黙殺します。

長崎奉行は徹底した情報規制をしましたが、漏洩《ろうえい》はおこります。小楠のところまで、もれてきた流説によれば、どこかはわからない外国が来年の夏にはかならず来航して、海運の往来を求めるというのでした。

小楠は考えます。

「異国船がきて、通商をせまったら、国論は武にかたよるだろう。それは理想の儒教国家をつくる構想をこわすおそれがある」

年末になって『文武一途の説』という論文を書き、翌嘉永六年正月付けで福井藩の村田巳三郎

（氏寿）に、みなで読んでもらいたいと送りました。儒者にして居合の達人でもあった小楠の面目躍如といった論考です。

「朱子はこういっている。豪傑にして聖賢ならざるはあるが、聖賢にして豪傑ならざるはない。また文備をもつものは、かならず武備をもつ、と。

しかるに後世になっては、文武が両端にわかれ、真儒君子といわれる人々までも、志は聖賢を学ぶことにありながら、武事にうとく、撥乱反正《はつらんはんせい》（乱れた世を治め、正しい状態にかえすこと）の事業は、英雄豪傑にゆだねなければならないことになった。

文に偏して武をうとんじれば、乱に趨《おもむ》くのは勢いであり、和漢古今、亡国の例は歴々として明白である。武はただ乱を鎮める道であるかに考えるのは、はなはだ愚かなことである。さればとて、武の一面を尚《とうと》び、治にも乱にも、武をもって国を治めようとするならば、これまたたちまち幾多の弊害を生じて、とんでもない禍を招くであろう。

真の道は体用本末、文武一途におこなわれるべきであろう」

福井藩の朱子学者たちは、おおいに当惑しました。

黒船

嘉永五年は、病以外にも悩ましいことがありました。

母のかずが前から、やかましかった「結婚」です。すでに四十四歳、部屋住みの身分とはいえ、世間では立派な儒者として通っています。母がなんとかしたいとおもったのも無理はありません。

厳母の眼がねにかなったのが、藩士の小川吉十郎（のち源十郎）の一人娘ひさでした。少女時代はゆえあって横井家にあずけられ、小楠が講義中によく闖入《ちんにゅう》して「先生、先生」といって邪魔したこともありました。

ふたりは許嫁《いいなづけ》ということになっていますが、小楠は気がすすみません。ひさは、おとなしそうでいて、一人娘ゆえにわがまま。平凡で蒲柳《ほりゅう》の質《たち》でもありました。

もうひとり、候補がありました。門人の矢島源助（直方）の妹、五女のつせ子です。姉妹のなかでもっとも怜悧、なにごともよくできたから、小楠も気に入っていました。

ちなみに門人の竹崎律次郎は矢島家の三女の順子を、徳富太多助（万熊、一敬）は四女久子を嫁にしています。

だが、この話は、つせ子の父親である忠左衛門が反対しました。また、小楠の厳母も大反対。

矢島家は郷士である、「身分が違う」と、そういうことで、話が立ち消えました。微妙なことがありました。小楠は四十代の初めに、十八歳も年下の女中の寿加に手をつけました。熊本の町家のむすめで、まず横井家の機織りに入り、万事、手際のよさを認められて女中になりました。器量は悪いが、気立ても頭もよい働きものでした。

母の小言・叱声が激しくなり、ついに降参します。ひさとの式は翌嘉永六年二月、と決まりました。そして、年が明け、婚儀もとどこおりなくすんで、ある種の華やかさが横井家をつつんでいた三月末に、兄の左平太が中風で倒れたのです。禍福は糾《あざな》える縄のごとしです。

六月三日、ペリーが黒船を率いて来航し、開国を要求します。

小楠は七月十三日付けで吉田悌蔵に書いています。

「何はさておき、この場に至っては、第一に人材を登用するしかなく、水府（徳川斉昭）老公をお用いになるのが第一でございます。そうすれば、これこそ中興の大機会大有為の時節、重々めでたき御世になるのは、現然のことでございます」

この時はまだ、水戸学派に肥後実学と同質のものを見て期待していたのです。

ペリーの来航につづき、七月十八日には、ロシアの使節プチャーチン海軍中将の率いる船四隻が長崎に入港しました。

水戸斉昭（1800-1860）

第六章

攘夷派の象徴、水戸斉昭

この難局にあたり、老中首座の阿部正弘（伊勢守）は、日本の軍備がきわめて貧弱な現状では、「外国にたいし戦争を開くのは不可能、国が滅ぶ」と考えました。阿部の信任があつく海防掛に任じられていた勘定奉行の川路聖謨も「時間をかせいで武力を充実させ、それが成ってから強硬な姿勢でのぞむべきである」という意見です。

阿部は攘夷派の象徴的存在であった徳川斉昭の意見をもとめるべく、ペリーがいったん退去した翌々日の六月十四日、海防掛の川路と筒井政憲（西丸留守居）を水戸藩邸にいかせました。川路は藤田東湖と親しく、彼を介して斉昭の信頼を得ていたからです。

川路は斉昭に「幕府は、オランダ貿易品の半額を分けてアメリカに通商を許し、武備の充実するのをまって拒絶する方針で」ヌラリクラリと言質をとられないよう、いわゆる「ぶらかし」策をとるつもりであると告げました。斉昭は「計略としてはやむをえないが、少しでも交易を許せば祖法を破ることになり、後の害は今日これを拒絶するよりもはなはだしかろう」と反論します。十八日、川路は阿部の意を体して斉昭を再訪し、海防幕義に参加してくれるかどうか打診しますが、確答は得られません。

幕閣は七月一日、外夷対策を諸大名に求めます。これは異例の事態でした。阿部はアメリカの書簡（国書）の翻訳写本を渡し、「たとえ忌諱にふれるようなことでも、思う存分、十分に述べるように」と通達します。

さらに幕府役人、諸藩士、庶民にもよい考えがあれば、申し出るようにと告げました。これまでの幕府の独裁体制に穴が空いたも同然です。幕末に浪士たちが政治的意見を論じたてる「処士横議」に火がつくきっかけでした。

ところで、ペリーが浦賀に来航した時、肥後藩主の細川斉護《なりもり》は江戸にあって、海岸防禦として側用人の志水新丞らに手兵を率いさせ、品川に出張させています。

斉護は幕府の通達を国許へ送り、嫡子の慶順《よしまさ》（のち韶邦《よしくに》）ほか有司に意見を求めました。引退していた長岡監物にも閲覧させたので、小楠はじめ実学党の期待は高まります。監物は江戸の斉護に意見書を出しました。

「ペリーの無礼は絶対に許さず、一戦を交える覚悟で彼の罪を糺《ただ》せ。穏便説の答申をしてはならない。また、藩主は水戸屋敷に出向いて、斉昭の正論を聞き、その方針で動いてほしい」

藩は一門衆と重役の評議でまとめた答申案文を江戸詰家老の有吉頼母《たのも》、中老小笠原備前へ送り、それをもとに斉護は答申書を八月二十六日、阿部にさし出しました。

「（アメリカの）右書翰（国書）には、懇切の情も申し立て、もっぱら和好を結び、博《ひろ》く人民を愛するという言葉もありますが、夷国の情はおぼつかなく、その上、本朝にはご大法があって、交易は勿論、通信の儀を調べられるほかは、一切謝絶され、その願望をさし免《ゆる》されたらば、覬覦《きゆ》（身分不相応な希望をもつ）の念を増すことでしょうから、いかに余儀ない事情をもって願い出てきても、おきき届けにならないように思います」

ここまでは実学党の主張も同様ですが、後段が違います。ああでもない、こうでもないといろいろ書きながら、要するに「穏便に」という説です。肥後実学党の見解は反映されません。

大名らの答申書は、幕閣が驚くほど多く提出されました。大名約二百五十、幕臣ら約四百五十です。「断固、拒絶せよ」と主張した大名も、福井藩の松平慶永《よしなが》や長州藩の毛利慶親《よしちか》ら少数いました。しかし、その大多数は、建前としては断固拒絶すべきであるが、夷狄に対抗する軍備もないので、引き延ばし策をとれとか、条件付きで要求をいれよといった穏便策でした。

「ここは積極的に動くべきだ！」

怒った長岡監物は、家老職への復帰を申し出ます。

「この時節、家老に再起用されて、江戸に行って腕をふるわせてもらいたい。それがだめなら、この秋から来春まで浦賀など実地見聞旅行を許してもらいたい。それもだめなら、荻昌国を旅行させてほしい」

しかし、藩庁は不許可の方針を固め、江戸の斉護には、監物より申し入れがあったことだけを耳に入れるよう江戸藩邸に連絡しました。

「依然たる因循！」

監物、小楠、荻らは憤慨しました。

そのころ、小楠らにとって唯一朗報であったのは、阿部正弘が七月三日、徳川斉昭を幕政参与に起用したことでした。強烈な攘夷論者の起用は苦肉の策です。これを小楠らは「ご老公が将軍の後見役になられた」と誤解したが、実際には海防参与です。

この人事は難航しました。おりしも十二代将軍の家慶が六月二十二日に死去。阿部はその死を秘し、斉昭の起用について閣老の同意をとりつけ、三十日に斉昭を訪ね家慶の死を告げて、「内外危急のおり、幕政に参与されたし」と申し入れました。斉昭は再三固辞したあと承諾します。阿部は体制を固めたうえで七月二十二日に家慶の喪を発表しました。

小楠はてっきり斉昭の後見で夷船打ち払いが決まった、と誤解しました。実は斉昭は阿部老中宛てに建議書「海防愚存」および添付の「付箋」を出しています。これは本文では戦を唱えながら「付箋」で「和もやむなし」と認めたもので、主戦論は国内向けの武備充実・民心奮発の手段であるとした「内戦外和の論」です。斉昭が攘夷一辺倒ではないことを小楠らは知りません。

『夷虜応接大意』

小楠は江戸の藤田東湖に、また江戸に出たはずの福井藩の吉田東篁《とうこう》と鈴木主税《ちから》に手紙を書いています。

まず東湖へは、

「この時において、列藩すべて老公様の尊意にしたがって、二百年余の大平因循の弊政を一掃し、鼓動作新して、大いに士気をふるい興し、江戸を必死の戦場と定め、夷賊を齏粉《せいふん》(粉砕)し、わが神州の正気を天地の間に明らかに示さなければなりません。これこそ、暴虎馮河《ぼうこひょうか》(徒歩で黄河を渡る＝血気の勇にはやる)の機会と疑いえません。しからば、小子輩(私)が一番に駆けつけ、いささかのお力にもならなければ申し訳ないのですが、わが熊本藩はなんともお話にならない状態で、俗論が強く、有志の者は動くことができません。真にお恥ずかしいかぎりです。それゆえ、同志の津田山三郎(信弘)と申すものがおうかがいして、藩の事情や内実を相談いたしますので、小子輩の念願など委細をおきき取り下さるよう、千々万々お願いいたします。

越前（福井）藩のものとは平生、深く結び、同心隔たりない状態ですので、かねてわが熊本藩の国情はよく合点し、二、三の有志の者が出府して、津田と会い相談する予定です。したがって越藩からもご相談にうかがうこともかと思います」

吉田と鈴木にも同様の手紙を送っています。松平慶永は阿部正弘に、斉昭の意見を聞くように説いて、幕府への答申は拒絶論を出していたので、同志の津田を送り「水戸藩と福井藩から肥後藩に圧力をかけ、実学党の見解が藩政に反映するようにしてほしい」という願いをもったのです。

小楠は、夷狄にどう対応するか論稿をまとめます。題して『夷虜応接大意』。いわば肥後実学党の外交方針で、幕府にぜひ採ってほしい政策です。

「わが国の外夷に処する国是は、有道の国とは通信を許し、無道の国は拒絶するという二つである。有道無道を分けず、いっさい拒絶するのは天地公共の理に反しており、ついには信義を万国に失う。

しかるに、その有道の国は、ただ、わが国に対してのみ信義を失わないのではなく、他の国に対してもまた信義を守り、侵犯暴悪の行為をしない、天地の心に背かない国をいうのであって、これらの国が、わが国に通信交易を望む場合には、拒絶すべきではない。

徳川幕府の祖たちは、この理によって中国とオランダの二国に交易を許してこられた。しかるに、万国はこの理に暗く、アメリカの書翰にも、鎖国をもってわが国是の道と述べているのは、わが国是の大道を知らないゆえだ。

外国のみならずわが邦人もまた、鎖国をもって国体なりとのみ思い、信義を万国に貫く天地の仁義を宗とする国是の大道を知らないものがあって、外国の憤怒の心を起こさしめ、大いに国体を誤るにいたっているのは、これを救うすべもない。

しからば、いま外国に答えるには、有道を許し無道を絶つという国是の大本を明示しなければならない。その上で、通信通商を許さなければ軍艦で攻めるとおどした態度、かつ浦賀に乗り入れ、さまざまの無礼を働き、一切わが法度を守らない無礼無道を責め、このような国とは固く禁絶すると諭し聞かせれば、アメリカ使節は叩頭《こうとう》してこれを陳謝し、前非を改め、通信通商を乞うことは必然である。これは朝に無礼をなし、夕に改めるということで、口先だけで改めるのでは信用できないと、またこれをも拒絶し、実際に態度が改まっていることが世界万国に貫徹する時を待ち、通信通商を議論しようとするならば、アメリカも武力を発動する理由がない。ここにおいても、しいて武力に訴えるようであれば、彼我の曲直は明らかであるから、必死に戦えば百勝はすでに顕然としている」

つまり小楠の攘夷論は、狂信的な排外主義でも政治的手段・術数でもなく、「有道の国とは通信を許し、無道の国は拒絶する」原則で、アメリカは「無道の国」だから拒絶するというのです。

十月下旬、幕府が長崎に来たプチャーチンの応接で筒井政憲と川路聖謨らを派遣するという情報に接した小楠は旧知の川路に直接会って自らの意見を談じたい、と思います。

そこへ、宮部鼎蔵が、自分より十歳も年下ながら刎頸《ふんけい》の友である吉田松陰をともなって小楠のもとに現れました。

松陰は嘉永三（一八五〇）年、二十一歳のときの九州遊学で熊本に滞在して、ことに宮部と親しくなりました。小楠は宮部からこの若者のことを聞いて、上国遊歴の際に会おうとしましたが、あいにく江戸に遊学中でした。

その遊学で、松陰は佐久間象山らに師事し、年末に宮部と東北遊歴に出ようとしましたが、彼との約束を守るために藩の許可書が出ないうちに出発。翌五年四月、江戸に帰ると東北亡命の罪で帰国命令が出て萩に帰され、亡命の罪で士籍を削られ世禄を奪われ、実父の杉百合之助育《はぐくみ》の身となりました。

しかし、藩主毛利敬親《たかちか》の意向で嘉永六年一月、諸国遊学の許可がおります。寅次（二）郎と改称。江戸に出てペリー来航を聞いて浦賀に直行し、師の佐久間象山とともに黒船を目の当たりにして外国留学を志します。プチャーチンの来航を知り、その船で密航する計画を立てて、象山に激励されて出立、熊本に到着した翌日、宮部とともに早速、会いに来たのでした。松陰は翌々日にも宮部とやって来て、終日、話し込み、翌日の夜には、小楠が松陰の宿へ出掛けています。

松陰は黒船来航に刺激されて『将及私言《しょうきゅうしげん》』の一文を草しています。「ここで臥薪嘗胆《がしんしょうたん》、君臣上下一体となって防備を固めないと、現状のような長い太平に慣れたままで、あの百戦錬磨のアメリカと戦うことは困難である」等々、論述していたから、小楠とは意気投合、小楠は松陰の志に感銘し、松陰は小楠の識見の高さに心酔したのです。

別れを惜しみつつ、松陰は長崎に発ちました。

小楠の気持ちはますます高揚し、長岡監物に会って「長崎に行きたい」と相談します。監物は次席家老の職にないので、家老になっていた平野九郎右衛門に配慮を要望しました。

藩の許可を得て、意気込んで熊本を十一月一日に出発、三日に長崎に入ったが、ロシア艦隊はすでに出航し、川路らは未着でした。小楠は『夷虜応接大意』を、長崎奉行所に川路まで送ってくれるよう頼みました。

水戸へ不信感

吉田松陰もプチャーチンが出航したあとに到着しました。五日間滞在して十一月一日、むなしく引き返し、五日にふたたび熊本に来て七日まで滞在して萩へ戻りました。小楠とは会えませんでしたが、実学党や勤王党の同志と会合し、また宮部鼎蔵とともに家老の有吉頼母を訪ねて懇談しています。

松陰が帰藩して間もなく、肥後から宮部と野口直之允《なおのじょう》が萩を訪れました。松陰は十一月二十四日ごろ、ふたりをともって萩を立ち、周防《すおう》の富海《とのみ》から船で東上、十二月三日に大坂に着き、大坂城代の用人大久保要《かなめ》と面談、四日、京都で梁川星巌《やながわせいがん》、梅田源次郎（雲浜）らと会っています。宮部は先立ちして江戸にむかい、松陰は伊勢へ出て山田に足代《あじろ》権大夫（弘訓《のりひろ》）らをたずね、津、尾張を経由して江戸に出て佐久間象山と会い、出発の時に象山から恵まれた金を封のまま返して、再起を期しました。

松陰が、富海から小楠に宛てた手紙にこうあります。

「先般は尊藩をおたずねして、諸君へ大変、厄介になり、感謝しております。出発のみぎりには、図らずも行き違いになり、直接、お別れを告げられず遺憾のいたりです。しかし、宮部君へ委《くわ》しく伝言されていましたので承知しております。藤田（東湖）に送った詩や学校問答書は入手して読み、感服いたしました。追々、萩藩の者にも読ませ、問答書は世子（毛利敬親の養嗣元徳）にも献上しようと考えています」

松陰は小楠を萩藩に招いて藩主や藩士の再教育をゆだねたいと思いましたが実現せず、のちに弟子の高杉晋作もまたその思いをついで、万延元（一八六〇）年十月、当時、福井藩にいた小楠を訪ね、その翌年には学頭として長州に招聘したいと考えましたが、ついに実現しませんでした。

嘉永六年にさかのぼります。十一月十四日、幕府は肥後藩と長州藩に、相模国備場警衛を命じました。側用人の志水新丞が斉護に勧めて、その警備地総帥に長岡監物を起用し、嘉永七年（十一月二十七日から安政元年）正月九日に江戸に着きました。

ペリーはその七日後の十六日、軍艦七隻を率いて江戸湾の小柴沖にあらわれます。当初予告した春という予定を早めたのは、列強の動きです。ペリーはプチャーチンの上海寄港を知ってあせりました。また、マカオのフランス艦が行き先も告げずに出航したのを、日本にむかったと疑心暗鬼になり、待っていた大統領から日本への贈り物が到着するや出航しました。さらに英国の干渉も気になって、早く対日交渉に入った方が有利だと考えたのでした。

幕府は浦賀で交渉するよう提案しますが、ペリーは拒否し、旗艦を江戸城がのぞめる場所まで進めます。狼狽した幕府は神奈川駅のはずれの横浜を選び、ペリーも受諾。応接掛に儒役の林大学頭（復斎）、町奉行の井戸覚弘《さとひろ》、目付の鵜殿長鋭《うどのながとし》を任じて交渉させました。

幕府の方針は「ぶらかし」策ですが、ペリーはその手には乗りません。ペリーの要求に譲歩しつつ数回の交渉を重ねて三月三日、ついに日米和親条約が調印されました。

第一条に永世の和親、第二条に下田の即時開港・箱館（函館）を明年三月より開港し、薪炭・食糧・欠乏品を供給、第三・四・五・十条に遭難海員・渡米民の待遇について、第二・六・七・

八条に欠乏品取引の方法、第九条に日本政府が米国人より有利な待遇を外国人に与えた場合は即時に均霑《きんてん》する片務的最恵国待遇、第十一条に下田に領事官駐在、第十二条に批准書交換を約しました。五月二十二日、下田で条約付録十三条を調印（下田条約）してペリーは離日します。

その間、徳川斉昭は、「内戦外和の論」を説いていたものの、アメリカの対応がさらに威嚇的で要求を通そうとしていると知って、二月二日、幕府へ七カ条の建議をします。

「一時の権宜（便宜上の措置）で国体を汚さず、廉《かど》を枉《ま》げて忍ぶのもやむをえないが、彼（アメリカ）の横行を恐れ、何事も彼の申聞に従うのは、はばかりながら日本国中が焦土になろうとも許容してはならない。しかしながら、覚悟が定まれば知謀計策が肝要で三寸の舌をもって万民の命を救う儀が今日の長策である」

どうも、すっきりしない意見を表明して、五日からは病と称して登城をやめ、幕府がペリーの圧力に屈したあとの三月十八日、海防参与の辞任を申し出ました。

なお、アメリカ艦隊が下田に入港した三月二十八日、ミシシッピー号で密航を企図した吉田松陰と金子重輔が発見され、自首して捕縛されています。

一方、長岡監物の主張は容れられず、総帥職を辞して五月七日に江戸をたち、六月十六日に帰藩しました。

小楠には訳がわかりません。水戸斉昭が幕府の中枢にいながら、和親条約が締結されたことが驚きです。

その斉昭は幕府の軍制参与に就任、阿部の同意をえて毀鐘鋳砲計画を打ち出して太政官符をもって全国に布告します。

「ご老公はまたまた何を考えてのご登営か。根本をないがしろにして軍制でもあるまい。解しかねる」

嘉永七年、日米和親条約、日英和親条約、日露和親条約が調印されました。

小楠は斉昭に対する不審、疑念がますます募ります。

安政二（一八五五）年三月中頃、薩摩の鮫島正介が江戸から帰藩の途中で小楠をたずねてきて、思いがけないことを言いました。

「なんと、ご老公も和議を唱えられたのか」

愕然とした小楠は、立花壱岐に手紙を書きます。

「たとえ夷狄に勝つ見込みがなくても、水戸はじめ天下の有志が正気の下に敗死すればよいのです。その正気に感じて後の人々が必ず中興するのは必定で、私心で動くようなことではいけないのです」

決別

水戸学の限界を悟った小楠には、江戸で斉昭と親交をもった長岡監物に対する不審もきざします。

監物は老公から揮毫してもらった「精忠」「純孝」の字を自慢してみせました。帰藩する前夜、大雨の中を三十人ほどの家臣を引き連れて水戸藩邸門前に来て、一同平伏し御礼を申し上げて、しばし時を過ごしたというほどの傾倒ぶりだったのです。

小楠の鬱屈はたまっていきました。

酒を呑むと悪酔いし、悲憤慷慨しては、門人を怒鳴り散らして家を飛び出すことが多くなりました。酔っ払うと手がつけられません。門人が諭して鎮まることもあるが、いつもうまくいくとはかぎらないので、そんなときは窮余の一策で、「先生、ご無礼」、押したおして、上から蒲団をかけ、四隅を力の強いものがおさえて出さず、そのうちに酔いつぶれてしまって、翌日はだいたいケロッとしているのです。

横井家は嘉永六年二月に、小楠が小川ひさと結婚して、ようやく母を安堵させたが、暗い影も忍び寄っていました。

兄の左平太は、天保十一年に病を得て鶴崎郡代を辞し三年間も閑居。その後、葦北郡代に返り咲いたが、嘉永五年三月にふたたび病を得て職を免ぜられました。さらに中風で倒れ死線をさまよい、回復しはじめたように見えて、皆が安堵したのも束の間、ついに嘉永七年七月十七日、四十八歳をもって逝ったのです。

夷狄による国難の心配もさることながら、兄思いだった小楠の悲歎は切なるものがありました、七絶に「阿兄　一たび去りて　呼べども還らず　往時を追想すれば　涙縦横たり」と記しています。

左平太の妻清子は、肥後藩士・不破敬次郎の娘で、この年四十四歳。六人の子をもうけたが、初めの三人は夭折し、長女いつ子が十四歳、長男左平太十歳、二男倫彦《みち(とも)ひこ》（大平）五歳です。十歳の幼少では家督を継ぐことはできません。とりあえず小楠が順養子となるよう届けました。とかく藩庁には評判の悪い小楠のことゆえ、難航も予想されたが、案外、順当に認められ、九月に左平太の知行のまま相続し、番方を命ぜられました。

これから小楠は、義姉を養母として実母同様に孝行をつくします。相続は亡兄と家名のことを思えば、喜ばしいことですが、小楠は悶々とします。

吉田東篁に宛てた書簡で、「これまで浪人に決定しておりましたのに、五十歳にむかう身分で、世事を勧めるのは、まことにもって迷惑に思っております」と心情を吐露しています。

安政二（一八五五）年の春。長岡監物邸で開かれた会読の席で、小楠は監物の見解に異議を唱えて激しいやりとりになりました。

監物に対し、門生のひとりが、

『大学』の道は明徳を明らかにするにあり、民を新たにするにあり、とありますが、どちらかが優先するのではありますまいか」

と質問したのに答えて、

「民を新たにするは、まず明徳を明らかにするにある。根幹を培わなければ枝葉の繁茂は望まれぬ。枝葉のみに目を注げば根幹は御留守となる」

と述べました。

「お言葉ではございますが」

口をはさんだのは小楠です。

「明徳を明らかにするは、民を新たにする手段であって、今日の急務は新民でなければならぬと思います」

真っ向から反論し、それからは互いに一歩も譲らず、険悪な空気のなかで講義は終わりました。

小楠は、水戸学派に対する失望もあって、監物の明徳を疑ったのです。

ふたりのあいだの違和感は大きくなりました。監物は小楠の実学を批判し、思想的対立は明確になります。二人の激論に周囲は当惑し、次第に米田（長岡）派と横井派の二派に分裂しました。

絶交にはさまざまな説があります。

「学問ではなく、国事で意見が合わなかった」

「両者の性格がもともと合わなかった」

しきりに周囲はいぶかしがったが、実学党から距離をおいていた元田永孚は、

「横子（平四郎）は識見の快活・志気の軒昂《けんこう》、前に古人なく後に今人なしともいうべし。我多くの人に交わりたれども、斯程《かほど》の活見者は見ざるところなり。恐らくは天下の人にも多くはこれあるまじき才なり。しかし、惜しむべきは克己の学に力を用いざる故、気収まらず、何分、大任に当たり衆人を使うに遂に敗を免《まぬか》れじ。是れ一つの短なり」

「米卿（監物）は克己の学に力を用い、能《よ》く道を守りて行常あり、有徳の君子ともいうべし。しかし、胸中の経綸乏しく、常理に硬定して機活を失う。君明なる時は実に三公の位に置きて道を論じ、君徳を輔《たす》くるにはその材あまりあるべし。国家経綸の事業を為すにはその才足らず」

と、のちに評しています。

監物は絶交のあと、小楠に一首を贈りました。

「あげつらふ学びの道はかわれども　心は同じ　君が世のため」

安政元年末、小楠は城下を離れ、転居することに決めます。

監物との絶交が理由のひとつでしたが、主たるものは、経済的事情です。

横井家は妻ひさに実母と養母、姪ひとり甥ふたり、それに女中の寿加の八人暮らし。もとより資産はなく、禄は百五十石だが、無役です。門人の謝礼はあったが、生活は切り詰めなければなりません。

門生の内藤泰吉が、城下の相撲町から東南に二里（七・九キロメートル）ばかりの沼山津《ぬやまづ》に適当な家を探してきました。

「屋敷も、さいわい河瀬向きへ綺麗な家がござります。屋敷は沼山津で第一等の遠望すこぶる絶景をきわめ、蔵つきで、南方には山川の配置。まことに好い所でござります」

安政二（一八五五）年五月、四十七歳の小楠と家族は、沼山津に転居しました。小楠堂の移転は少し遅れます。塾舎は門生が集まって、めいめい木を運び、石をかつぎして新築しました。小楠はここを四時軒《しじけん》と命名し、雅号を沼山《しょうざん》とします。

『海国図志』の衝撃

肥前藩に田中虎六郎という士がいました。

藩校弘道館屈指の人物とされましたが、天性豪邁、常規にこだわらず、すこぶる奇行に富んで、藩内にいれられず、東郡に隠棲しました。この男が小楠を訪ねてきて意気投合し、それから交誼《こうぎ》をもったのです。

田中は能文の士でした。小楠は、沼山津の風光景観を書いて送り、これをもとに「四時軒記」を漢文で書いてほしいと頼みました。喜んだ田中は早速、見事な長文を寄せました。

「君は有志の士である。古より人の道を懐《いだ》いている者が、未だにそれを実現する機に遭遇しなければ、山林の中に従容《しょうよう》としてその楽しみを楽しむのである。殷（商）の賢相といわれた伊尹《いいん》が耒耜《すき》（鋤）を莘野《しんや》に負い、太公望が釣り竿を渭水《いすい》にたれたようなもので、かの巣許（隠者の巣父《そうふ》と許由《きょゆう》）のような世捨て人とは違うのだ。自分が師となる帝王と出会う機会さえあれば、その声気が相応じて、よく暴乱を除き、天下を定め、君を翼《たす》け、民を救い、国家の基礎を開く功業をなしとげるのである。また朱子（朱熹）も、武夷《ぶい》山の麓に教育研究のため武夷精舎を建て、山水を愛し歌を作って世に出なかったが、慷慨の士の陸放翁の進言を待つまでもなく、ついにはまた盛大となった。君（小楠）の学も朱子を宗とし、その経歴も類している。余（田中）はまたまさに君が他日に大成するところを見たいと思う。遇不遇は則ち天の定めで、余の知るところではない」

小楠の本心は、太公望や諸葛孔明のごとく、異日、乗ずべき風雲の機会を待っているのであり、四時軒の玄関には、孔明三顧の礼の図の額を掲げて、弟子にも何かにつけて「志を得れば」といいました。

小楠は田中に漢詩の礼として古詩を贈りますが、ここに注目すべきことが記されています。現代風に平たくいえば、「意外にも諸外国は民主的な国家で、うまくいっているようだ、無道の国と思っていたら有道の国らしい」という新しく得た知識の披瀝です。これは小楠が、それまでの攘夷論から時代に卓越した開国論・積極貿易論に転じていく契機を示しています。何があったのでしょうか。

安政二年初夏、興奮した小楠に呼ばれた内藤泰吉が、〈はて何事か〉と部屋に入っていくと、「海国図志じゃ」、机上の書物を示しながら、「万国の情勢がすべて書いてある」といいました。

『海国図志』は、アヘン戦争で敗北した清国の林則徐が、世界情勢を把握する必要性を痛感し、米国公理会から中国に派遣された宣教師E・C・ブリッジメンの著した地理誌『聯《れん》邦志略』を翻訳した『四洲志』などを魏源に提供してつくらせたものです。魏源は、これらをもとに情報を充実させ、さらに各国史や国情を付け加え、また造船・鋳砲・測量・砲台建設・火薬製造・西洋機器の技術解説を付して編集し、まず六十巻を一八四三年（道光二十三年）に刊行し、さらに増補され百巻となりました。

わが国には嘉永三（一八五〇）年に三部、輸入されましたが、キリスト教の記事があったために没収され、嘉永六年にもたらされた一部も長崎奉行所が保管しました。

ちょうどロシア使節プチャーチン応接のために同地に来た川路聖謨が、たまたま『海国図志』をみました。即座にその重要性を見抜き、江戸に持ち帰って老中阿部正弘にみせ、将軍家定の許可のもとに儒者の塩谷《しおのや》宕陰《とういん》、蘭学者の箕作《みつくり》阮甫《げんぽ》に校訂・付訓を命じ、私費をもって浅草の須原屋伊八に翻刻出版させたのです。

原本の禁制も解かれて、嘉永七年に十五部が輸入され、幕府御用に七部、残りは競売されました。川路らは緊急出版するため、巻一、二の『籌海《ちゅうかい》篇』（議守＝防禦）（議戦＝戦闘）（議款＝外交）に原本の「海国図志叙」「総目」と塩谷の序に魏源伝を載せて『翻栞《ほんかん》海国図志』として嘉永七年七月に二巻二冊を刊行したのです。

小楠はこれを読んで、まさに世界観を変えたのでした。内藤によれば「（先生は）俺を相手に毎日談が始まる。昼飯を忘れたことが百日も続いた」。

平四郎は内藤に語っています。

「ペリーは無礼であった。ゆえにオイはアメリカが無道な国であると思い、拒絶すべきだといった。しかし、この書によれば、夷狄の国々は意外にも治術が明らかで、オイが藩や幕府に求めておるような政治をすでにやっているようじゃ。有道の国、ということだな」

「とすれば？」

「夷狄にはかないそうもないから、ひとまず屈服して和を結ぶ、そういう幕府や水戸の策は間違いだ。そして、力を蓄えて、やがて夷狄を撃つという考えも誤りではないか。それよりもまずわが国は、夷狄なみの政事になるよう改革するのが先決ではないか」

立花壱岐に書いた手紙には、

「近頃、夷人の実情を、いろいろ調査いたしましたところ、なかなか以前に一通り考えていましたところとは雲泥の相違で、実に恐ろしきことでございます。もち論、戦争が差し迫っているとも思いません。遠大深謀の考えで、日本のような辺地などを乱暴侵奪などするような者たちでは決してありません」

とあります。

第七章

太公望か諸葛孔明か

安政二（一八五五）年、夏。小楠夫妻は、待望の男子を授かりますが、三カ月ばかりで死に、小楠は悲泣のうちに沈みます。そして翌月に妻のひさが逝ったのです。

小楠は結婚した時、新妻に人道の講義をして、夫婦で誓書を取り交わしました。ひさに与えたものは遺骸に持たせて埋葬し、妻からのものは酒にひたして呑んでしまったのです。それを法要の席で明かされたみなは驚きもし感動もしました。

ある日、小楠は、気晴らしのため門人の竹崎律次郎（政恒）が住む阿蘇郡の布田まで、山鳩撃ちに行きました。狩猟は大好きです。

律次郎の妻順子は、同門で心友の矢島源助（直方）の妹です。竹崎家の姑の寿賀子も同居していますが、この寿賀子が女傑で、小楠を熱烈に崇拝していました。

彼女たちと雑談をしていて、小楠がポロリといいました。

「わしも嬶《かかあ》が死んで、かえって仕合わせじゃ、よい嬶があったら世話してくれ」

寿賀子の表情が変わりました。

「何てちな？　嬶が亡くなってかえって仕合わせたあ、何ちゅうこつば仰るか？　四書の五経の立派なこつばっかりいいなはったてちや、そぎゃんした風じゃ、何ば教えなはるかわかりやせん。そういう人ん所にやもう内の律次郎も新次郎も上げとくこつあ出来まっせん。今日限りこの方から破門させます！」

息巻きながら荒々しく詰め寄ります。

小楠は仰天しました。

「いや、そういうつもりじゃなかばい。阿母《かか》さんが、あまりくよくよするけん、ついつい口癖になってしもうてな。そげん怒らんでんよかろうもん」

「いくら口癖になったというて、ここは布田の竹崎、おふくろさんの前ではあるまいし」

ついに小楠も、「いや、わしが悪かった、許せ！　勘弁してくれ！」、あやまりました。その後、寿賀子は「小楠先生をあやまらしたもんは、わたしばかり」と自慢したものでした。

一度、立ち消えた話が再燃しました。矢島源助の妹のつ《ヽ》せ《ヽ》子です。

矢島家は七女二男。三女の順子が竹崎律次郎に、四女の久子が徳富太多助（万熊・一敬）に嫁ぎ、五女のつせ子、六女の楫子《かじこ》、七女のさだ子がいました。

つせ子は小楠を非常に尊敬しており、年齢差が二十二歳もあって、とてもお嫁にはなれないと辞退しますが、翌安政三年、周囲の説得に負けて嫁ぎます。小楠四十八歳、つせ子二十六歳です。しかし、正妻ではなく妾の処遇でした。

横井家では、小楠が頭の上がらない厳母のかず、亡き左平太の妻で義母の清子、妾であった女中の寿加、それらの女たちの容赦ない視線のなかで苦労します。同四年、長男が生まれました。同志社第三代社長となる時雄です。文久二年には長女みや子が誕生、後に同志社第八代総長（大学昇格後）海老名弾正の夫人になりました。

話を安政二年に戻します。六月に、福井藩が藩校明道館を開設しました。「時期尚早」と主張した小楠は面白くありません。また福井藩主の松平慶永は、いまや水戸斉昭と同様、批判すべき存在のように思えます。それやこれやで、福井藩の吉田悌蔵（東篁《とうこう》）らとの関係が遠くなりました。

その年の十月二日の四ツ時（午後十時）ごろ、江戸を安政の大地震が襲いました。直下型地震で、江戸市中の被害が極端にひどく、小石川の水戸藩邸では徳川斉昭を補佐した「水戸の両田」こと藤田東湖と戸田忠敞《ただあきら》（蓬軒《ほうけん》）が圧死しました。

大地震の前に柳川藩の池辺藤左衛門が出府して藤田に接触し、その感想を立花壱岐へ送っています。壱岐は、その控えを小楠に見せて自分の意見を述べました。それに対して小楠は壱岐に宛てた手紙で、藤田への哀悼と痛烈な水戸批判を展開しました。

「老公（斉昭）が諸大名を指導しないのは、心術が曲がってしまったためで、成否利害の心があるから憚《はばか》っているわけです。いま天下の事は幕府にかかっており、その幕府の運命は老公にかかっている。天下の根本を一身に背負っている方がこんなに心が曲がっているのでは、誠に頼りないかぎりです。

水戸人は君臣ともに人傑がそろっていながら、このように心術が曲がってしまったのは、要するに学問が偏ったからだと思われる。そこが大切なところで、藤田さえ生きていれば、私のこの意見を伝えて反省をうながしたかったのだが、落命してしまい、本当に落胆した。もはや誰にむかって心のたけを述べればよいのか、誠に寂然たる光景に思う」

春の足音

翌安政三（一八五六）年春、うれしい知らせがありました。立花壱岐が柳川藩の家老に就任したのです。十万石余の中堅藩ですが、ともかく一国の家老に同志がなったことに自己の思想実現の希望の灯をみて、喜び勇んで家老としての心構えを書き送りました。

「君臣一徳、国是一定でなくては、邦家の大事は決して成就し得ない」

手紙は悲痛な叫びをもって終わります。

「二十年来、天下の知名の諸君子で平生、頼みに思っていた面々が、事変のあとの光景は、すべて利害俗見に陥ったのは御案内の通りです。誰の歌でしたか、はかなきものは人にぞありけり、と申すごとく、実に嘆くべき事態ではありませんか。されば、今日、心を述べ、想いを尽す人は執事（立花壱岐）と池辺氏であれば、心の底をたたき、止まれざる真を尽す、小生一片の孤忠（孤独な真のこころ）をお察し下され」


その年の十二月、小楠は複雑な感慨をもって二通の手紙を受け取りました。福井藩の村田巳三郎《みさぶろう》（氏寿《うじひさ》）と吉田東篁《とうこう》（悌蔵）からのもので、村田は七月十五日付け、吉田は同十九日付けです。遅れに遅れて届いたのは、福井藩に心理的距離を感じて便りを絶ち、沼山津への転居も知らせなかったためでしょう。

手紙は吉田と村田が相談のうえ書きわけたもので、小楠が反対した学校建設にいたった理由などが書かれてありました。小楠は、まず村田に返事を書きました。

「今日となってはもう前日の処置をもって議論しては駄目で、今日はまた今日の方針をたてなければなりません。その方針は、深く三代（堯舜三代）の道に達し、今日の事情にもよく通じて、綱領条目巨細分明の大経綸をもった（政治の根本原則から制度の端々にいたるまで十分に心得ている）大有識者の君主宰相でなければ、どうやってこの落日を挽回させられるでしょうか。和漢（日本と中国）で単にあれは明君賢相と称されているくらいの人物では、とても中興の政治は出来ない時運かと思えば、遺憾限りないことです」

と、暗に松平慶永程度の明君ではまだまだと匂わせて、『海国図志』などによって得た知識をもとに見解を述べました。

「いまのキリスト教は、天意にもとづき人倫を主とし、その教法を戒律として、上は国主から下は一般庶民にいたるまで本当にみなその戒律を守っており、政教一致の政治が実現されているのだと聞いています」

「ここで深く憂うべき第一は、西洋諸国との交流が盛んになって日本にも各国人が続々とはいってきておりますので、西洋の宗教と政事のことは自然と知れ渡ってしまうでしょうが、そうなると邦人の中の聡明奇傑の人物たちが、本当の聖人の大道を知らないままに彼我の政道の得失盛衰の現実をみて、知らず知らずのうちに邪教に落ちいるのは、十年二十年の間で明らかにそうなるでしょう。佐久間修理（象山）などがすでに邪教に落ちいっているところからもわかります（象山は邪教を唱えているわけではありませんが、政事や戦法の一切が西洋のほうがすぐれていて、儒学で役に立つのは易の一部だといっているとのこと、これはすでに邪教に落ちたことを現わしております」。総じて、事の善悪ともに世に行われるのは、必ず人傑がそれを提唱するゆえです」

小楠が「夷狄には自分が主張してきたような学政一致が行なわれているらしい」と思い、「夷狄は無道、中国・日本は有道」という認識がひっくり返ったのを福井の者たちは知らないから、それを伝えようとしたのでした。

村田は明治二十年になって、この手紙を表装して横軸にし、以下のような自記跋文を付けました。

「この書は小楠先生、安政三年辰の十二月、氏寿に贈られしところなり。茲《この》時、春嶽公（松平慶永）、励精して治を図り、学校を興し、海備を修め、切に辺警を憂い、専ら国事に尽力せられしかば、達識俊豪の人を求め、共に謀らんとせらるるに急なりき。公は前に先生を欣慕したまいしが、此書を一読せらるるや、これ余が大いに望むところなりと遂に翌四年三月、氏寿に命じ、先生を招聘せらるるにおよばれたり。されば此書は偶然にも公と先生が尋常ならぬ知遇の媒介者となり、先生の名望も一層盛大にいたりたりし」

福井藩に招聘される大きなきっかけが、この書簡でした。

小楠は吉田東篁へも手紙を出しています。

その中で吉田が君上（松平慶永）の御会業のお相手に出られるのは大慶千万、と喜び、「君上ご見識は弥益《いやま》し、ご長進遊ばされ候と存じ上げ奉り候」としながらも、三代の象《しょう》（心だて）を養わなくては後世の学に落ちる、三代以下の気象では決して天下の治化は出来ない、と忠告しました。

松平慶永

小楠が福井藩に距離を感じて無沙汰をしていたころ、藩主松平慶永（春嶽）はペリーの来航で危機感をもち、嘉永六年十月、布達をもって、今後十カ年の間、家格、先例にかかわりなく、非常の「御省略」を命じ、節倹策による軍備一途の体制づくりに突入しました。

学校建設について安政二年三月に出された布達によれば、

「文武は政道の基本、士たる者の専務との認識のもとに、かねてから藩主は文武学校の設立を望んでいたが、嘉永期以来、武芸奨励や軍事改革が鋭意、推し進められてきたのに比べ、学問がおろそかにされている現状に鑑み、このたび学問所を設けるにつき、忠孝を旨とし、人の人たる道を修める筋道を研究し、文武一途・言行着実につとめ、風儀が正しくなることを望む」

改革を主導したのは、吉田東篁門下の三家老である本多飛騨、松平主馬《しゅめ》、本多修理、それに側近の鈴木主税でした。鈴木は藤田東湖が「今、真に豪傑と称すべき者、天下唯鈴木主税、西郷吉之助あるのみ」と賞したほどの男で、天保の改革に寺社奉行としてかかわり、その後、お側向頭取、側締役など藩主側近を務めたが、一時、免職となって金津《かなづ》奉行、ペリー来航のとき江戸に呼ばれて御省略掛《せいりゃくがかり》として藩政の中枢にありました。

しかし、このころ鈴木は重病で安政三年二月、自分の後継者と目した俊秀橋本左内を枕頭に呼んで後事を託し、四十三歳で死去しました。慶永は同三月、福井に戻り、江戸から左内を呼び寄せます。

左内は福井藩の奥外科医であった橋本長綱の長男で、天保五（一八三四）年三月に生まれています。幼少から学問を好んで、吉田東篁につき、十六歳のとき大坂の緒方洪庵の適塾に入門し西洋医学を学びました。

左内は父の死で家督を相続し藩医となります。二十一歳で江戸に遊学し、蘭学者杉田成卿《せいけい》に入門、「わが学業を継ぎ得るものは、必ずこの人である」と賞賛されました。福井へもどり、鈴木の考えで藩医を免ぜられて御書院番に抜擢され、再び江戸に遊学し、藩主慶永側近への道を歩んでいました。

「学校は政事の根本、教化の原由にござ候ところ、徒《いたずら》に虚名にあい成り、勇決のご処置これなく、実才ご成就のお見積めお立ちなされず、徒に紛々の議論に日を送られ候」というのが彼の藩校批判で、帰藩して幹事・明道館御用掛学監同様心得となって学校改革を推進します。

ただし、左内の学校改革のモデルは水戸の弘道館であり、「実才の成就」をめざすのは、小楠のいう「人材の利政」におちいる危険性をはらみます。吉田東篁はこの点を危惧しましたが、左内の批判の前にたじたじでした。「儒生の腐談と蔑視されないよう」などと愛弟子からいわれては、おのれの限界を悟らざるを得ませんでした。二月六日、吉田は藩庁に辞表を出し、受理されます。同日、左内は家老から「横井平四郎申し遣わし候儀」を内談され、小楠は吉田に代わるべき人物、いやそれ以上に慶永の相談役になる人物として浮上したのでした。

福井からの使者

安政四（一八五七）年三月七日、慶永の君命が明道館の訓導をしていた村田巳三郎（氏寿）に下ります。

「その方も承知の通り、一昨年、明道館を創建したのは、文武一致、政教不岐の趣意である。しかるに教官の人材に乏しく、これに加えて近年、外国の一件、容易ならぬ御時体に推移し、ことに当家は幕府にたいし別格の家柄でもあるので、およばずながら黄門様〈ご先祖秀康公御事〉のご意志を継ぎ、尽力する覚悟で、日夜心配しているが、いずれも重大な事件につき、相談する人物を欠いては、趣意覚悟も成就貫徹、覚束ないと深く憂慮しておるところ、肥後の横井平四郎は、その方がかねて心安くしている由、その人となりは毎々に聞きおよび承知していたところ、先日、同人（平四郎）よりその方へきた手紙を家老よりさし出されて、篤《とく》と披見した。その見識学力はこれまで聞きおよんだよりも感心いたすべきことに覚《おも》う。かようの人物を相談人に頼んでこそ、初めて念願も成就いたすべく、これより平四郎を福井藩に招聘したく、この使いを申しつけるので、早速、行って参れ」

また村田から「道筋京坂（京都・大坂）をはじめ各藩へも立ち寄り、風土・人物・政事・学校等概略取り調べたい」との願いを聞き届けます。

そして慶永は小楠に与えるよう、一首をそえました。

「愚かなる　こゝろに　そゝけ（注げ）　ひらけたる　君の誠を春雨にして」

村田は勇躍、三月二十八日に出立。京都から大坂、姫路、岡山、福山、広島、岩国、小倉、久留米、柳川に立ち寄って、五月十三日に熊本にはいりました。

柳川で池辺藤左衛門に会いましたが、これには小楠招請の件で、柳川藩家老の立花壱岐と池辺に計略があったからです。

壱岐は、かねて水戸藩の藤田東湖を動かして、天下の大機に参じせしめ、自分も東湖によって抱負を達成しようという思いを持っていましたが、江戸大地震で東湖が死んで、その希望は水泡に帰しました。

東湖にかわる公的な位置にはいないが、さらに識見上回る人こそ肥後で不遇をかこつ自分の師たる小楠です。このころの小楠は、すでに水戸学を批判していますが、壱岐の意識はそこまでにいたっていません。

「かくなる上は、横井先生を水戸藩、もしくは福井藩に推薦して、同志の誠意を天下に通じなければならぬ」

壱岐は在府の池辺と申し合わせ、福井藩の鈴木主税に話をしました。両藩は、柳川藩主立花鑑《あき》寛《とも》の正室が松平慶永の姉純子《すみこ》という近い関係にあります。

壱岐は翌三年の二月、小楠を沼山津に訪ねて、福井藩に推薦する話を勧めました。しかし、小楠は煮え切らず、書状でこう返答しました。

「拙藩、否塞（閉鎖性）のはなはだしきは、ご案内の通りにて、自然、越藩より招に預かれば、いかようなる禍おこるやも計り難き事情のところ、深くお考え下されたく存じます。幕府より天下の士を召されることになれば異議なきことですが、越藩よりと申しては、きわめてむつかしくあいなり、計られざるの禍を引きおこし、その事もまた行われ申さず筋になりゆくと申すべく、くれぐれご勘考のほど希《のぞ》み奉ります」

小楠の気持ちは複雑でした。

池辺は村田の熊本行きの話を聞いて大喜びし、同道して熊本に乗り込みました。

村田はまず長岡監物を訪問して、尽力を乞う予定でしたが、驚いたのは、ふたりの不和でした。失望したものの、「このたびのお話をぜひ、藩公にお頼みなされたく、また支障なく運ぶようその周旋を」と願います。監物はひとかどの人物です。「むろん、全力をもって周旋したい」と答え、招聘の交渉段取りなどについて相談に乗りました。

村田は池辺とともに、沼山津に小楠を訪ねました、嘉永以来の再会を喜び、早速、用件を切り出します。松平慶永の歌まで添えた熱心な招請話です。立花の勧めには、肥後藩の出方を心配して躊躇していた小楠でしたが、破顔一笑、

「ありがたきお話にござる。もちろんお請け申し上げる」

そう答えました。本音をいえば、この藩主直々の誘いを待っていたのです。かの太公望のように、諸葛孔明のように。村田も玄関に入った途端、掲げてあった諸葛孔明の三顧の図の額をみて、内心〈劉備玄徳とはいかないが、大丈夫だ〉と確信したのでした。

福井三十二万石の十六代藩主松平慶永は、当代切っての英明君主と評される男です。君主に対する要求水準の高い小楠からみれば、まだまだ十分とはいえないまでも、親藩の当主として幕政に大きくかかわる点も望ましい。

すでに厳母のかずも招請話には賛同していました。池辺、立花の運動は実に有り難かったのです。そして三月九日には、吉田東篁から、村田の派遣と小楠の招請についての情意をつくした手紙

が届き、小楠の心は大きく動いていたのです。

波瀾万丈の福井藩史

そもそも福井藩の歴史は波瀾万丈です。

徳川家康の二男結城秀康が、加賀前田家に対する備えとして越前一国六十八万石余を与えられ、松平姓に復したのが元です。しかし、後を継いだ忠直が乱行を理由に大分に配流され、かわって高田二十五万石を領していた忠直の弟忠昌が、忠直の長子仙千代（光長）に高田を与えることを条件に越前五十万石（のち二万五千石加増）を襲封し、不吉な北ノ庄の名を忌んで福井と改めます。

四代光通《みつみち》は五十二万五千石を相続しますが、弟の昌勝・昌親に分知して松岡藩五万石（昌勝）、吉江藩二万五千石（昌親）が成立、本藩は四十五万石になりました。光通は法令を整備し、文教政策にも力を入れるなど藩制の整備につとめ、財政対策のため諸藩に先がけて藩札を発行しますが、一方で福井大火など不幸もあり、晩年には夫人国姫が自害する悲劇に見舞われました。夫人は高田藩主光長の娘ですが、嫡子をなしませんでした。

一方、側室に一子権蔵ができたが、光通の意にかなわず対面もゆるしませんでした。その後、光通が在府中、岳父光長より問われて、将軍家綱の御座所で、実子なき旨を神文に認めて光長に贈ったことがありました。夫人はこの神文を取り返したいと願ったが、甲斐もなく悲観して自殺したのです。その後、権蔵の一派が家督を幕府に訴え出るという伝聞をきいた光通は、弟の吉江藩主昌親を養子にするという遺書を残して自殺して紛糾、結局、昌親が本家を相続して、松岡藩主昌勝の嫡子綱昌を昌親の養子とすることに落ち着きました。

しかし藩情不安が続いて、昌親は病と称して二年で藩主の座を養子の綱昌に譲って後見役となります。ところが綱昌は病身で、将軍綱吉によって改易させられますが、越前松平家が名門であるため、養父で前藩主の昌親に対し、新規に越前のうち二十五万石を与えて七代藩主とし福井藩を存続させ、綱昌は在世中の扶持年米二万俵を与え、江戸藩邸に住まわせることになりました。これを「貞享大法」と呼びます。昌親は綱吉の諱《いみな》を拝領して吉品《よしのり》と改称し、この大災厄を利用して、藩法や職制など諸制度を整備、藩政改革をして基盤を安定させます。

吉品が隠居して、松岡藩主昌勝の四男吉邦が就任、統治がすぐれ名君といわれ、幕府は越前国内幕府領のうち十万三千石を福井藩預所としています。吉邦は実子がなく没後は実兄の松岡藩主昌平《まさひら》が本家を相続、将軍吉宗の一字をもらい宗昌《むねまさ》とあらため、松岡藩は廃藩、この五万石をあわせて福井藩領は三十万石に増えました。

宗昌も嗣子がなく、藩祖秀康の五男直基の曾孫の宗矩《むねのり》を養子にして十代藩主を相続させました。宗矩は「越前松平家の勢威をとりもどしたい」と願い、家格の再興を考えます。幕府に「徳川一門から養子を迎えたい」と懇情し、一橋家から於義丸《おぎまる》（後の重昌）を迎えました。九代将軍家重の弟宗尹《むねただ》の長男です。

これで秀康の正系は途絶します。重昌は従四位上少将に任官、宗矩の従四位下少将を上回って彼の悲願を達成しました。しかし、重昌は十六歳で病没、武家諸法度は十七歳未満の末期養子を認めていないので、本来はお家断絶ですが、親藩のため将軍の特命によって重昌の弟の重富が相続、彼は四十一年におよぶ在職で中将にまで昇進しました。

次の治好《はるよし》も中将となります。その嫡男斉承《なりつぐ》は将軍家斉の息女浅姫を正室に迎え二万石を加増、三十二万石となりました。斉承も嗣子がなく将軍家斉の子斉善《なりさわ》を十五代藩主に迎えます。斉善も中将になりました。しかし、宗矩の悲願の達成も領民にしてみれば迷惑至極で、これにより従来の質素倹約の藩風が華美贅沢になって財政が急速に悪化。御用金の賦課は一揆の多発を招きました。斉善のころの財政は疲弊の極にあって、天保七（一八三六）年二月、幕府に救済の嘆願書を出しますが、却下され、結局は三万両の拝借金を負います。藩債は九十万両にのぼりました。天保九年八月、斉善は十九歳で病没し、将軍家慶の命により養子として十六代藩主となったのが十一歳の慶永でした。

慶永は、将軍家親族の御三卿（田安・一橋・清水）のひとつ田安斉匡《なりまさ》の八男です。始祖の宗武《むねたけ》が八代将軍吉宗の二男で、十一代将軍家斉は伯父、十二代家慶は従兄弟。幼児のころから聡明、大の学問好きで学習のために紙を大量に使ったため、父から「羊のようだ」といわれて、「羊堂」と号しています。

就任するや、まず倹約令を出し、藩札の整理、国産奨励策をすすめ、また御用金の賦課もやらざるをえませんでした。財政改革では守旧派の重臣の松平良馬、岡部左膳を罷免、進歩派の本多修理、鈴木主税、中根靭負《ゆきえ》（雪江《せっこう》）らを重用し、藩政改革を推進していたのでした。

招聘難航

村田は橋本左内に、小楠の事情を知らせる手紙を送りました。それは、福井藩の招聘に小楠が応じる意志はあるが、この肝入り（周旋）を長岡監物に依頼する計画は齟齬《そご》をきたしたので、福井藩主から肥後藩主に表向きの手続きをとるほかない、といった内容でした。左内は自分の意見とその書を同封して江戸の参政中根靭負に送りました。その返事に、

「意外の故障（長岡監物との不和）があったけれども、第一の懸念だった横井の老母の一件などはなく、当人も応徴の意志は十分の様子、何分そのところは重畳《ちょうじょう》（この上なく好都合）。長岡との確執はいかにも両雄の持論各論得失あるべきことと思います。それについては、熊本の周旋は託すべき人がいなくなったので、表向きの手続きになるべきことと（村田が）諭《つげ》るごとく、これは度

外のことで違算のようだが、村田生の書面を考察して、（招聘を）遮断するほどの荊棘《けいきょく》（障害）もない様子なので、何分、この（江戸）表において正面のお頼みよりほかはないでしょう。上（慶永）にもはなはだご悦喜され、拝借するおつもりであります」

慶永から直書をもって細川斉護に依頼することが決まりました。慶永の正室勇姫《いさひめ》は斉護の子ですから、直接の依頼は無碍《むげ》にできないだろうという希望的観測もありました。

慶永は八月十二日付けで、熊本の斉護に招聘の希望を伝える書面をしたためる一方、龍ノ口の肥後藩邸を訪れ、家老の溝口蔵人に面会を求めましたが、あいにく不在のため、斉護夫人に会い、招聘の件を依頼しました。その翌日、参政中根靱負が溝口をたずねて、慶永の書面をわたして懇嘱しました。慶永の書面はおよそ以下のような内容でした。

「近年、弊国において学問所を創設し、家中の子弟を教育しておりますが、元来、教官が乏しいうえに生員も増加して、老年の教官が勤務の繁劇にたえかねる趣《おもむき》になっており、かつまた壮年の者には教官になる見込みはあっても、いましばらくは教官に取り立てかねるところがあり、当惑しております。そういうことで、ご家来の横井平四郎は、先年、諸国遊歴のついでに弊国へまかり越した節、当家の家来のうちには面会し相談などをした族《やから》もあって、かねて人柄は聞きおよんでおります。

これにより近ごろ粗忽恐縮のいたりでございますが、尊藩において格別のおさしつかえもないようであれば、右平四郎を当分、お借り受け申し、弊国子弟の教訓の世話を頼み申したく、なにとぞご難題ながら、来冬まで小子（私）へお貸し置き下されるよう頼み上げ奉ります。そうであれば、平四郎は弊国において知る人でありますゆえ、老年教官の者どももそれぞれ力を得、そのうちには壮年の者も取り立てられるよう運び申すべく、都合がよろしいので、何分、懇願の次第、お聞き届け下さるよう、くれぐれも迎望奉ります」

ここでは、小楠に慶永の政治向きの相談をさせたい、という本音は伏せられました。それが明白になれば、肥後藩の反発は必至と思われたからです。

ところが十四日に、溝口が常盤橋の福井藩邸をたずねて中根に面会し、さらに慶永にも謁して、小楠の人物についていろいろと述べたのです。溝口は、小楠が江戸遊学で問題を起こしたころは江戸詰めの大奉行で、中老、家老と出世した肥後藩きっての器量人という評判の男ですが、当然、平四郎に悪い印象をもっています。

「横井平四郎は、拙子（私）も以前、おりおり面会いたした人物で、ずいぶん気象（性）もありますけれども、とかく僻物《ひがもの》（変人）ゆえ、しきりに他人と争い絶交などして、はなはだもって困っております。この節も長岡監物と異論を始めておる由、こういう者を、ご承知もなくご請待になられてのち、不都合の事など出来《しゅったい》しましては、ご大切のお先柄様（松平慶永）ゆえ、はなはだもって当惑しております。もとよりお借り受けの妨げを申し上げるつもりはいささかもないのですが」

するると、慶永は即答しました。

「平四郎の僻は、かねがね承っております。ご親切には感じ入りましたが、なにぶんいまは、はなはだ教官が乏しく支障がある状況ですので、ぜひぜひお借り受け申したく、後日、不都合等の事は、お手前には少しもご心配これなく」

溝口もこういわれては返す言葉もなく、

「それまでの尊慮でござりましたら、かえって安心の仕合わせと申すもの」

そう述べて帰りましたので、みな、招聘には楽観的な見通しをもったのです。ところが、それは甘かった。肥後藩の態度は頑なで、交渉は頓挫します。

憤慨したのは柳川藩の池辺藤左衛門です。「天下の是非を弁《わきま》えがたきことは、越前・福井の儀と江戸の立花壱岐に手紙を書き、「かくなるうえは、福井藩を刺戟するほかない」と、江戸の橋本左内にも書き送りました。

立花壱岐は橋本左内に会見を申し込みました。

その五日前に、中根靱負は溝口に書面で状況を問い合わせましたが、やり手の溝口は、「おたずねの一条は藩主の意見で定まることだが、家中一統、偏屈の習癖で異論が出はせぬかと心配していると同僚からいってきたのみで、そのほかのことは未だわかりません」と答えました。

郵便はがき

料金受取人払

牛込局承認

6015

差出有効期間
平成32年4月
24日まで

162-8790

東京都新宿区
早稲田鶴巻町五二三番地

株式会社 藤原書店 行

（受取人）

ご購入ありがとうございました。このカードは小社の今後の刊行計画および新刊等のご案内の資料といたします。ご記入のうえ、ご投函ください。

お名前	年齢
ご住所 〒 TEL　　E-mail	
ご職業（または学校・学年、できるだけくわしくお書き下さい）	
所属グループ・団体名　　連絡先	
本書をお買い求めの書店 市区郡町　　書店	■新刊案内のご希望 □ある □ない ■図書目録のご希望 □ある □ない ■小社主催の催し物案内のご希望 □ある □ない

書名		読者カード

●本書のご感想および今後の出版へのご意見・ご希望など、お書きください。
（小社PR誌『機』に「読者の声」として掲載させて戴く場合もございます。）

■本書をお求めの動機。広告・書評には新聞・雑誌名もお書き添えください。
□店頭でみて　□広告　□書評・紹介記事　□その他
□小社の案内で　（　　）　（　　）　（　　）

■ご購読の新聞・雑誌名

■小社の出版案内を送って欲しい友人・知人のお名前・ご住所

お名前	ご住所 〒

□購入申込書（小社刊行物のご注文にご利用ください。その際書店名を必ずご記入ください。）

書名　　冊	書名　　冊
書名　　冊	書名　　冊

ご指定書店名	住所
	都道府県　　市区郡町

第八章

希望の天地で理想を説く

壱岐は訪問した左内にいいました。

「賢者を待つにはそれぞれ礼がござる。いわんや他藩の士を招くには、なおさら器物でも借りるようにはまいらぬ。肥後大守が在府でない以上は、慶永公が肥後に行かれて、直々にご相談あらば、この上もないが、さもなくば、しかるべき御仁をご名代とされ熊本にお遣わしの義、しかるべきかと存ずる」

慶永に壱岐の献言を伝えると、急遽、重役会議が開かれ、評議の結果、在藩重役の秋田弾正を肥後に特派すると決し、ちょうど帰国途中の石原甚十郎をつかまえ結果を伝えます。

しかし、事は違う方向に行きます。福井では本多修理ら重役が異議を唱えたのです。

「熊侯は義理道理で激動する人ではなく、その心を動かすのは、御前様（勇姫）のやむなきお歎きに加えるものはないと思われる」

ところが十一月十七日に、細川斉護から慶永に「依頼に応ずるあたわざる」旨の書面が届きました。日付は十月二十三日、慶永が重役会議を開く前日です。

溝口は中根を訪ねて、招聘謝絶の意を立板に水で展開しました。

「平四郎は別に一見を立てたか、門人は時習館にも出席いたさず、もともとの学問は山崎家（山崎闇斎の崎門《きもん》学派）と唱えておった様子ですが、実学などとも申し、純粋の山崎家とはみえませず、とかく何事も当今のありさまに引きつけ、恐れながら将軍家はかよう、列侯列藩のうち何方にてはかよう、自国の政事、人物、かよう、さよう、と申すかたちで唱えていたところ、門下の諸生が自然と党を結ぶなりゆきになって、その末先は子どもの喧嘩ともいうべきだが、その学意の論より、昨年、大勢、争闘におよび、そのうち刃傷にもいたり、かつまた長岡監物とは無二の莫逆《ばくげき》（親友）であったところ、学意の訳か近来は義絶したようで非常に疎遠になって、いまでは在（田舎）中に引き籠もり、門人といっても昨年の争論よりはだんだん減って来たと申します。門人は在中の者までのほどで、まれに旅の書生が参るということです。

右の通りの人物にて、これまで熊本にてさえご選用のなかったような人物を、ご頼談とはいえ、そのままお貸しして、追って重畳ご迷惑の筋にもいたっては、おん間柄もあって別してあいすみ難く、やむをえずお断りになったものです」

体制派・学校党たる溝口の本音です。しかし、批判されている実学こそ福井藩が欲しがっている小楠の長所・特質です。中根は溝口に書簡を送り、慶永は招聘を決して断念していないことを知らせました。

慶永は十二月二十五日付けで「平四郎招聘を飽くまで切望する」と長文の手紙を熊本に帰国した斉護に書きます。また、交代で出府してきた世子の右京大夫（慶順《よしゆき》＝のち韶邦《よしくに》）に面会して、事が成就するよう依頼しました。慶永の書状にくわえ、世子からの依頼も受けた斉護は、ついに覚悟しました。これ以上、断れば、慶永の面子はつぶれる。それだけは避けなければなりません。

ともあれ、小楠の一件は、安政五（一八五八）年二月十九日付けで、藩庁から溝口に「もはや貸し進めるべきというご沙汰があった」と申し送ったため、溝口は三月十七日に福井藩邸に行って中根に会い、やむをえず招聘の件を承諾した旨を告げました。

招聘の話がこじれている間に、横井家には慶事がありました。前年十月、つせ子が男の子を産んだのです。小楠は有頂天で、早速、自分の幼名の又雄（のち時雄）と名づけました。

二月二十九日、家老の平野九郎右衛門に呼び出され、「諸生の教導のため、当年中は留め置かれる模様」との辞令を受けました。

このような人事は、かつて上杉鷹山が細井平洲を招き、池田光政が熊沢蕃山を招いたことぐらいの珍事です。

招聘

ところで、池辺や立花壱岐らの招聘運動の一方で、小楠は彼らふたりに柳川藩家老で壱岐の実兄十時《とときせっつ》摂津（惟信《これのぶ》）をくわえて、大計画を策しつつありました。「尾張藩と福井藩を同盟させて、幕府の俗論を破る」というのです。尾張の同志は、上国遊歴で親交をむすんだ藩主徳川慶勝の側近（大寄合＝側用人）田宮弥太郎（如雲）です。

二月二日、池辺は弟の亀三郎を沼山津にやって、老中堀田備中守正睦《まさよし》の上京について見解を聞きました。

堀田はアメリカ総領事のハリスが、「江戸に公使館を置き（ハリスは安政五年十二月に公使に昇進する）、和親条約を基礎に通商条約の締結をはかるのが急務である」と迫ったため、安政四年十二月、儒者林復斎（大学頭）と目付の津田半三郎（正路《まさみち》）を、朝廷に条約の勅許を奏請、諒解を得るため上京させました。しかし、埒《らち》があかず自ら安政五年一月に上京したのです。

小楠の説はすでに「万国と交易を取り結ぶこと」で「天下の正義家の連中が、幕府の悪口をいうのははなはだ無理な状況だ」と思っています。

昨年来、「福井藩と尾張藩が手を結んで、交易によって日本が大強国になるまでの大本論をさだめて、堀田老中に誠心をもって申し入れて、幕府の俗論を破り、諸大名に申し喩《さと》し、いまの状況をひっくり返す絶好の機会だ」と判断し、池辺に江戸におもむいて、尾張と福井に申し入れるよう主張していました。

池辺をやるか、亀三郎を送るか、で何度も議論し、結局、亀三郎を両藩へ派遣することになった矢先の招聘決定だったのです。

吉田と村田は、小楠の福井入りにあたり、諸用向き取調掛を命じられて、かの上杉鷹山が細井平洲を招いたときの賓師《ひんし》の処遇を参考にすることになりました。江戸にあった慶永は、家老どもに注意をうながしていきます。

「平四郎は賓師として迎えたが、到着早々から国政のことまで相談するのは軽浅になってよくない。まずは義理上の研究・人材教育の筋から追々議論して試せば、その実力もわかるから、その上で望んだ人物に相違なければ賓師として処遇し、国政のことも相談することが出来るであろう」

と小楠の思い入れをやや外した慎重な配慮をみせました。

随行するのは河瀬典次と池辺亀三郎のふたりで、また安場一平（保和）も福井まで同行します。三月十二日、家族や門生らに見送られ発ちました。安場は別に出発して、十三日に柳川藩御用を務める富豪浅山平五郎の家で落ち合い、そこまでは主要な門人の徳富太多助（万熊・一敬）、矢島源助（直方）、竹崎律次郎（政恒）らがついていきました。翌日、浅山邸に池辺藤左衛門、家老の十時摂津らも集まって壮行会が開かれます。

十七日朝、小倉から海路をとり、大坂に着いたのが二十九日朝。安場は近畿見物のため別行動をとり、一行は夜舟で淀川をさかのぼり、京都に着いたのが三十日でした。

将軍継嗣・条約勅許問題

京都二条の福井藩邸では、橋本左内が待ちかねていました。

幕政のさし迫った課題は通商条約の勅許問題と、もう一つ将軍継嗣《けいし》問題が微妙にからみ合っています。

いまの十三代将軍家定が父家慶のあとを襲ったのは、嘉永六年のペリー来航のあとですが、左内によれば「なにぶん将軍家は生来ご病弱にてご凡庸、政務処理の能力もありませぬ。しばらくの間もじっとしておれず、正座もできず、言語も明瞭ではございませぬ」。

どうやら身体障害をかかえ、子供が出来る可能性も少なく長生きも危ぶまれ、おのずと次の将軍を誰にするかが早々にささやかれました。

おりしも黒船来航という国家大変にあたって、脆弱な将軍を立派に後見して次の将軍となるべき名君をのぞむ声が出たのは当然で、英明の誉れ高く当時十七歳、前水戸藩主徳川斉昭の第七子で一橋家を継いだ慶喜《よしのぶ》を推す声があがりました。擁立に動いたのが、三卿の田安家から家門筆頭の福井藩主になった松平慶永に、老中首座の阿部正弘、その同志たる薩摩藩主の島津斉彬《なりあきら》らでした。

安政三（一八五六）年、家定は島津斉彬の養女敬子《すみこ》（篤姫《あつひめ》、島津一族忠剛の娘）を近衛忠煕《ただひろ》の養女にして結婚します。これまで関白の鷹司家と一条家から正室を迎えたが、いずれも死別しています。

この結婚は、将軍と大奥を慶喜擁立派が有利にうごかすための策謀でした。ところが運動のかなめの阿部正弘が安政四年に急逝し、松平慶永が中心になりました。このころには宇和島藩主の伊達宗城《むねなり》や土佐藩主の山内豊信らも賛同し、幕臣でも川路聖謨《としあきら》、岩瀬忠震《ただなり》、永井尚志《なおむね》、堀利煕《としひろ》ら開明派の支持も得ていわゆる一橋派が形成されます。

これに対して紀州藩主徳川慶福《よしとみ》（のち家茂《いえもち》）を推す、いわゆる南紀派が生まれました。幕政の諮問にあずかる溜間詰《たまりのまつめ》の彦根藩主井伊直弼《なおすけ》ら譜代大名の多くは保守的な血統主義です。また紀州藩付家老で紀州新宮領主の水野忠央《ただなか》が、その妹で前将軍家慶の寵妾《ちょうしょう》お広の方らの縁故を利用して、慶喜の出身である水戸の節倹の風をきらう大奥にはたらきかけました。阿部正弘のあと老中首座となった堀田正睦《まさよし》はもともと血統主義で、慶永の説得に曖昧な態度をとっていました。そして堀田は安政五年一月、条約勅許奏請のため上京したのです。

島津斉彬が、公式に幕府にたいして将軍継嗣を建白したのが、そのひと月前です。「通商開始、公使駐在はやむをえない」「その対策として英傑・人望・年長を備えた将軍の継嗣を建てるのが急務であり、一橋慶喜こそ、それにふさわしい人物である」という主旨でした。左内によれば、

「わが君は、堀田さまが条約勅許問題で京におもむかれる前に、ぜひとも継嗣問題をかたづけたいと思われたのですが、それはかなわず、勅許さえ得られれば、堀田さまも慶喜さま擁立にかたむかれると判断され、私に朝廷に対する側面工作をまかされたのです」

左内は堀田を追って入京し、朝廷が継嗣について「英傑、人望、年長」の三条件をもって選べ（つまり慶喜にせよ）との勅諚を出すよう運動しました。内大臣三条実萬《さねつむ》や青蓮院宮に会い、太閤（前関白）鷹司《たかつかさ》政通《まさみち》の侍講の三国大学や執事の小林良典に接近して太閤を説き、また薩摩藩と連携して、島津氏の姻戚である左大臣近衛忠熙《ただひろ》に接触したが、このとき一緒に活動したのが島津斉彬の懐刀の西郷吉兵衛（吉之助、隆盛）です。

左内は「必至をきわめて八方へ激論説倒し、むかうところその妄議を推破」する奮闘ぶりでした。また慶永も海防掛の大目付土岐頼旨《ときよりむね》、同目付鵜殿長鋭《うどのながとし》らと、水戸斉昭の悪評をもみ消そうと工作していました。

これにたいし井伊直弼は、京都に腹心の長野主膳（義言《よしこと》）を派遣しました。朝廷に対する一連

の工作を「京都手入れ」と呼びます。

堀田は条約勅許が得られません。孝明天皇はかたくなな排外思想の持ち主で、外国人をいやしい夷《えびす》として嫌い、神州に住まわせて商いをさせるなぞもってのほか、と考えていました。公家も同じようなもので、朝廷に攘夷思想を吹き込んだのが梅田雲浜《うんぴん》や梁川星巌《やながわせいがん》ら尊皇攘夷論者です。

二月二十三日に、「もう一度、三家以下諸侯の意見を徴したあと再度、勅裁を仰ぐように」との天皇の勅諚《ちょくじょう》が堀田に伝えられました。そこで長野主膳が関白九条尚忠の家士島田左近とむすんで関白に策動し、三月十四日に「外交は幕府に委任する」という勅答を出させるところまで漕ぎつけます。

ところが、十二日に公卿たちの反乱が起きました。彼らは参内して八十八名の連名で幕府への外交委任の勅答は反対であるという意見書を出します。幕府支持であったはずの鷹司政通も反対の意見に変わりました。ついに二十日、かさねて前回とおなじ勅諚がでて堀田の努力は水泡に帰しました。関白案阻止の中心が岩倉具視です。

左内は小楠に、「引きあわせたい者が来ています」といって、江戸へ行く途中で京都藩邸にたち寄っていた三岡石五郎（八郎）を呼びました。のちの由利公正です。

三岡は二十九歳。かつて小楠の福井訪問のとき「大学」の講義をきいて刺激され経世済民の道に目をひらき、大小銃・弾薬製造掛や製造方頭取、軍艦造船掛などに任用され、安政四年に明道館に出仕して左内と親交をむすびました。三岡は、憧れの小楠に会えた感激で顔を紅潮させながら、持論を展開しました。小楠はこの男の経済感覚に注目します。

日米修好通商条約

四月六日午後、今庄に着くと村田巳三郎が出迎え、意外なことを打ち明けました。

「実は吉田（東篁・悌蔵）先生は昨年二月、明道館助教役を辞められました」

小楠はその直後に、吉田から福井藩招請をのぞむ情意のこもった手紙をもらって、大いに心を動かされましたが、そんな気配はまったくありませんでした。東篁は、老いの失態を理由に辞めたが、結局は左内の批判に負けたのでした。しかし、それをおくびにも出さず、むしろ左内を褒め称えていました。

翌日、府中（武生）に着くと、その吉田が重役たちと待っていました。小楠は大声をあげ、走り寄って東篁の手を握っていいました。

「先生、われらをよくもくくられましたな。われらもまた先生をくくりたる時節が来ましたぞ！」

吉田の尽力で長年の同志が福井でひとつに結束した、そういう思いと失意の人にたいするいたわりのこもった一声に、吉田はおもわず視界がにじみました。

福井城下の入り口の赤坂で、側用人の秋田弾正が迎えて案内し、三の丸南門内にある明道館そばの客館に入ったのが七日夕です。

すぐさま本多修理、山形三郎兵衛、松平主馬の三家老が挨拶にきて饗応。それが終わると明道館に案内され、藩主の間に導かれて着座し、明道館の役輩が名刺を差し出して、盃がかわされました。客館にもどると、助幹事以上のものがやってきて献酬。たいそうな歓迎ぶりに小楠は驚きもし、大いに機嫌をよくしました。

処遇は、賓師待遇の五十人扶持。藩からの世話役には平瀬儀作、南部彦助があたって面倒をみます。翌八日は明道館の教官全員と議論をしました。十日の午後に「横井先生登館式」が荘重にとり行なわれました。

御奉行の長谷部甚平も早々に挨拶にきました。小楠より九歳若く、才気煥発でなかなかむつかしい男だが、橋本左内に手紙でこう書いています。

「横先生、はじめて対面、聞きしに勝る大物、その議論たるや光明正大、しきりに天地経綸の道理を主張これあり」「事実について理を窮《きわ》むるの議論、いちいち明快、実にわが党の先鞭を得候ことこの上なき大慶」

と、小楠が開陳した朱子学のほか貿易論、富国強兵論等に敬服し、左内の新得の見識と同論に帰したと喜んでいます。長谷部は三岡石五郎とともに藩政改革のかなめとなります。

村田は橋本左内に報告しました。

「当分のところ、いささかも支障これなく、上々の都合にござ候」

十六日から早速、客館で会読の指導を始めました。二十日には平四郎の慰労のため、大橋河で漁がもよおされ、大きな鯉《こい》が三匹、中くらいのが三匹、鱒《ます》一匹、鯰《なまず》三匹、鮒《ふな》五匹。漁が大好きな小楠は十分満足しました。

明道館の登館・会読日が正式に決まりました。小楠の日課は、毎朝五ツ（八時）から九ツ（正午）まで登館。会読は客館で七の日夕に家老、一の日夕に用人および諸番頭、八の日夕に役人。明道館で三の日朝に高知（家老職で現職でない者）、五の日朝、六の日朝に役輩・学諭まで、四の日朝に句読師・外塾師、二の日朝に助句読師・典籍・外塾手伝までで、一般武士、学生は対象に入っていません。

江戸の松平慶永から手紙が来ました。

「福井の学流は固陋狭隘《ころうきょうあい》の習気があって、人材生育の路《みち》がふさがっていたので、今後は賢者（小楠）の力に頼り、その宿弊を掃蕩《そうとう》していただくことを望んでいる」

等々、きわめて懇篤さがにじんでいました。

五月十七日に安場一平が帰国しました。

六月になって小楠は、横井平右衛門（熊本三横井の一家）に手紙を出しています。

これによると、福井藩は水戸の悪影響で万事観念的で強引な政治になっていたと指摘し、つまるところ「学術の正路」を得ていなかったからで「そこで、家老はじめ重臣たちと相談し、人情を得るよう引きもどし、根本を大切に本末体用の次第、寛急の筋合いを間違えないように注意したので、だいたいうまく行くようになった」と書きました。

さらに「学校は非常に盛況だ。会読参加者が多すぎて制限を加えるほど。残念なのは藩主が江戸にいること。中央政局が大事と国許を放置しているけれど、江戸の方も失敗すれば両方ともダメになる。しかし、いずれ見切りをつけて帰国なさるだろうと、それればかりを願っている。そうすれば、この藩は丈夫にすわり申すべく」と述べました。

水戸学の「学術の曲」は、どうすれば正されるのか。小楠が持ち出すのが熊沢蕃山の『集義和書』です。この書は、儒教道徳を実践するうえでもっとも重要な心法上の工夫を「誠意」に求めています。

同じころ、熊本の下津休也、荻角兵衛、元田伝之丞へあてた手紙に「国家を覆亡するのは、まったく学術の曲により」として、「天下の知名の者は、水府（水戸藩）推尊の心は次第に消滅いたし、気の毒」だが、これまで「水府の余毒」に犯されたのは「例の文武節倹の押しつけ」で、大いに人心を失っていたと指摘しています。

そして八月、弟の永嶺仁十郎宛てに、「拙宅にて熊沢集義和書の会を始め、執政諸有司そのほかも参り、種々討論、いつも鶏鳴までは話し合っている。憂愁中の楽事となんとも悦ばしい」とあり、同じころの嘉悦氏房ほか三人への手紙にも「近来は熊沢集義和書の会が始まり、いつも鶏鳴にいたり」、長谷部甚平や村田巳三郎が長足の進歩だ、として「水府流の文武節倹の弊政」が改まるのに誰も意義はないと述べました。

しかし、民の生活水準を先に向上させるべきだという考えは、保守派の反発を招き、「小楠が来て、奢侈の風が起こった」と非難されます。

小楠は福井藩の生真面目な藩士、儒者たちを驚かす行動をとっています。自分の居館に芸妓を呼び入れて、酒を呑むこと、たびたび。客が来ても、そのまま芸妓をかたわらにおいて相手をしたのは、万事、格式が高く窮屈な士風にはないことでした。

天下は大きく動きます。

京都手入れに失敗した堀田正睦は四月二十日に江戸に戻ったが、その前日、蕨《わらび》駅に松平慶永の使者がきて慶喜擁立を力説し、さらに翌日に慶永自身が訪問して説得しました。堀田の心は傾きますが、二十三日、井伊直弼が大老職についたのです。

井伊大老が早急に解決すべき問題は、勅諚の措置と継嗣問題です。二十五日、大老は御三家以下の諸大名を登城させ勅旨を伝達して意見を求めます。堀田が「幕府は先の奏請した以外の取り扱い方もないが、勅命により再び意見を徴する」と述べました。

同時に堀田はハリスと折衝し、約束した条約調印を三月五日にはできなくなったと説得し、七月二十七日まで延期を承知させました。猶予期間に諸大名の答申書をまとめて再び勅許を得ようという腹です。

諸大名の答申は六月初めにほぼ出そろい、ほとんどが条約調印やむなしとしたが、水戸藩主徳川慶篤や水戸老公・斉昭らが反対します。大老はこれを訂正させるよう工作する一方、腹心の長野を再び上京させ、九条関白を入説して京都の情勢を挽回しようとします。しかし、関白は孤立していました。

ついに継嗣問題は、五月一日に将軍家定から閣老に対し紀州の徳川慶福に決意したと申し渡されて内定したが、一橋派の反対と条約問題への悪影響を憂慮して公表されません。他方、大老は一橋派の左遷を始めます。大目付の土岐頼旨を大番頭、勘定奉行の川路聖謨を西丸留守居、目付の鵜殿長鋭を駿府町奉行、京都町奉行の浅野長祚《ながやす》を小普請奉行に飛ばしました。

五月二十九日になって、慶永は継嗣が慶福に決定したと聞かされても諦めず、条約問題の答申をわざと遅らせてゆさぶりをかけます。しかし、最後の抵抗もむなしく六月一日、幕府は御三家以下、溜間詰大名を召集して将軍継嗣を血統の中から立てることを告げ、翌日、朝廷に上申し、朝廷の答が届くのを計算して十八日に慶福を継嗣と発表する予定になりました。

ところが、不測の事態が起こりました。

同日、大老に「下田に戻っていたハリスがポーハタン号に乗って神奈川沖に現れた」ことが伝えられ、発表は延期されます。

ハリスは、下田に入港したアメリカ軍鑑とロシア鑑からの情報をもって、幕府に会見を要求、「アロー号事件を機に起こった英仏と清国の戦争が終わり、天津条約が陰暦五月に結ばれたが、英仏は日本に大艦隊を派遣して通商条約を結ぼうとする説がある、そうなれば日本はアメリカよりもっと苛酷な条件の条約を結ばねばならないだろう。それを防ぐためにはすぐに条約に調印せよ」と迫ったのです。

米艦におもむいた幕府全権の下田奉行井上清直と目付岩瀬忠震は、これを大老に報告しました。幕閣の協議で、井伊は「天朝へおうかがいしないうちは、いかほど迷惑になっても、仮条約調印はできない」と主張。若年寄の本多忠徳だけが賛成し、ほかは「英仏艦隊が渡来して後に条約を許可したのでは国威を失い、天朝の意志も国体をけがさないようにとの趣旨だから、調印もやむをえない」としました。ひき続き老中と協議し、堀田正睦と松平忠固《ただかた》が即時調印、久世広周《ひろちか》、内藤信親、脇坂安宅《やすおり》は延期の意見でした。

井伊は井上と岩瀬を呼んで「なるべく勅許を得るまで調印を延期するように談判せよ」と命じ

たが、井上が、「是非におよばない節には調印してもよろしいか」とたずねると、「その節はいたし方ないが、なるたけそうならないよう」内諾を与えました。

結局、日米修好通商条約は、勅許を待たずに六月十九日、ポーハタン号上で調印されます。十四カ条、貿易章程七則からなり、公使の江戸駐在、神奈川・長崎・新潟・兵庫の開港、江戸・大坂の開市、自由貿易を規定。領事裁判権、居留地の設定等を認め、関税は協定制、税率は主に二割とする不平等条約です。

慶永失脚

調印は、堀田ら五老中が連署した書類と別書で朝廷に報告しますが、この一片の奉書ですませ、特使を上洛させなかった対応が朝廷を激怒させました。孝明天皇は六月二十八日、参内した公卿に勅書を示します。

「このまま位についていて聖跡を穢《けが》すのも恐れ多いので、まことに嘆かわしい次第だが、英明の人に帝位を譲りたく思う」

と譲位の決意表明でした。

関白九条尚忠は苦境に立ち、幕府に至急、御三家あるいは大老の誰かを上京させよと命じます。

井伊大老は、三家は処分し（後述）、自分は多忙のため、老中の間部詮勝《まなべあきかつ》を上京させることにし、九月中旬に実現します。

一方、京都では梁川星巌や梅田雲浜、西郷吉兵衛（吉之助、隆盛）らの運動によって、八月十日、朝廷から幕府の禁裏付である大久保伊勢守（忠寛、一翁）に勅諚が渡されます。条約調印と三家などの処罰を責めて、「幕府は三家以下の諸大名と群議して国内治平、公武合体、内を整えて外国の侮りを受けぬよう方策をたてるように」としてありました。

しかし、その二日前に水戸藩の京都留守居鵜飼吉左衛門にも同じ勅諚文と、別に「ことに三家・三卿・家門には隠居の者にも趣旨を伝えるように」という文書が下されたのです。

鵜飼は、息子の幸吉に勅諚文をもたせ密かに東海道を下らせるとともに、薩摩藩士で水戸藩と縁のある日下部伊三次《くさかべいそうじ》にも勅諚の写しを託して中山道から江戸にむかわせます。この前代未聞の出来事は幕府にとって由々しき事態でした。大老の腹心長野主膳の失態です。これを機に安政の大獄が始まるのです。

時間を六月時点にもどせば、井伊は幕閣を改造しました。

一橋派に傾いた堀田に条約調印の責任をとらせ、松平忠固を自分と権勢を競ったことで罷免し、代わって鯖江藩主の間部詮勝《まなべあきかつ》、前掛川藩主の太田資始《すけとも》、西尾藩主の松平乗全《のりやす》を任命しました。

慶福の継嗣発表を明日にひかえた二十四日朝、松平慶永は継嗣と条約勅裁の再考を談判するために井伊邸に押しかけましたが、議論するうちに登城刻限の正四ツ（午前十時）の太鼓が鳴ります。井伊は「登城でござる。改めてお出ましいただきたい」と告げました。

慶永は怒気をはらんで、「平常ならばご登城の刻限に出門さるるはもっともながら、継嗣と条約はわが国の安危にかんする重大事件でござる。登城が遅れてもかまわぬではないか。まして大老ともあろうものには天下を統《す》べる責任がござろう」と詰め寄りました。井伊は慶永をにらみつけて立ち上がり「ただいま登城、登城！」と声をあげ立ち去ります。慶永は井伊の左のたもとをつかんだが、井伊が振りはらった拍子に破れました。

定例の登城日ではない慶永が、悄然と常盤橋の藩邸にもどる途中、桜田門で中根靱負が迎えに来るのに行きあいました。水戸公と尾張公の使いが来て、徳川斉昭・慶篤父子と徳川義恕が登城し大老、老中に建言するので、慶永も登城してもらいたいとの意向です。彼らも定例日ではなく不時登城でした。

しかし、慶永は家格の違いをもって同席を拒まれます。斉昭らは幕閣に再考を求めたが、はぐらかされました。三家方は八ツ時（午後二時）過ぎに落胆して退出、待っていた慶永もひき下がりました。翌日、将軍継嗣は慶福に決定したと正式発表されます。七月にはいり将軍家定の脚気《かっけ》が重篤となり六日に死亡、三十五歳でした。喪は秘され八月八日に発喪されました。

井伊は斉昭らの不時登城を罪に問い、「内間《うちま》一洗《いっせん》」（斉昭らの排除）を決意します。

七月五日、徳川慶恕は隠居・急度慎《きっとつつしみ》、徳川斉昭は急度慎、慶篤は登城禁止、一橋慶喜も登城禁止となり、慶永も隠居・急度慎、家督は分家である越後・糸魚川藩主の松平直廉《なおきよ》（日向守、のち茂昭《もちあき》）に嗣がせるというものでした。

福井藩江戸屋敷では、家老の狛山城《こまやましろ》が申し渡し書を受け取り、号泣する驚天動地のさわぎとなりました。慶永はまだ三十一歳です。無念のうちに家臣の動揺を抑えるため訓書を書きました。

七月六日に発した使者が河止めで遅れて、十五日薄暮にやっと到着、藩中は激震にみまわれます。藩首脳の評議が夜を徹して鶏鳴のころまで続き、ようやく諸藩士を呼びだして事の次第、訓書の趣意を告げ平静を命じました。

しかし、「横井平四郎をどうするか」、その去留が問題になります。十六日の七ツ（午前四時）ごろ、村田巳三郎と長谷部甚平が小楠をたずね事変を報告して意向をききました。

小楠は「これより先へ進む工夫が肝要でござる」と熱弁をふるい、「去留の儀は藩政府の評議の都合にしたがいたい」と答えます。

ふたりは重役たちと評議し、「いまだに（慶永から）お沙汰はないが、ぜひとも在留してもらいたい」ということになり、翌日、家老の松平主馬がたずね、「これからも世話していただきたい」と頼みました。

小楠は「お役に立つなら、いかにもあい勤めましょう。ただし、期限の命には限りあり、この儀はよろしく越中守（肥後藩主）様より、お国表にまかりあり、御用勤めるようにというご沙汰があるようでなくては、いかんともしがたい」といいました。

村田は江戸の左内に連絡します。

「先生の内心は実に慨嘆かつ失望いたされているに相違なく、まことに気の毒に思います。しかし、滞在について厭うような事情はないので、失望といっても第一の御方様（慶永）に逢い難くなったことです」

小楠は、一刻も早く真相を知らせようと、河瀬典次を帰国させました。また、池辺亀三郎も、柳川藩主が泉州警備を命ぜられて帰藩し、随行した門人が一挙にいなくなります。

慶永は十月十四日、春嶽の号を用いることとし、霊岸島《れいがんじま》に移って閉居しました。

憂愁のなか小楠頑張る

学校は七月二十四日から再開され、会読は以前に倍して盛んになります。藩士は心のよりどころを小楠に求めたのです。林矢五郎が江戸にいた明道館句読師の横山猶蔵《ゆうぞう》にあてた手紙に「横井先生、毎朝登館、会読もこれあり、この上なく面白きことにございます。真に非常の先生と思います。この人の到来は御国の大幸この上なきこと」とあります。

また村田巳三郎は橋本左内へ「近来は世上大いに静定になりました。横先生、平安日々登館、学徒を引き立てられております」と報告しました。

客館で新しく始めた熊沢蕃山の『集義和書』会読には長谷部甚平ら大勢が出席し、いつも鶏鳴まで討論、「憂愁中の楽事だ」とみんな喜びました。

村田が左内に「近来、発明（正しい道理を知った）の族《やから》もあり、いま一期も滞在されたら、その有益は論ずることもない」と書いたように、福井藩では引き続き聘用したいと依頼することになります。

しかし、声望が高まる一方で家老の狛山城、酒井外記ら保守派・反改革派の反感・嫉視《しっし》は根強く、「横平」と蔑称して誹謗中傷もひどかったのです。

このころ、小楠は老母に慶永夫人の紋服をちょうだいするよう希望しています。孝行心の発露でした。小楠は河瀬典次が戻るのを待ちわびていましたが、九月二十三日に河瀬の手紙を読んで愕然とします。弟の永嶺仁十郎が流行病《はやりやまい》で八月十七日に急死したのです。二十五日には河瀬の代理で竹崎律次郎が来て詳報を告げます。

小楠はひとまず老母のために帰国を願い出ますが、福井藩としては、実はすでに借り受け期間を延長するよう交渉していますす。新藩主の茂昭が「家督をついで間もないのに、肥後藩に返しては心痛にたえぬから、なおしばらくは聘用したい」といったのです。

1989年11月創立　1990年4月創刊

月刊
機
2018
6
No. 315

「おれは、今までに恐ろしいものを二人みた。それは横井小楠と西郷南洲だ」（勝海舟）

一五〇年前に、新しい国家像を提示した男

——『評伝 横井小楠——未来を紡ぐ人 1809-1869』出版にあたって——

小島英記

▲横井小楠

幕末維新の激動の中で早くに西欧諸国の現実を見抜き、近代日本の歩むべき道を構想し提言した横井小楠。「公共」の思想の重要性を説き、『五箇条の御誓文』の「万機公論に決すべし」は小楠の思想である。土台とも云うべき「国是七条」（一八六二年）を作成し、「船中八策」にも影響を与える。勝海舟や松陰らにも影響を与え、「日本の鉄道の父」といわれる安場保和は、小楠門下「四天王」の一人である。後の後藤新平、徳富蘇峰らにも大きな影響を及ぼした小楠とは何者か？　**編集部**

発行所　株式会社 **藤原書店**©
〒一六二―〇〇四一　東京都新宿区早稲田鶴巻町五二三
電話　〇三・五二七二・〇三〇一（代）
ＦＡＸ　〇三・五二七二・〇四五〇
◎本冊子表示の価格は消費税抜きの価格です。
編集兼発行人　藤原良雄
頒価 100円

●六月号目次●

横井小楠とは何者か

幕末維新の先駆的思想家といわれ、維新の十傑にもあげられながら、日本史の教科書にも登場せず、知名度も低い。横井小楠とは、そも何者だったのでしょうか。

江戸無血開城の立役者であった勝海舟が、『氷川清話』で述べた人物評があります。

「おれは、今までに天下で恐ろしいものを二人みた。それは横井小楠と西郷南洲だ。横井は、西洋のことも別にたくさんは知らず、おれが教えてやったくらいだが、その思想の高調子なことは、おれなどは、とてもはしごを掛けても、およばぬことがしばしばあったよ。おれはひそかに思ったのさ。横井は自分に仕事をする人ではないけれど、もし横井の言を用いる人が世の中にあったら、それこそ由々しい大事だと思ったのさ」

海舟ほどの人物を驚嘆させた小楠の、**高調子な思想とは何だったのか**、それを知らなければなりません。

幕末の名君のひとりに数えられる福井藩主の松平慶永《よしなが》（春嶽）に、小楠が熊本から招かれて藩政改革にあたったとき、万延元（一八六〇）年に著わしたのが『**国是三論**』です。一藩の改革の先に日本という国家建設に必要な「**富国・強兵・士道**」の三論を説いたものですが、そこに、こういうことを書いています。

「**アメリカはワシントン以来、三大方針を立てた**。**第一は**、天地の間に殺し合いほど悲惨なことはないので、**天意にのっとって世界中の戦争を止めさせるの**を務めとした。**第二は、世界万国から智識を集めて政治や教育を豊かにする**。**第三は、大統領の権限を世襲ではなくて、賢人を選んでこれに譲り子に伝えない**。これによって君臣の関係を廃し、政治は公共和平をもって務めとし、政治法律制度から機械技術にいたるまで地球上の善美と称するものはみな採用し活用するという理想的な政治が行われている。

イギリスでは、民意を尊重する政体で、政府の施策は大小にかかわらず国民にはかり、賛成するところを実施し、反対することは実行しない。開戦講和についても同様だ。それゆえロシアや清朝中国とそれぞれ数年にわたって戦争をし、死傷多数、多額の経費を要しても、だれ一人として怨むものはない。

ロシアその他の国々でも、多くは文武の**学校**はもちろん、**病院・幼児院・聾唖院などを設け、政治・教育はすべて倫理道徳によって民衆のためにおこなわれ**、ほとんど古代中国の三代の理想政治に符合するにいたっている。

このようにすぐれた政治をおこなっている西洋諸国が日本にやってきて、公共の道をもって日本を説き鎖国の方針を改めさせようとした。日本がなおも鎖国の旧方針を固守し続け、徳川一家のための幕府政治や、各大名一家のための藩政治をおこない、交易の理を知らないのは愚行というほかはない」

西洋各国の情報を得て開眼

小楠は安政二（一八五五）年の夏、中国の林則徐がつくらせた世界情報事典ともいうべき『海国図志』の翻訳版から米英露など西洋各国の情報を得て衝撃を受け、開眼します。

情報は正確ではないにせよ、西洋が体現しつつある政治原則、共和政治、議会制度、民主主義、福祉、教育などの理念が、堯舜三代の理想、公共の道に近いと見立て、これをもって実現すべき国家目標だと唱えたのです。さらに注目すべきは、その新しい国家は世界平和を創出すべき存在になるべきでした。彼はこう書いています。

「日本は地球の中央に位置して海の便は四通八達し、英国に勝ることは万々である。だから、幕府がもし維新の令を下し、わが国固有の鋭勇を鼓舞し、全国の人心を団結させ、軍政を定めて威令を明らかにすれば、外国は恐れるに足らないのみならず、逆に機会を見て海外諸国に渡航遠征、わが義勇をもって海外諸国の争いを仲裁してやれば、数年もたたないうちに諸外国のほうから日本の仁義の風を仰ぐようになるだろう」

小楠はすでに安政四（一八五七）年、福井藩から招聘の使者として来た村田氏寿《うじひさ》に、意訳すればこういう話をしています。

「**日本に仁義の大道を起こさねばならない。強国になるのではない、強国があれば必ず弱国が生まれ、侵略するからだ。この道を明らかにして世界の世話焼きにならねばならぬ。**（アームストロング砲の）一発で一万も二万もの人が戦死するということは、必ず止めさせねばならぬ。日本の現状を正視すれば、インドのような植民地になるか、世界第一等の仁義の国になるか、選択肢はこのほかにない」

「世界の世話焼き」という表現が印象的です。

大日本帝国憲法の起草に参画し中央集権国家の確立に尽力した井上毅《こわし》が、元治元（一八六四）年秋、時習館居寮生のときに沼山津《ぬやまづ》に隠棲していた小楠を訪ね、『沼山対話』を著わしましたが、ここに「割拠見《かっきょみ》」という言葉が出てきます。「自国本意の見方・利己主義あるいはナショナル・インタレスト」という意味です。

「各国は割拠見の気習をいだき、自分を利する心で、至誠惻怛《しせいそくだつ》（他人を心底思いやる気持ち）の根元がないから、天をもって心として至公至平の天理に則ることができない」

「彼らは、しょせん戦争をしなければ日本人の心を交易にむけられないと思っているに違いない。そういう計算は精密だが、枝葉末流の精緻さで、至誠惻怛から発したものとは違う。各国の割拠見で惨憺たる戦争を引き起こし、真実公平の心で天理に則り割拠見を抜けたワシントンの国アメリカでさえ南北戦争をひきおこし、その遺意は失われた」

アメリカに対する失望とともに、**ナショナル・インタレストが支配する世界で独立し平和思想をもって生き抜くには、至誠惻怛をもって決意を示すほかないと**表明したのです。

日本発の世界平和を唱える

小楠らの肥後実学党の同志で、途中から離れた元田永孚《ながざね》は、明治天皇の側近になりましたが、小楠の後輩を自認しました。ただし、彼が起草に参与した教育勅語は小楠思想から遠いものです。ともあれ、その彼が、小楠の談話をまとめた『沼山閑話』（慶応元年秋）に、こう記してあります。

「西洋の学はただ事業上の学で、心徳上の学ではない。事業はますます開けたが、人情にわたることを知らず、交易談判も事実約束を詰めるだけだから、ついに戦争となる」「心徳の学があって人情を知らば、西洋列強の戦争は止むべきなり」「もし、わが国で三十万石以上の大名に、その人物を得て、三代の治道を講究し、そのうえに西洋の技術を得て皇国を一新し、西洋に普及すれば、終には戦争を止めることができるだろう」

小楠は慶応三（一八六七）年六月二十六日、アメリカに留学中の甥で養嗣子の左平太と大平宛て書簡に、こう書いています。

「西洋列国は利の一途に馳せ、一切義理これなく」「富国強兵器械の事にいたっては、誠に驚き入った事業で、今日ほど盛大なのは過去にもなく、至れり尽くせりというべく、ただこの一途のみ用いるべき事で、道については堯舜孔子の道のほか世界にないのはいよいよもって明らかである。一言でこれをいえば、西洋学校は稽業（学業）の一途で、徳性をみがき知識を明にする学道は絶えてなく、本来の良知を一稽業に限ったのでは、その芸業のほかはさぞかし暗いことと察する。

すでに西洋列強の、これまでの有名な人物をみても、アレキサンデル・ペイトル・ボタマルテ（アレクサンダー大王、ピョートル大帝、ナポレオン〔ボナパルト〕と思われる）らの類い、いわゆる英雄豪傑のやからのみで、ワシントンのほかは徳義ある人物はいっさいなく、これからもワシントン級の人物は決して出てくる道理がない。戦争の惨たんはいよいよもってはなはだしくなるであろう」

これより先、左平太・大平がアメリカに出発した慶応二（一八六六）年、小楠はふたりの旅のはなむけに、自分の理想を凝縮させた次の言葉を与えています。

堯舜孔子の道を明らかにし、
　西洋器械の術をつくさば
　なんぞ富国に止まらん
　なんぞ強兵に止まらん
　大義を四海に布かんのみ

小楠は維新政府の参与になりましたが、慶応四（一八六八）年五月、一時、病重篤になったときに口述した「遺表」で、「ただ富強の事に従うのは覇者の術である」と述べ、「西洋各国をみるに、その崇《たっと》ぶところ耶蘇（キリスト教）をもって宗とし、道は人の良心に基づくことを知らず、その精励の出ずるところ、人事の行われるところ、ただ利害の一途に出で、倫理綱常を廃棄し、酷剝（薄）を極めて、我の欲をなすにいたる。実に宇内の大患なり。独り本朝は未だこの害を蒙らず」、つまり、西洋的な富国強兵だけでは覇者の術であり、キリスト教ではない道を知る可能性のある日本だけが世界平和を実現できると表明したのです。

（構成・編集部）

（こじま・ひでき／作家）

名著『においの歴史』で知られる〝感性の歴史家〟アラン・コルバンの最新作！

「夢の乙女」は、なぜいつから消失したのか？

――『処女崇拝の系譜』邦訳出版にあたって

アラン・コルバン

「天使」と「娼婦」の緊張関係

「夢の乙女」〔本書原題 Les filles de rêve, 2014〕の消失は、西欧の想像力の歴史のなかで大きな断絶をなしている。もう数十年も前のことだが、文学史家のジャン・ボリが述べていた。十九世紀の男たちは――たしかにはるか昔のことだが――**「天使的な嘆願」と「売春宿での武勲」とのあいだをゆれていた**、と。この二つの緊張関係を重視するなら、ここに集約された公式は本質的な問題を提示している。性行動の放縦な側面にかかわる現象は、多くの歴史家たちによってくわしく研究されてきた。艶書とそれが身体におよぼす影響、誘惑のプロセス、処女喪失の平均年齢、ありとあらゆる形式の売春などである。図書館には、高級娼婦や「有名な娼婦《オリゾンタル》」、宿命の女《ファム・ファタル》について書かれた文献が山をなしている。私としては、「娼婦《フィユ・ド・ノス》」や十九世紀の性的快楽のありかたに関心をいだいた。

これにたいして、性行動のもう一つの側面、すなわち「**天使的な嘆願**」にかかわることは忘れられてしまった。その理由は明白である。このような女性観は、現代に生きるわたしたちの想像力や衝動、さらには科学や実践にももはや合致していないからである。一九六〇年頃に立ち起こったラディカルな過去との決別は、恋愛の一大側面を過去に押しこめ、理解不可能なもののカテゴリーに押しこめたばかりか、非難すべきもののカテゴリーに追いやったのである。

今日それをアイロニーもなく、罵倒もせずに語ることができるだろうか？　アナクロニズムに陥ることなく、それを再現することができるだろうか？　数世紀のあいだ――十九世紀をピークとして――男たち、なかでも文化的エリートに属していて、中学校《コレージュ》やリセ、さらには大学に通った若者たちは、女性との関係をもっていた。かれらは医師が交接と呼んでいたものを実践し、性的な興奮や快楽と呼ばれていたものを経験してい

▲アラン・コルバン（1936-）

た。かれらの経験は幼少の頃からで、「若い子守り」や売春婦を相手にし、あとは「お針娘《グリゼット》」や「縫い娘《クセット》」や宿の女中などを相手にしていた。社会的表象として浮かびあがるこれらのカップル以外にも、かれらには愛人がいる場合が多く、女優や、夫のあるブルジョワの女が相手になっていた。そんななかで、かれらはラヴレース「『クラリッサ・ハーロー』の誘惑者」やヴァルモン「『危険な関係』の誘惑者」を演じようと努めていたのである。こうしたことはみなわかりきったことだが、念のためにもう一度確かめておこう。**十九世紀の半ば以降、毒ある肉体は誘惑的であったのだ。**さまざまな日記や書簡、回想録、自伝がそうした経験を書きつづっており、当時、それは「性的生活」と呼ばれていたもののなかに入れられていた。

恋心をかきたてる「乙女」たち

けれども、歴史家たちがあまり言わないことなのだが、まさしくこれらの同じ中学生やリセの生徒たち、学校に通う若者たち、さらには所帯をかまえたブルジョワでさえ、これと並行して、精神も心も、「夢の乙女」につきまとわれていたのである。自己を語る記述のなかでも際立っている事柄だが、かれらはこう告白している。若い娘が目にとまったり、すれちがったり、時として言葉をかけたことがある、と。だが娘は誘惑しようとする間もなく、たちまち消え去ってしまった、と。それだけに、彼女たちは夢をかきたて、その面影は記憶に刻みこまれ、感傷的な追憶のうちに刻みこまれて、時として老年期になっても消え去ることがなかった。その強烈な印象は、やがて妻となり、子供たちの母となった、若き日の清らかな婚約者の印象をひそかに凌駕するほどだった。

いうまでもなく、このような夢の乙女の姿は、読書したり、絵画や彫刻を見たり、演劇やオペラに通ったりして培われたモデルからきている。これらのモデルへの憧れは、心身ともにステレオタイプ化した肖像となって表れ、またその感受性のありかたにも表れており、それ以上に、床を共にする女たちのところでは決して見出せないような決定的な美質に表れている。本書の目的はまさにここにあるのだ。すなわち、直接に性欲にうったえることなく恋心をかきたてるように導いた一連の紙上の乙女たちを選び出して、その姿を描き出すことである。

精神に占めるその存在感の大きさの順に、こうして選ばれた乙女たちを検討してゆきたいと思うが、その前に、彼女らの影響力を決定づけた特徴の主だったものをあげておこう。どの娘も、顔が美しく、色艶が美しい——たいてい白く光り輝くようだ——、目がきらきらと輝き、髪がきれいで、ふさふさと長い金髪が多い。また手やくるぶしの美しさも忘れてはならない。私たちが挙げてゆくテクストには、からだの丸みについてはふれられていない。逆にすらりと背がたかくてほっそりとした物腰は大きくあつかわれている。夢の乙女は自分の姿のエロティックな力を知らず、それをひけらかしたりしていない。彼女はつつましやかで、真面目で、おとなしい。近寄りがたいこともある。その物腰と慎ましさは、美徳を大切にしていることを表している。

優しさ——それこそ天使との類似性を現しているのだが——、感じやすさ——それは涙もろさに表れている——甘やかさ、勇気、不幸なひとへの憐れみ、ある種のはかなさといったものによって、乙女の肖像ができあがる。夢の女はあらゆる芸術表現に鋭い感受性を示す。彼女は詩情を好む。自然の美しさにはひときわ敏感である。一連の乙女たちは、後にみるように、程度の差こそあれ女性同士の友愛を思わせ、なかには夭折を定められている乙女たちがいる。それだけにいっそう男の胸に深い面影を残すのだ。

「処女性」の歴史

今日、彼女たちのおよぼした影響力を良く理解するのは難しいと思うので、夢の乙女の本質的な特性について詳述しなければならない。つまり**私が語りたいのは、処女性のことである。**残念ながら、かくも長い世紀にわたって重大であったこの概念について書かれた、新しい決定的な歴史は存在しない。そもそもからして、**男たちの精神にあって、夢の乙女は処女であり、無傷で、護られている**のだ。

「すべての時代、すべての国の人びとは、処女性について素晴らしいという思いを抱いている」。フランソワ=ルネ・ド・シャトーブリアンは一八〇二年に書いている。加えて彼はこう附している。「そのさまは、**夜の清新な宇宙のなかに、神秘的な恥じらいをさまよわせているあの月の様子にそっくりだ**」と。もろもろの詩人たちが、「自然の三界〔動物、植物、鉱物〕において」、**処女性は**「**美の優雅さと完**

璧さの極み」であると語ってきた。ミューズたちが永遠の若さを保っているのは処女性のおかげなのだ。**シャトーブリアン**は、要するに**処女性は「若さの魅惑」の一部をなしている**のだと結んでいる。

▲「オフィーリア」オディロン・ルドン作

一九人の「夢の乙女」たち

このような過去を理解しようとする私たちの探求の歩みはいかなるものになるのだろうか。

私たちは、二十世紀半ばの革命に先立つ時代の男性にとって夢の乙女であった娘たちを、一九人選んでみた。神話に現れた乙女（四人）、ことに文学に現れた乙女たち（一五人）である。それぞれについて、最新の文学史的研究成果を要約するつもりはない。それをやろうとすれば長大なシリーズが必要になるにちがいないからだ。**私たちの目的は**、時の流れのままに、強いインパクトをあたえた乙女たちの姿を選りだして、**彼らの夢を養ったこの乙女たちについて、後続する世代の男たちが何を知りえたかを理解しようとすること**である。

（構成・編集部）

（山田登世子・小倉孝誠訳）

（Alain Corbin／パリ第一大学名誉教授。世界で唯一の〝感性の歴史家〟）

21世紀の日本の〝社会科学〟は、〝市民社会論〟の再検討から始まる。

「市民社会と民主主義」の現在を問う
――『市民社会と民主主義』出版に際して――

山田鋭夫・植村博恭・原田裕治・藤田菜々子

「市民社会」とは何か？

「市民社会と民主主義」を問うということは、政治・経済・社会・文化・歴史など、きわめて広範かつ広大な領域にまたがる社会科学的課題である。それを自覚しつつも、わたしたちはこれに主として経済学の側から精いっぱい取り組んでみようとした。また、この問いはたんに過去の知的遺産の確認にとどまってよいはずはなく、何よりも現代的な争点である。私たちはそのことを十分に意識しつつ、未来に向かってわたしたちがどうかかわるかの問題としてこの課題を受け止めてきた。そのような問題意識を共有しつつ四名が試みた共同作業の結果が本書である。

資本主義の新自由主義化と民主主義の危機とは、おそらく深いところで切り結んでいるのであろう。民主主義とは決して議会選挙や多数決なるものに矮小化されてはならず、自由な意見交換と相互交流を通して、わたしたち市民一人一人が最終的に「巨大な社会的複眼」を形成していくことにある。社会としての複眼の形成であると同時に各個人自身における複眼形成でもあるはずだ。そしてそれは分業世界における「共感」の成熟と不可分であり、あるいは専門家と素人との実りある意思疎通と切っても切り離せない。こう考えてみるとき「市民社会」という言葉が改めてよみがえってくる。

そんな思いからわたしたちは本書で、戦後日本における市民社会論や制度派経済学がもっていた思想的核心に学びなおすと同時に、これにレギュラシオン・アプローチが切り拓いた経済理論と経済分析という骨格を与えようと試みた。裏返せば、レギュラシオン理論という外国産の経済学を、日本で独自な展開をとげた市民社会思想のうちに受けとめようという試みでもある。それらを通して本書から、よき経済社会は健全な市民社会に支えられねばならない、というメッセージを読みとっていただければ……と思っている。

戦後日本の市民社会思想

本書は、社会科学の専門の研究者だけでなく、一般の読者の眼にふれることになる。むしろ、われわれは一般の読者が読んでくれることを切に望んでいる。それは、「市民社会」というテーマそのものが、一人一人の市民とその共感の大切さをまさに認識するものだからである。そして、われわれ四人の執筆者もまた専門家であるとともに、ごくふつうの一人の市民である。そうあらためて自覚したとき、戦後七十余年の歴史の時間的な流れとわれわれがいま生きている日本社会の空間から本書をあらためて複眼的に眺めてみることも、われわれにとって必要なこととなっている。

都留重人（1912-2006）　内田義彦（1913-89）

戦後の長い歴史の時間的な流れについていえば、われわれは、内田義彦や都留重人などに代表される戦後の市民社会と民主主義の経済思想から始めて、とても多くの先人たちの知的営為を確認し、さらに現代の社会科学をふまえて、いまなにを継承すべきかを考えてきた。そこには、高度経済成長の一九六〇年代、それが終焉をむかえ経済構造の調整期であった七〇年代、世界第二の経済大国へとむかった八〇年代、そしてバブル崩壊後二〇年以上にわたる長期不況を経験した九〇年代から二〇〇〇年代の日本の社会と経済、このような何十年にもわたった貴重な経験と社会科学の発展が二重写しになって思いだされた。さらに、九〇年代以降は、経済のグローバリゼーションが抗しがたい力をもってわれわれにのしかかってきた。このような長い歴史のなかで、日本の資本主義はどのように発展してきたのか、市民一人一人が民主主義の主体として、日本の社会と経済を本当につくってきたのかどうか。あるいは、それに逆行する多くの動きが強まっているのではないか。いま市民一人一人は、どうしたらよいのか。こうした問いに対して応えるためのささやかな試みとして本書があることを望んでいる。

いまわたしたちが生きているこの日本の社会と政治の空間は、民主主義と市民の人権が発展しつつあるとは、残念ながら言えない。市民の自律と生存権がいたるところで踏みにじられている。われわれ執筆者四人は、このことを強く意識しつつ本書を書いた。本書のもっているメッセージが、ふつうの市民にまで届くように祈りつつ文章を書きついできた。いまさまざまな市民は、生活と労働の場でどのように生きているのか、その厳しい現実に対してできるかぎりわれわれの想像力をはたらかせてきた。そのなかで、適切な制度とルールを構築することが、よき市民を育むという現代経済学の最先端のメッセージも紹介してきた。しかし、適切な制度とルールを構築するのもまた一人一人の市民であり、その政治参加である。そこには、まさに民主主義の発展という将来にわたる永続的な課題がある。

「市民社会」概念の広がり

このように考えると、世代から世代へと市民社会と民主主義の社会認識を引き継ぎ、そして発展させることが重要だと、あらためて実感せざるをえない。執筆者のあいだでも、世代から世代へと社会認識を手渡しすることが意識された。山田鋭夫が大学生だったのは、高度経済成長期の一九六〇年代前半である。まさに現代資本主義が鮮明にその姿を現した時代である。植村博恭は、高度経済成長が終焉をむかえ、日本各地で市民自治と生活者の視点の重要性が言われた一九七〇年代後半に大学生活を送った。そして、一九八〇年代の日本は、企業主義のもとで世界第二の経済大国となった。原田裕治と藤田菜々子が大学生だったのは、それに続く一九九〇年代であり、バブル崩壊後の「失われた一〇年」の時代である。それは経済のグローバリゼーションが進行するとともに格差社会が次第に深刻化していった時代である。われわれ執筆者四人は、その一九九〇年代に名古屋大学でともに学ぶというとても貴重な経験をもった。特に、ミシェル・アグリエッタやロベール・ボワイエによって生み出された社会制度と民主主義を重視するレギュラシオン理論は、サミュエル・ボウルズなど同時期の新しい政治経済学とともに、われわれがさまざまに研究を発展させる共通の基盤となった。

この時代は、すでに「社会主義」を自称する体制が崩壊し、新自由主義が世界を席巻していた。まさに、大きな世界史的転換の時期である。それとともに、足元では着実に女性の社会進出が進み、男性を働き手とする社会モデルは転換を余儀なくされた。本書で藤田菜々子が論じたように、新しく福祉社会が志向されるなかで、「市民社会」の概念も市場経済における自由・公正・平等を重んじる規範やそれを支える共感にとどまらず、そこからさらに、市民的権利を基礎とし生活圏に連なる公共空間としての「市民社会」――とそこにおける社会的連帯――にまで、幅広い広がりをもったものとして再認識されるようになったのである。

しかし、もちろんわれわれの現在の研究成果からすると、「市民社会」をたんに公共的な空間としてのみとらえるだけでは、不十分だと感じられる。そこにおける主体の選好や行為にさまざまな規範が影響を与えているからである。本書で原田裕治が行った資本主義の多様性分析をふまえると、市民社会の規範的側面が各国の社会にとって実証的にも重要な意味を持っている。さまざまな資本主義は、さまざまな種類の規範と信頼の存在をもって人々の意識を規定し行為を調整しているのである。このような資本主義の多様性についての複眼的な認識は、翻ってわれわれが生きる日本社会の特質をあらためて自覚させるものとなる。これまで日本社会においては、企業主義のもとで、市民一人一人の自己決定と社会における公共性の発展が阻まれてきた。しかも現在、非正規雇用の増加、長時間労働、ジェンダー格差、貧困問題など社会問題が一層深刻化している。その意味では、日本で「市民社会」を語ることは、依然としてわれわれが歩むべき途を示す規範とそれを担う主体の形成を示唆するものでありつづけていると言えるだろう。

(構成・編集部)

(やまだ・としお/名古屋大学名誉教授)
(うえむら・ひろやす/横浜国立大学教授)
(はらだ・ゆうじ/摂南大学准教授)
(ふじた・ななこ/名古屋市立大学教授)

短期集中連載　石牟礼道子さんを偲ぶ　4

石牟礼道子、苦海のほとりから

赤坂憲雄

宮本常一と石牟礼道子

わたしは石牟礼道子さんについて、幾編かの舌足らずなエッセイを書いている。『石牟礼道子全集』第八巻『おえん遊行』に寄せた解説「聞き書きと私小説のあいだ」(二〇〇五年)などは、いま読み返すと、恥ずかしいほどに揺れており焦点が定まっていない。わたしはいつでも、自分にはとても石牟礼道子論は書けないと思いながら、手探りに挑んでは、腰砕けに終わってきたような気がする。

ところで、その解説文のなかには、「あるいは、石牟礼さんに影響を与えたかとも想像される、宮本常一の『忘れられた日本人』」と、いささか唐突に、宮本の名前が登場してくる場面があった。そのことに気づいて、ほとんど狼狽させられたのだった。すっかり忘れていたからだ。今年になって、石牟礼さんの『西南役伝説』の文庫版に解説を執筆する機会があって、やはり宮本常一とその『忘れられた日本人』に言及している。そのときは、宮本と石牟礼さんを繋げるのははじめてだと、うかつにも思い込んでいた。そこには、『忘れられた日本人』/『西南役伝説』を「聞き書きという方法に根差した傑作」として評価しながら、いずれ、この二つの著作を並べて論じることになる、と見える。

六〇年代・「歴史の踊り場」

じつは、わたしは尻切れとんぼに終わった「戦後知の戯れ」(『コトバ』二五号~二九号)という連載のなかで、宮本や谷川雁、花田清輝、岡本太郎らが交錯する一九六〇年代の知の風景に光を当てる試みをおこなっていた。『忘れられた日本人』に収められた聞き書きエッセイは、六〇年の安保闘争の前後に『民話』という雑誌に連載されたものだった。『西南役伝説』の「あとがき」に、石牟礼さん自身が「昭和三十七年にとりかかったこの仕事」と書かれているのを眼にして、ある確信を得たのである。谷川雁をあいだにはさんで、宮本常一と石牟礼道子とを繋ぐ線分が浮かびあがってくる、と。

いまはまだ、たんなる憶説の域に留まる。しかし、この列島社会が高度経済成長期に突入してゆく六〇年代の知の状況に眼を凝らしていると、われわれの現在を構成するさまざまな問いの総体が、どうやらその時期に萌芽ないし起源をもつらしいことが見えてくる。関東大震災とともに、大正期は歴史の踊り場の時代となった（鷲田清一編著『大正＝歴史の踊り場とは何か』）。それになぞらえれば、一九六〇年代はもうひとつの踊り場の時代であったかもしれない。まさにその六〇年代に、石牟礼さんは生まれ合わせている。若き日の石牟礼さんが、宮本常一や谷川雁らとの同時代者であったことを記憶に留めておくことにしよう。そうして、石牟礼さんはほかならぬ水俣病との対峙を通じて、みずからの思想や文学を鍛えあげていったのである。

▲赤坂憲雄氏（1953-　）

　おそらく、われわれがいま生きつつある二〇一〇年代もまた、後世からは踊り場の時代として回想されることになるはずだ。東日本大震災と東京電力福島第一原発の爆発事故によって、われわれの社会には巨大な亀裂と変容がもたらされた。その全体像どころか、次々に到来する現象のかけらに翻弄されているばかりで、いまは、そこで何が起こっているのかなど、まるでわからない。

　そのなかで、石牟礼さんの『苦海浄土』が、いわば黙示録的な意味合いをもって再発見されようとしている。けっして偶然ではない。それはきっと、半世紀という歳月をかけて、ようやくにして時代を総体として背負うような文学世界へと成熟を遂げてきた。読者にもまた、成熟が求められたことは言うまでもない。水俣的な世界が学問の言葉によってではなく、詩によってもっとも深く、もっとも色彩鮮やかに描かれえたことをこそ、真っすぐに凝視しなければならない。もうひとつの苦海はいまだ、その存在すら気づかれていない。

（あかさか・のりお／学習院大学教授）

短期集中連載　金子兜太さんを偲ぶ　3

兜太先生への心残り一つ

芳賀徹

金子兜太氏とずいぶん長くつきあってきて、たった一回、私が大いに困惑したことがあった。

あれはもう三年も前の二〇一五年のことか。或る夜、帰宅して仕事机に向かっていると、机の横のファックスが鳴りだした。カタカタ言って出てきたのは宛名も発信者の名もない紙一枚——

「アベ政治を／許さない」

なにごとか。右翼か左翼かの宣伝ビラか、と思った。ところがその字は太くて黒くて、いかにも墨痕淋漓《ぼっこんりんり》、立派なものだ。私はさすがにすぐにわかった。金子兜太書のスローガンを誰かがファックスしてくれたらしいと。

当時国会では安倍政権提案による国家安全保障強化の立法をめぐって、与野党が大いに揉めていた。議長席に野党議員がアメフト選手のように迫り、さらにその背広姿の塊の上に赤か青かの服の女性議員が飛び重なっていったりした。そんなテレビの画面を私は呆れ、また面白がって眺めていた。

やがて国会周辺では老若の善男善女が集まって毎夜デモを展開し、太鼓だかラッパだかで音頭をとりながら、「センソ／ハンタイ、センソ／ハンタイ」の御詠歌を唱え、いっせいに尻振りダンスを始めた。気取った若者が壇の上でその尻振りをやり、皆それに倣うのである。こんな能天気なエロティック・デモは、やりたいならば中国大使館の前ででもやればよい、どうせすぐ追い払われるだろうが——私はそう思わずにはいられなかった。滑稽で、みっともなくて、恥ずかしくて、テレビを見ていられなくなった。

彼らが金子先生の墨痕淋漓のコピーをそれぞれの手に掲げるようになるのは、それからすぐであり、同じことは国会内の委員会でも始まった。野党議員らは「アベ政治を／許さない」をわざとテレビカメラに写るように見せながら、議長席を襲いつづけたのである。

私が大いに当惑することになるのは、同じ二〇一五年の夏の「件《くだん》の会」でのことだった。件の会とは日本の現俳壇の指導者格の人々が十四、五人ほど集まって、結社の枠を身軽に越えて俳句を論じ、懇親するという会だ。ことに毎年六月には「みなづき賞」という俳句活動にかかわる受賞者を選んで、さくらんぼのたわわになる一枝や珍しい工芸作品や若干の賞金を委員たちのポケットマネーで出して贈るという活動をつづけている。いつもお茶の水の山の上ホテルをその授賞式の会場とし、俳壇最長老の兜太先生はほとんど毎回、熊谷から出てきて出席し、百人余りの俳人・俳句愛好の参会者たちのにぎわいの中、その第一列に坐る。黒田杏子《ももこ》さんがはなやかな声で座長役をつとめるというのがしきたりである。

二〇一五年度のみなづき賞では、その金子氏といとうせいこう氏が『東京新聞』第一面に毎日「平和の俳句」を募集し選考して載せている、という仕事が受賞対象となった。ついては私も出席してなにか一言述べよ、というのが杏子さんの命令だったのである。

当面の日本はまさにアベ政治で国際環境の急速な悪化に対処してゆく以外にないと考えている私は、いよいよスピーチの順番が廻ってきて、ほんとうに困惑した。目の前に坐っている大人兜太氏を私は心底から敬愛している。おそらく一茶以上に「荒凡夫」であり、秩父の山奥に棲む古い愛すべき一匹狼であり、その土地の「男巫《みこ》」であり、その一方で東大、海軍、日銀と進んできた豪胆な知的エリートであり、現代日本でおそらくもっとも雄渾《ゆうこん》な詩作を営んできた独創と寛容の人である。この老将の説く反戦・平和主義にしても、必ずやその辺のマスコミ人士の言い草とは違う根性の坐ったものであったに違いない。

だからこそ「アベ政治を……」などと大書しないで欲しかった。兜太氏の反戦句は、あの南洋トラック島での米軍捕虜一年余りの屈辱からようやく解放されて帰国するときの――

海に青雲《あおぐも》生き死に言わず生きんとのみ
水脈《みお》の果《はて》炎天の墓碑を置きて去る

の痛切な悔恨の数句ですでに十分だったのではないか。

私は敢えてそこまでは言わず、兜太氏の大好きな一茶が、文化元年（一八〇四）ロシア使節レザーノフの艦隊の長崎来航の情報に接したときに詠んだ一句――

春風の国にあやかれおろしや船

を引いて、日本民衆の間の一国平和主義の心情がいかに根深いものかを語ったのであった。

あのなつかしい兜太先生の九十八歳での大往生の後も、右の一件のみが一つのわだかまりとなって私の心に残っている。

（はが・とおる／東京大学名誉教授）

リレー連載　近代日本を作った100人　51

大山捨松——日本の近代の始まりを彩った女性

三砂ちづる

矢のように水中に飛び込む姿

捨松は、ほっそりとして優しい感じのする女の子でしたが、いつも元気いっぱいでどんな遊びにも喜んで入ってきました。……飛び込みを習い始めた頃、捨松はそのしなやかな身体を小さな橋の上から空中に舞いあげ、まるで矢のようにまっすぐに水中に飛び込んでいくのです。

（『ヴァッサー・クォータリー』一九一九年七月）

捨松の生涯の親友であったアリス・ベーコンとの書簡を元に、捨松の曽孫、久野明子が著した名著、『鹿鳴館の貴婦人』（中公文庫）に出てくる、〝お転婆娘捨松〟の姿である。捨松を思うとき、いつもこの鮮やかなイメージが浮かぶ。会津戦争の最中、家老の家の娘であり、鶴ヶ城内の不発弾に、濡れた布団をかぶせて怪我をした八歳の頃から、ほんの数年しか経ってはいまい。一八七一年、十一歳の時、日本初の五名の女子留学生の一人として、幼い津田梅子、永井繁子（のち瓜生繁子）らとともにアメリカに渡る。〝飛び込み〟は渡米直後の様子である。

この時点で、すでに、なんという人生か。思春期を迎えたばかりの捨松の目に、世界はいったいどれほど起伏に満ちたものとして映っていたことだろう。生と死と、戦争と苦難と、伝統と異文化と。全てをあまりに早く目撃し、それでいて、自失するほどに戸惑うことも、過去にとらわれることも、自らを閉ざすこともなく、しなやかな体を水中に泳がせる、聡明で活発で、早熟で、強い自我の持ち主。

そのような少女に、ドラマティックな人生以外、どのような将来が待っているというのか。武家のしきたりのうちに幼少時を過ごし、会津戦争を生き延び、コネティカット州ニューヘイブンで思春期を過ごし、エレガントな身のこなしも身につけ、とんでもなく聡明で、名門ヴァッサー大学の卒業時には、総代の一人として講演。卒業後、さらにアメリカ滞在延長を申請し、コネティカット看護婦養成学校で、日本人として初めてアメリカで看護婦の資格を得ても、いる。

女子教育や社会活動にも尽力

捨松帰国時、一八八二年の日本はもちろん、このように華やかで聡明なアメリカ仕込みの女性を社会的に活躍させることができる時代であったはずはないが、時代に負けるような捨松であるはずもなかった。会津の仇敵、薩摩人、しかも、当の捨松も籠城していた鶴ヶ城攻撃の要にいた大山巖に見初められ、後妻となる。長身で美しく、流暢な英語を操る。ドイツ語もフランス語もできる。夫との秘密の会話はフランス語であったという。「鹿鳴館の華」は文字通り彼女のためにあった言葉であるし、非の打ち所のない夜会服姿とダンス、外交プロトコルとしての舞踏会を際立たせる見事なホステスぶりが記録されている。鹿鳴館を舞台にチャリティーを催し、日本最初の看護学校（現在の慈恵看護専門学校）も設立している。先妻の娘三人を含め六人の子ども達を愛情深く育て、十八も歳の違う大山巖とのおしどり夫婦ぶりもまた、幾重にも記述された。捨松は、美しく伸びやかに、愛情深く、その生を生き切った。

誰よりも、華のある、日本近代の始まりを彩った女性。この人の助けなしに、近代女子教育を担うことになる津田梅子の女子英学塾は、ない。地味だが着実な梅子の力は、この華やかで愛情深い女性の力と相まって、輝きを増し、力ある女性を輩出し続ける津田塾の礎が形作られた。若い女性たちよ、時代の制約は常にあなたがたの上にあるが、どのような時代にあっても、愛情深く、伸びやかな生き方は可能である。恐れずに世界に飛び込んで欲しい。まっすぐに矢のように水に飛び込むごとく。捨松の眼差しを携え、若い女性を見守る今日の津田塾がある。

（みさご・ちづる／津田塾大学教授）

▲大山捨松（1860-1919）

会津藩の国家老・山川尚江重固と艶の、二男五女の末娘。幼名はさき。会津戦争では家族と共に籠城、負傷兵の手当や炊き出し、不発弾の処理などを手伝う。降伏後里子に出され、フランス人家庭に引き取られる。明治4年（1871）日本初の女子留学生として津田梅子らと渡米。その際、母が「一度捨てたと思って帰国を待つ（松）のみ」という思いから「捨松」と改名させた。牧師レオナード・ベーコン宅に寄宿。その末娘が親友となるアリス・ベーコン。ヴァッサー大学に進学し、学年三番目の通年成績で卒業。卒業後上級看護婦の免許を取得。15年に帰国し、16年陸軍卿大山巖と結婚。社交界の中心として活躍した。また、愛国婦人会理事、赤十字篤志看護会等の社会活動や女子英学塾（現津田塾大学）の設立・運営にも尽力した。

連載　今、世界は（第Ⅴ期）2

プーチン・ロシアのパラドックス

木村 汎

ロシアのプーチン大統領は、三月一八日の大統領選で圧勝した。約七七%の得票率は、彼が同じく当選した過去四回の選挙と比べて最高の支持率だった。彼の側近たちは、プーチンに「ボージド（頭領）」との尊称すら奉りはじめた。「ボージド」は、他に並ぶ者がない最高指導者という意味のロシア語で、従来スターリンに限って用いられていた名称だった。

ところが皮肉なことに、プーチン個人の権力がまさに頂点に達した時に、国家としてのロシアは内外に山積する難問を抱えながら次第に衰退してゆく――このような巡り合わせになった。例えばロシアの少子化傾向は最早や歯止めがかからず、ロシアは必要な労働力の確保にも兵士の補充にも事欠いている。経済は〝三重苦〟を解消しえないだろう。すなわち、原油価格の低下、ルーブル安、米欧諸国による経済制裁である。だからといって、経済改革は政治改革を誘発する危険があるので実施しえない。

もとより、対外的な侵略や冒険を敢行して国民の目を逸らすことも、むずかしい。というのも、米欧諸国は、クリミア併合、シリア空爆後にロシアが二度とそのような行動に出ぬよう厳重に警戒するようになったからだ。ロシア国民は「たんす預金」や政府の外貨準備高が底を突くのに我慢し切れなくなりつつある。

このようにして、合計して二十四年間に及ぶだろうプーチノクラシーは、ブレジネフ政権末期の「停滞」に似た状態に陥るに違いない。その間にプーチンは「レイムダック化」し、国民のみならず、側近エリートのプーチン離れを防止しえなくなる。己および家族の安全確保のためにも、それはならじと考えプーチンは二〇二四年以後も権力を確保しようとする誘惑に駆られるのではないか。その方法は、次のいずれかになる。一は、自らは首相に退くものの、己に忠実な人間を大統領ポストに就けて、院政を敷く（「鄧小平化」）。二は、ロシア憲法を改正し、半永久的に大統領に留まる（「習近平化」）。

（きむら・ひろし／北海道大学名誉教授）

■〈連載〉沖縄からの声　［第Ⅳ期］3

沖縄・琉球の精神文化 2

神武東征と龍宮神

ミュージシャン　海勢頭《うみせど》　豊《ゆたか》

　陰暦五月四日は、私の故郷平安座島でも海神祭が行われる。今年は、六月一七日の日曜日に当たるので、例年にない人出が予想される。祭り会場の漁港では、朝からハーリー鐘が打ち鳴らされ、爬《は》竜《りゅう》船競争の準備に入る。その日は、沖縄の離島各地でも海神祭が行われるが、平安座島は本島と四キロの海中道路で繋がっているため、毎年近隣からの参加者や観光客で賑わいを見せる。この海神祭の海神というのは、当然龍宮神ジュゴンのことである。龍宮神に漁民の安全と、五穀豊穣を祈願し、御願《うがん》バーリーを厳かに奉納してから、爬竜船競争を行う。ハーリーというのは爬竜のことで、海人の街糸満では、ハーレーという。

　実は、和歌山県新宮市の熊野速玉《はやたま》大社秋の例大祭の一環として、熊野川下流にある鵜殿《うどの》村の御船祭が行われるが、その中にハレハレ踊りがあって、神船の競争を声援する賑わいが見られる。その鵜殿村のハレハレと糸満のハーレーとは、古代倭国の世直しにルーツがあって面白い。熊野川といえば神武東征神話に出てくる川だが、神武東征が古事記に書かれた嘘ではないことを今に伝えているのが、鵜殿村の御船祭ということになる。御船祭の本船に日の丸を掲げ、船べりには龍宮神信仰の象徴である三つ巴紋の旗が無数にはためくが、それは、かつての琉球船が、世直しの伝統として受け継いだものと同じである。その源流である鵜殿村の人々が、これまた伝統として、三世紀のヒミコによる神武東征を伝えているのであった。その証拠に、赤い派手な衣装で女装した男がヒミコの代役を務め、舳先に立って、それいけ、それいけとばかりに先導するのである。

　龍宮神信仰の象徴三つ巴紋は熊野川を遡って奈良に入り、桜井市の三輪山を御神体にして、倭国が建国された。だがしかし、ヒミコ亡き後は大和族に政権を奪われ、熊野川を遡った三つ巴の象徴も八咫烏《やたがらす》にすり替えられ、今ではすっかり、日の丸も三つ巴紋の意味も分からなくなってしまった。だが、沖縄においてもそれは同じ。爬竜船の爬の字が、「巴」を乗せていることを忘れているのが現状で、琉球の精神文化の形骸化を心配するばかりである。

Le Monde

■連載・『ル・モンド』から世界を読む［第Ⅱ期］22

「任務完了」ではない

加藤晴久

四月七日、シリアのアサド政権は化学兵器を使用して子どもを含む自国民四〇人余りを殺害した。四月一一日付『ル・モンド』社説のタイトルは「欧米の反撃不可避」。

二〇一三年、自らが設定した「レッドライン」をアサド政権が越えたにもかかわらず、また、フランス空軍機が出撃態勢を整えていたにもかかわらず、オバマ大統領が最後の最後に豹変。以後、アサド政権は八五回、化学兵器を使用した。いま、米仏英の指導者はこの前例の破滅的な結果を自覚している。現米仏大統領も化学兵器の使用は最後の一線《レッドライン》だとしていた。今回の違反を黙視することは「国際法を尊重する諸国が、すでにかなり損なわれてしまっているクレディビリティを決定的に喪失することにつながる。そして戦争犯罪を犯す政権を処罰せずに放置することにつながる」。

四月一四日、米仏英三国はシリアの化学兵器製造拠点を爆撃した。四月一七日付『ル・モンド』社説のタイトルは「任務完了ではない」。限定的ではあったが、今回の爆撃には三つのメリットがあった。①化学兵器禁止などの国際条約を遵守せねばならないことを理解させる一方、ロシアの暗躍を牽制する効果があった。②米仏英三国がＥＵとＮＡＴＯの支持を得て行動することによって、ロシアの拒否権行使によって機能停止状態にある国連安保理に代わる「国際社会」が存在することを示した。③反アサド勢力の最後の拠点であるイドリブ県で化学兵器が使用されるのを抑止する効果が見込まれる。

社説は続ける。しかし「任務完了」ではない。今回の共同軍事行動を機に、七年間に及ぶ内戦に終止符を打つことができるような外交的政治的展望を切り開かなければならない。

わたしの見ている日本の新聞の四月一五日付社説のタイトルは「無責任な武力行使」。「国連安保理の同意もないまま攻撃に踏み切った」と非難する一方、米仏英とロシアの双方に自重をうながすお説教。いつものことだが、「良識」のぬるま湯にどっぷり浸かったおめでたぶり。

（かとう・はるひさ／東京大学名誉教授）

■連載・花満径 27

天子と祖霊

中西　進

ところで、さらに一つ疑問が残る。ここで聖武天皇が黄金が出土したからといって、大伴の忠誠を言い立てたのはなぜか。

じつは黄金を発見したのは高麗福信である。大伴も佐伯も、直接の関係はない。

この疑問に一つの解決のヒントをあたえるものに、中国の『詩経』がのせる征役詩がある。

征役詩とは、要するに朝廷が軍隊を出動させることをめぐる詩だ。たとえばその一つ「出車《すいしゃ》」（小雅、鹿鳴之什の内）の詩を例としていうと、すぐれた中国文学者・目加田誠氏は、全体六連の詩が始めは出征の様子、つぎに陣中のこと、それを思う家人のことを歌い、最後に戦役をおえた男たちが帰還し、村に平和が戻った様を歌うとする。

ところが征役詩の中に王命を下す王の他に君子が登場し、その力によって勝利がもたらされるとする。

そしてこの君子とは祖先の霊をさすという。つまり王事は祖先の霊と一体となって遂行できるものだと、古代中国人が考えたことになる。

軍事力とは命令を発する天子の力と、祖霊という君子の力との合力をいうのであり、この思想が古代日本にも及んでいたとすると、王事を全うしようとする軍事力をもつ大伴氏も、みずからの一族としても祖霊の力が不可欠となる。

さらに君子を祖霊とする根拠は、君も善も弔もすべてなよやかな人体をさす文字だ（加藤常賢）という点にある。一種の文化力、心力が王のもつ武力の他に要求されるのが、戦争というものらしい。

たしかに天子も天命をうける徳を有するはずだし、その徳は天地の現象――たとえば竜が出現するなどと語られる現象をもって証明されるのがアジアの通念だから、いま黄金の出土は、まさに有徳の証明なのである。

勝利者としての権力と君子力――心の権威力との一体性。そのような理想図の描写に、言の官《つかさ》である大伴氏の、祖先伝来の言立てが、いま応用されたのではないか。

（なかにし・すすむ／国際日本文化研究センター名誉教授）

〈連載〉生きているを見つめ、生きるを考える ㊴

アインシュタインの脳はどこが違うのか

中村桂子

生命科学研究の中でふと出会ったトピックスをとり上げているので、話があちこちへ飛ぶことをお許しいただきたい。

今回は、アインシュタインの脳との出会いである。図抜けて優れた知性を示した人物の脳にはどんな特徴があるのか。脳神経解剖学者M・ダイヤモンドが大脳皮質連合野など知性に関わる部分の神経細胞(ニューロン)の大きさや数を計測したところ、四十七歳から八十歳の男性十一人の脳と何ひとつ差異はなかった。ところが、神経膠《こう》細胞(グリア)はアインシュタインには他の人の二倍あることがわかったのである。とくに抽象的概念や複雑な思考を司る頭頂葉皮質での差が顕著だった。神経細胞の接着役、せいぜい栄養補給係としか見られて来なかったグリアが、実はもっと大事な役割をしているのではないかと思わせる結果である。

グリアには四種がある。末梢神経にあるシュワン細胞と、脳・脊髄に見られるオリゴデンドロサイトは、ニューロンの軸索の周囲にミエリン鞘《しょう》を形成し緩衝の役をする。ミクログリアは脳の損傷の回復に関わるなど病気や損傷から守る役割をする。もう一つのアストロサイトはニューロンの生存やミエリン鞘の形成などに関わっている。

神経科学者でピアニストのF・ウレーンがグリアに注目し、プロのピアニストは右脳にある白質神経束の一部を覆うミエリンが通常より厚いことを示した。ここは指の運動を制御する領域から軸索を運んでいる。ピアノレッスンの開始時期や、さまざまな年齢での練習時間との関係を調べたところ、まさに練習時間がミエリンの厚さと比例していた。

研究は始まったばかりだが、われわれ脊椎動物と無脊椎動物の違いの一つがグリアの存在であることからも、このはたらきの重要性は予測できる。脳のはたらきと聞くと反射的にニューロンを思い浮べるが、精神疾患や多発性硬化症など神経の病気にもグリアが関わっていることがわかりつつある。思い込みを捨て、新しい脳の姿を見ていきたい。

(なかむら・けいこ/JT生命誌研究館館長)

連載　国宝『医心方』からみる　15

レタスの文化史と効能

槇　佐知子

以前、横浜の妙蓮寺に二年ほど住んだことがある。駅のすぐ近くに、老夫婦の営む八百屋があった。夫婦はまるで我が子のように野菜の一つ一つを慈み、商っていた。その店のレタスは、とても美味しかった。

今年は天候のせいで野菜が法外の高値で、レタスもカットして売られていたが、最盛期となり、長野、茨城、淡路など各地産のレタスが山積みで、手頃な値段で入手できほっとしている。

キク科一―二年草のレタスは六五〇〇年も昔からエジプトで栽培され、中国では白苣《バイジュ》の名で隋代以前には栽培していたようだ。日本では『続日本紀』に白苣が登場。和名を知佐《ちさ》といった。

『医心方』にみるその効能は、

○性は冷で無毒
○視力を良くするのが主《おも》な効能である
○食欲増進に必要なものである
（崔禹錫）
○性は寒である
○筋肉の力を補うのが主な効能である
（孟詵）
○五臓をじょうぶにする
○胸膈《きょうかく》をひらいて寒気を防ぐ
○経脈のめぐりを良くする
○筋や骨の養分となる
○歯を白く浄らかにする
○聡明にする
○睡ってばかりいなくなる
○やや冷の気があるが、身体に害を与えない
●ただし、出産後には冷えで下腹が痛くなるので食べてはいけない
（膳〈悟〉玄子張）

などの説がある。

当時は食用のほか、外用薬として塗布したり、患部に液を滴らせたり、煎じて内服した。

現代中国の『中葯（薬）大辞典』では、清熱解毒、止瀉《ししゃ》の効能を認め、熱毒瘡腫や口渇の主治薬としている。

私は第十二胸椎圧迫骨折をしたとき、納豆と玉葱のみじん切りをシラス干しと一緒にゴマ油で炒め、レタスの葉に包んで毎日食べ、後遺症なく全治した。

（まき・さちこ／古典医学研究家）

五月新刊

真に「私」が「私」であるために

からだが生きる瞬間

竹内敏晴と語りあった四日間

竹内敏晴ほか

稲垣正浩・三井悦子編

衝撃作『ことばが劈かれるとき』以来、「からだ＝ことば」の視点から人と人との関係を問うてきた演出家・竹内敏晴が、スポーツ、武道など一流の「からだ」の専門家たちと徹底討論。「じか」とは何かという竹内晩年のテーマを追究した未発表連続座談会の記録を、ついに公刊。

四六上製　三二〇頁　**三〇〇〇円**

六月刊になりました

初の本格的評伝

竹下しづの女

理性と母性の俳人 1887–1951

坂本宮尾

「『女人高邁芝青きゆゑ蟹は紅く』（しづの女）――それまでの女流俳句の通念を見事に打ち破った勁利な美質に、私はおどろき、たちどころにしづの女俳句のファンになったものだ」（金子兜太）。職業婦人の先駆けであり、金子兜太、瀬田貞二らを輩出した「成層圏」誌の指導者であった生涯をたどり、難解で知られる俳句を丁寧に鑑賞。

口絵カラー4頁

四六上製　三九二頁　**三六〇〇円**

「在日」を生きはじめた初期作品集

金時鐘コレクション（全12巻）

1 日本における詩作の原点

第3回配本

詩集『地平線』ほか　未刊詩篇、エッセイ

口絵4頁

〈解説〉佐川亜紀

「行きつけないところに　地平があるのではない。／おまえの立っている　その地点が地平だ。」――第一詩集『地平線』ほか初期詩篇、童話、エッセイ等。作品の背景をつぶさに語る著者インタビューを収録。

月報＝野崎六助／高田文月／小池昌代／守中高明

四六変上製　四四〇頁　**三二〇〇円**

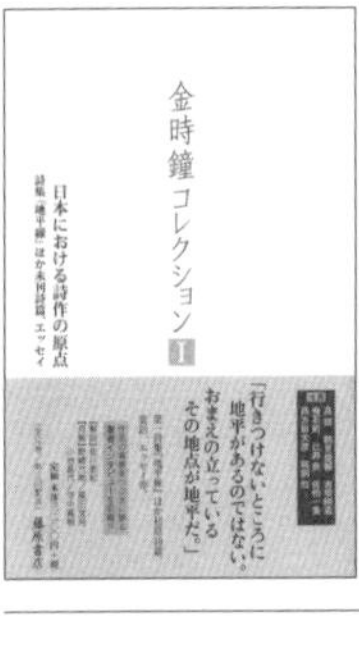

最近の重版より

岡田英弘著作集（全8巻）　四六上製布クロス装

2 **世界史とは何か**（3刷）　五二〇頁　**四六〇〇円**

3 **日本史とは何か**（3刷）　五六〇頁　**四八〇〇円**

苦海浄土　全三部（5刷）　石牟礼道子　四六上製　一一四四頁　**四二〇〇円**

完本 **春の城**（3刷）　石牟礼道子　四六上製　九一二頁　**四六〇〇円**

石牟礼道子全集　不知火（全17巻・別巻一）　A5上製貼函入布クロス装

6 **常世の樹・あやはべるの島へ** ほか　エッセイ1973-74（2刷）　解説・今福龍太　六〇八頁　**八五〇〇円**

12 **天湖** ほか　エッセイ1994（2刷）　解説・町田康　五二〇頁　**八五〇〇円**

13 **春の城** ほか（2刷）　解説・河瀬直美　七八四頁　**八五〇〇円**

読者の声

現場とつながる学者人生■

▼近年買った本の中では一番と言えるくらい興味深い。

　こちらが十歳年下で、関東と関西の仕事場のちがいはあるが、関連した分野も多いので、じっくり読める。

（埼玉　山本孝志）

百歳の遺言■

▼大田先生と中村桂子さんというとりあわせがすばらしい。百歳の先生がなお学ぼうという姿勢も刺激的です。

　子育て中の人に勧めます。「悩んだり、行き詰ったら、読んで見て」と。

（千葉　神惇子　74歳）

声なき人々の戦後史㊤㊦■

▼戦後の豊かさの本質を突いた感銘のルポ。

（東京　歯科医師　朝比奈敏行　72歳）

多田富雄コレクション（全5巻）■

▼藤原書店が存在することが心強い限りです。（神奈川　相原誠　68歳）

無常の使い■

▼石牟礼道子さんの真情あふれる追悼記であると感じながら読んでおります。

（兵庫　藤原裕　81歳）

明治の光・内村鑑三■

▼人生のたそがれを迎えましたこの頃、大病の手術も終え、やはり、この人生でイエス・キリストに出会った意味と深い喜びを感ぜざるを得ません。そこに尽きるように思います。

　言葉の多いさかしらな人の中に感じるより、ただ言葉少なく真剣に生きている人の中に主のおもかげを観るようになりました。

　永田町の政治家には失望するだけです。

（大阪　黒田正純　76歳）

完本 春の城■

▼石牟礼さんの本はいつも気になりながら読んでいません。長年にわたり彼女を支えてこられた藤原書店に心より感動とお礼を申しあげます。『機』を読むだけでどんなにかすばらしい魂の持ち主だった方なのでしょうネ。お悼み申しあげます。貴社の存在が私の心の支えです。

　（信仰のウスイ信者ですが、隠れキリシタンの墓など調べています。）

（山口　三宅阿子　77歳）

苦海浄土　全三部■

▼赤坂真理さんの書評をよんで感動し、近くの書店で注文したが、こんなぶ厚い本とは思わんかった……（考えてみりゃわかる話なのですが）。

　読了して石牟礼さんご本人にサインもらいに行こうと思ってたので今日のご逝去はたいへんショックです。

　藤原書店はいい本をたくさん出しておられます。これからも期待しております。

（大阪　公立図書館司書及主婦　島村伊佐子　52歳）

改宗者クルチ・アリ■

▼まさに、「地中海」の時代を描いた作品、わくわくしながら読みました。

　作品中グレゴリオ暦とイスラム暦の一年の日数の差からくる話題が出てくるが、当時トルコでは太陽暦を使うことはなかったのだろうか。

（東京　会社員　川崎晋　44歳）

範は歴史にあり■

▼過日、当該本の発行を知り、作者名と歴史という本題に関心があり、書店に注文、入手して通読しました。さすが五郎さんの大傑作です。大和民族たる人格がにじみ出ております。心底から心酔の大作です。

　特に文中、或は戦艦大和と吉田海軍士官の場面、或は相浦大尉の浮き袋の遺贈の悲壮な場、また臼淵大尉の死生観、一燈を提げて暗夜を行くの教訓、岡義武教授のワイマール共和国の悲劇、政治家の地道な活動の天職、戦略的外交の態勢等々良き大作に恵まれ、感銘の本を得、八十路を登りつめた人生で感謝です。ありがとうございます。三十年二月了。

（秋田　元国家公務員（厚生労働省）　**橋本孝**　87歳）

※みなさまのご感想・お便りをお待ちしています。お気軽に小社「読者の声」係まで、お送り下さい。掲載の方には粗品を進呈いたします。

書評日誌（三・三〇〜四・二九）

書 書評　紹 紹介　記 関連記事
TV テレビ　イ インタビュー

三・三〇　書週刊読書人「胡適」（「中国の現代思想を議論するために」／「本道中の本道をモチーフに描く」／丸川哲史）

三・三一　紹読売新聞（夕刊）［いま、なぜ金時鐘か］（「よみうり抄」）

四・一　紹東京新聞『私には敵はいない』の思想」（「自由な中国へ　覚悟の行動」／麻生晴一郎）

四・二　紹朝日新聞［いま、なぜ金時鐘か］

四・二　記毎日新聞（夕刊）「歴史の不寝番」（「特集ワイド」／『亡命』韓国人　鄭敬謨さん93歳　祖国に春は来ますか？」／「朝鮮半島統一に生涯ささげ」／鈴木琢磨）

四・二〜　紹共同配信［いま、なぜ金時鐘か］（「文化・芸術」）

四・八　書奈良新聞「釈伝　空海」（「史実と仮説織り成す一代記」）

書中國新聞「もう「ゴミの島」と言わせない」（「産廃撤去　住民闘争の記録」／宮崎智三）

紹静岡新聞「金時鐘コレクション　第2巻」（「あらかると」／「幻の詩集復元」）

四・一三　イ中國新聞「百歳の遺言」（「文化」／「教育の役割100歳の言」／「三原出身　大田堯さん対談集」／野崎建一郎）

四・一四　記図書新聞［シンポジウム「今なぜ、竹山道雄か」］（「連載184　思考の隅景」／『歴史に学ぶ』傲慢さと『歴史を学ぶ』無力さとの落差について」／『竹山道雄セレクション』（藤原書店）刊行記念シンポジウムより」／稲賀繁美）

イ東京新聞（夕刊）「金時鐘コレクション」（「文化／土曜訪問」／「幻の詩集　収めた著作集刊行」／『痛さ』思い書き続ける」／小佐野慧太）

四・一六　紹毎日新聞［いま、なぜ金時鐘か］（「金時鐘さん著作集　出版記念イベント」／「新宿・自作の朗読詩など」／明珍美紀）

四・二二　紹京都新聞［伊都子忌コンサート］

四・二三　紹京都民報［伊都子忌コンサート］

四・二三　書山陽新聞「もう「ゴミの島」と言わせない」（「産廃と闘った住民の記録」／影山美幸）

四・二四　紹朝日新聞【京都版】［伊都子忌コンサート］（「岡部さん没後10年　しのぶコンサート」）

四・二九　書毎日新聞「完本　春の城」（「今週の本棚　鼎談　石牟礼道子――さまざまな視点から」／「水俣の闘いと重なる」／推薦・田中優子）「天湖（石牟礼道子全集　第12巻」（同／「石牟礼文学読み解く」／推薦・三砂ちづる）「椿の海の記【河出文庫版】」（同／「死と生　官能的に表現」／推薦・平松洋子）

岡部伊都子　没十年

伊都子忌　想い、語るコンサート

二〇一八年四月二十九日(日)午後二時半　於・洛陽教会(京都)

随筆家・岡部伊都子さんが亡くなって十年。小社からは『思いこもる品々』『古都ひとり』等、晩年の著書を十六点、出版している。没十年コンサートでは、病床の岡部さんに何度も歌を贈った**李広宏さん**が、日本語と中国語で「夏の思い出」「故郷」「千の風になって」等を。

日本の植民地支配への加害の思いを失うことのなかった岡部さんを想い、**李順《イスン》子《ジャ》さん**は「イムジン河」「長いアリラン」「鳳仙花」等を。

沖縄戦で婚約者を失った岡部さんと深い交流のあった**海勢頭豊さん**は、「月桃」「喜瀬武原《きせんばる》」「島になって」等を。ヴァイオリンに海勢頭愛さん、ヴォーカルに島田路沙《みちさ》さん。

岡部さん『遺言のつもりで』朗読コンサートを共に開いた**野田淳子さん**は、「おむすびの味」等から朗読、そして歌「死んだ男の残したものは」等を。

「パンの笛」奏者**岩田英憲さん**は鎮魂の演奏「我が胸切に求む」「光あれ」等を奏でた。　（記・編集部）

『金時鐘コレクション』（全12巻）発刊記念

今なぜ、金時鐘か

二〇一八年五月二十六日(土)午後一時半　於・東成区民センター(大阪)

四月の東京での開催に続く大阪での催しは、定員を超え立錐の余地なく熱気に溢れた。まず**姜信子氏**（詩人、エッセイスト）の基調講演「日本語を越えてゆく――わたしの「切れて、つながる」」。

続いて**金時鐘氏**の講演と詩朗読。済州島四・三事件に関わる詩、東日本大震災に関わる詩。

第二部はシンポジウム。**河津聖恵氏**（詩人）「日本語の〝私〟が他者に開かれたものになっていないことへの痛烈な批判」。**佐川亜紀氏**（詩人、韓国詩・在日詩研究）「南北分断、かつて金時鐘の詩を圧したものについて日本人は無自覚。金時鐘の詩は歴史を孕む」。**趙博氏**（歌手・俳優・物書き）「第二の金時鐘は現れない。だから今読むしかない」。**細見和之氏**（ドイツ思想／京都大学教授）「国民文学を解体し、表現言語に違和を内在する世界文学――まさに金時鐘の詩」。コーディネーターは**文京洙氏**（政治学／立命館大学特任教授）。　（記・編集部）

七月新刊予定

＊タイトルは仮題

鶴見和子、生誕百年記念出版

遺言〈増補新版〉

斃れてのち元まる

鶴見和子

本年は、近代化論を乗り越える「内発的発展論」を提唱すると共に、南方熊楠の思想を読み解いた国際的社会学者、鶴見和子氏の生誕百年の年。最後のメッセージを集成した遺著『遺言』（二〇〇七年）に、最晩年、京都御所で天皇、皇后両陛下との会見の回想記と生前最後の『いのちを纏う』出版記念シンポジウム（志村ふくみ・川勝平太・西川千麗）の記録を収録。

森はミツバチを育み、ミツバチは森を支える

森とミツバチ

宮脇 昭（植物生態学者）
山田英生（山田養蜂場代表）

〝いのちの森づくり〟に生涯を賭ける宮脇昭との出会いで、ミツバチを守る森づくりに社ぐるみで取り組むようになった山田英生氏。新聞で行われた連続対談〝すべてのいのちと未来を守るために、今何をするべきか〟を加筆補正して、小学校高学年から読めるように編集した日本人必読の書。人類が営んできた〝養蜂〟を通して、自然と人間のつながりが見えてくる。

今、仏で最も注目される小説家！

エロシマ

ダニー・ラフェリエール（仏アカデミー・フランセーズ）
立花英裕訳

「原爆が炸裂した朝、一組の若い男女がヒロシマの街で愛し合っている」――文化混淆の街モントリオールを舞台にした日本女性と黒人男性との同棲生活。人種、エロス、そして死を鮮烈にスケッチする俳句的ポエジー。破天荒な話題作を続々と発表し、アカデミー・フランセーズ会員にも選ばれたハイチ出身のケベック在住作家による邦訳最新刊。

稀有な一家の、内側からの八十年史

看取りの人生

妹の眼で見た鶴見家

内山章子

作家・政治家の父・鶴見祐輔、後藤新平長女の母・愛子、国際社会学者の姉・和子、哲学者の兄・俊輔――稀有な一家の次女として「人の御世話をするよう」の哲学を貫いてきた著者の半生記。

朝鮮人が日本語で書くことの意味とは

金時鐘コレクション（全12巻）

7 在日二世にむけて ［第4回配本］

「さらされるものと、さらすものと」ほか　文集Ⅰ

湊川高校朝鮮語教員として、金嬉老事件の証人として――一九五〇～七〇年代後半に綴られた、日本社会の欠落を突く評論。〈解説〉四方田犬彦

6月の新刊

タイトルは仮題、定価は予価。

評伝 横井小楠 ＊
未来を紡ぐ人 *1809-1869*
小島英記
四六上製 三三六頁 二八〇〇円

処女崇拝の系譜 ＊
A・コルバン
山田登世子・小倉孝誠訳
四六変上製 二二四頁 二二〇〇円 カラー口絵8頁

竹下しづの女 ＊
理性と母性の俳人 1887-1951
坂本宮尾
四六上製 三九二頁 三六〇〇円 カラー口絵4頁

市民社会と民主主義 ＊
レギュラシオン・アプローチから
山田鋭夫・植村博恭・原田裕治・藤田菜々子
A5上製 三九二頁 五五〇〇円

金時鐘コレクション（全12巻）［第3回配本］
1 日本における詩作の原点 ＊
詩集『地平線』ほか未刊詩篇、エッセイ
〈解説〉佐川亜紀 〈解題〉浅見洋子
〈月報〉野崎六助／高田文月／小池昌代／守中高明
四六変上製 四四〇頁 三二〇〇円 口絵4頁

7月刊以降

遺言 増補新版 ＊
斃れてのち元まる
鶴見和子

森とミツバチ ＊
宮脇昭・山田英生

エロシマ ＊
D・ラフェリエール
立花英裕訳

看取りの人生 ＊
妹の眼で見た鶴見家
内山章子

金時鐘コレクション（全12巻）［第4回配本］
7 在日二世にむけて ＊
「さらされるものと、さらすものと」ほか 文集I
〈解説〉四方田犬彦 〈解題〉細見和之

好評既刊書

からだが生きる瞬間 ＊
竹内敏晴と語りあった四日間
竹内敏晴ほか著
稲垣正浩・三井悦子編
四六上製 三二〇頁 三〇〇〇円

「海道東征」とは何か
新保祐司
四六判 二〇八頁 一八〇〇円

現場とつながる学者人生
市民環境運動と共に半世紀
石田紀郎
A5判 三四四頁 二八〇〇円

金時鐘コレクション（全12巻）［第2回配本］
8 幼少年期の記憶から
「クレメンタインの歌」ほか 文集II
〈解説〉金石範 〈解題〉細見和之
四六変上製 四二四頁 三二〇〇円 口絵2頁

百歳の遺言
いのちから「教育」を考える
大田堯・中村桂子
B6変上製 一四四頁 一五〇〇円

奇妙な同盟 I II
ルーズベルト、スターリン、チャーチルは、いかにして第二次大戦に勝ち、冷戦を始めたか
J・フェンビー 河内隆弥訳
四六上製 I三六八頁 II三八四頁 各二八〇〇円 口絵各8頁

もう「ゴミの島」と言わせない
豊島産廃不法投棄、終わりなき闘い
石井亨
四六判 四〇〇頁 三〇〇〇円

プーチン 外交的考察
木村汎
A5上製 六九六頁 六五〇〇円

＊の商品は今号に紹介記事を掲載しております。併せてご覧戴ければ幸いです。

書店様へ

▼**『「海道東征」への道』**などで今年の正論大賞を受賞された**新保祐司さん**。5／27(日)『毎日』でも**『明治の光 内村鑑三』**が書評に。最新刊**『「海道東征」とは何か』**、**別冊『環』⑱『内村鑑三』**、**『異形の明治』**などミニフェアはいかが？▼5／13(日)『毎日』で**『胡適』**が大書評。「思想と行動を丹念に跡づけた基本文献」(加藤陽子)▼4／20(金)『朝日』インタビュー記事に続き、5／19(土)『毎日』でも**金時鐘**さんのコレクション発刊インタビュー記事が大きく掲載！ 東京、大阪での**発刊記念シンポジウム**はともに超満員！▼**『文藝春秋』**7月号で**J・フェンビー『奇妙な同盟』**の書評(出口治明氏)、6／10(日)**『読売』**で**石井亨『もう「ゴミの島」と言わせない』**書評(塚谷裕一氏)掲載。▼百歳になられた"教育研究者"**大田堯**さんと「生命誌」という新領野のパイオニア**中村桂子さん**との対談**『百歳の遺言』**忽ち重版。**『朝日』**社会面での紹介以来、静かに全国に広がっているようです。まだ書店に届いていなければ是非一冊ご注文下さい。必ず読者の心に響くものと確信致します。 (営業部)

二〇一八年度後藤新平の会

第12回後藤新平賞授賞式
本賞　**玉井義臣氏**（「あしなが育英会」会長）

【シンポジウム】後藤新平の
「生《せい》を衛《まも》る道」を考える
青山佾／加藤陽子／山本保博／和田みき子（50音順）
（司会）**橋本五郎**
〈講談〉「後藤新平」**田辺鶴遊**
【日時】7月7日（土）授賞式11時／シンポジウム13時開会（30分前開場）
【場所】日本プレスセンターABCホール
【会費】一般二千円　学生千円（授賞式無料）
＊問合せ＝藤原書店内「後藤新平の会」事務局

追悼・石牟礼道子
石牟礼道子と出逢う

〈講演〉**赤坂真理**〈歌〉**米良美一**
〈語り〉**佐々木愛ほか**
【日時】7月13日（金）17時半開演（17時開場）
【場所】座・高円寺2（JR「高円寺」徒歩5分）
【会費】三千円（全席自由・先着順）
【定員】二五六名（先着順）＊問合・申込＝藤原書店

●〈藤原書店ブッククラブ〉ご案内●
▼会員特典は、①本誌『機』を発行の都度ご送付／②（小社への直接注文に限り）小社商品購入時に10%のポイント還元／③送料のサービス。その他小社催しへのご優待等。詳細は小社営業部まで問い合せ下さい。
▼年会費二〇〇〇円。ご希望の方はその旨お書添えの上、左記口座までご送金下さい。
振替・00160-4-17013　藤原書店

出版随想

▼梅雨の時期に入った。沖縄はもう梅雨が終わり夏に入っていることだろう。あの暑い夏、六月二三日待たず落城し、日本国は敗戦が決定的になるが、その後も主要都市が殆んど空襲空爆に遭い、広島・長崎は、前人未踏の核爆弾の落下。ようやく八月一四日ポツダム宣言を受諾した。この間、約二カ月足らず。いまだにこの「戦争責任」が問われている。誰が？どうしてもっと早く止めることができなかったか……。

▼敵国アメリカでは、この戦争が終わるや否や、戦勝に国民たちは酔いしれるだけでなく、この「戦争責任」を問題とする動きが少なからずあった。「戦争に参加しない」国アメリカがどうして戦争に突き進んでいったのか？ その先陣を切ってこの問題を究明しようとした人が、チャールズ・ビーアド博士である。’46年夏に、『「戦争責任」はどこにあるのか』（邦訳’18・1）’48年春には、出版直後、不買運動が起きる衝撃作『ルーズベルトの責任』（邦訳は’12・1）を出版した。その半年後、病いの中で亡くなった。

▼二〇一三年六月、『ルーズベルトの責任』日本語版の序文を戴いたビーアド氏の孫、ハーバード大学名誉教授D・F・ヴァクツ氏と、ボストンの病院の集中治療室で面会の機会を得た。氏は、横になって居られた躰を起こし、今回の出版の労をねぎらわれた後、「チャールズも偉かったが、祖母のメアリーはもっと偉い人だった」とはっきりした言葉で語られた。その言葉が気になって仕方なかったので、帰国後も色んな方々にメアリーのことを問い合わせたが、知る人は誰も居なかった。唯一、上村千賀子著『女性解放をめぐる占領政策』という本に、メアリーのことが触れてあることが判明した。

▼上村さんによると、戦後占領下、GHQは、日本のことを知悉するメアリーを、戦後日本の女性政策の責任者に抜擢したが、体調不良で来日できなかった。しかし、来日した若いウィードは、メアリーに日本の事情を何度も書簡で尋ねた記録が残っている。日本では、女性初の代議士、加藤シヅエが、二二年の初来日以来、メアリーの若い通訳者として交流してきたことがわかった。今や殆んどの日本人に忘れられてしまっているメアリーが、戦後日本の女性政策に重要な役割を担ってきたことがわかった。

▼言論の重要性、記録・保管の重要性を、今われわれ日本人は問われているのではないか。大切なことは、われわれの躰の中にしかと銘記しておかなければならないことを。（亮）

延期の承諾を得ない前に帰国を申し出るのは不得策です。のみならず肥後藩は小楠の帰国をまって役付きにするとの噂もあります。「せっかく釣りあげた大鯰を取り逃がすのも遺憾」だから、帰国が少々遅れても手がたく談判し、またこの際、実母と養母に慶永夫人の紋服下賜もとり運ぶようにと、重役の気遣いたるや大変なもので、折衝に手間取りました。

十一月五日に河瀬典次が迎えに来ましたが、許可はようやく十二月に出て、百日の暇《いとま》が与えられます。

福井藩からは、三岡石五郎（八郎、由利公正）と榊原幸八、平瀬儀作の三人が同行し、表むきは送りがてら西日本視察旅行をすることになりました。

三岡は近年、江戸で将軍継嗣問題や井伊大老襲撃計画に関係する一方、幕府財政を調査し、江戸を中心に流通する貨幣を福井藩に吸収する方策として、「労力を基本として物産を興し、通商貿易するのほか他策なき」を悟り、慶永が謹慎中にもかかわらず物産通商取り調べのため長崎出張を願い出ました。しかし、身辺に大獄の予兆があって、警戒した藩から「外国奉行の湊見分《みなとけんぶん》」の案内をするよう辞令をうけて呼びもどされました。三岡が帰国の途中の十月二十二日、橋本左内は江戸町奉行所の手入れを受け、翌日、藩邸内に預けとなります。

三岡は十月二十四日に帰藩して役務を果たす一方、小楠をたずねては「物産を興し通商貿易をする手段」を相談しました。小楠は「一緒についてきて長崎をみるように」と勧め、長崎で藩の船宿を設ける準備や調査をすることになり、計画はとりあえず滑り出しました。

小楠一行は十二月十五日に出発しました。

府中（武生）で豪商の松井耕雪に会います。慶永の信頼もあつく、小楠を福井に招聘したとき、その命で藩の財政、産物調査をして書面で小楠の諮問に答えさせました。それ以来の関係で、初めて会ったのは小楠が帰国する直前の十二月七日でしたが、三岡をまじえて物産興し計画の相談をして、年明けて耕雪も沼山津で三岡と落ち合い、長崎に行く予定です。

小楠は三岡らと下関で別れ、安政六（一八五九）年正月三日の昼前、熊本城下にはいりました。出町口には大勢の知己、門生らが出迎えましたが、その中に弟仁十郎のいないのが悲しいことでした。沼山津では厳母のかず、兄嫁の清子（至誠院）、その子どもたちのおいつ、左平太、倫彦《みち(とも)ひこ》（太平）、そして妻のつせ子、三歳になった愛息の又雄（時雄）、女中の寿加らが迎えました。

五日は、福井藩主の添書を藩庁におさめるため城下に出ました。夕方、宿所にした不破家を、元田伝之丞（永孚）が訪ねてきました。下津休也と荻角兵衛（昌国）は、あいにく熊本にいません。一年ぶりの再会で深更まで話はつきず、枕を並べ、翌日は元田が自宅に招いてもてなし、さらに沼山津に送りがてら、そこに泊って帰りました。

第九章

富国論で藩政改革

沼山津の新年は心和む団らんの日々です。しばらくして長崎に行った三岡と榊原が訪ねてきました。

長崎では、唐物商の小曽根乾堂《こぞねけんどう》の尽力で浪の平に一町歩の土地を購入し、福井藩の蔵屋敷を設ける準備をし、オランダ商館と折衝、生糸・醬油などの販売方を特約する話を進めました。

一段落したので、平瀬を残して沼山津をたずね、六十余日も滞在しました。その間、研究熱心な三岡は肥後の流通経済の状況を視察しています。そこへ府中の松井耕雪がきて、数日、滞在して三岡らと長崎に発ちました。

福井藩から暇をもらった百日余が過ぎました。今回は下僕ら従者三人です。五月十九日、府中で先に帰国していた耕雪と会い、翌日、福井に到着しました。

みなの歓びは大変なもので、国許への手紙によれば、小楠の意見を聞きたいと「昼夜、寸暇もなく多用多客にて困り入り申し候」というありさまです。

沼山津には、よく便りをして、こまごました用件や心遣いを伝えています。

七月二十五日の手紙では、沼山津から熊本に引き移る話が出てきます。

「相応の屋敷があれば、一刻も早く決めてほしい。この件で三岡に内談したので、彼が到着の上、金のことは相談されたい。ただ身分相応の屋敷だと、あまりに狭いので、三百石取り以上の屋敷でなくてはかなわず、坪数が規定より上であれば、越前(福井藩)の依頼で書生が詰める予定だから、身分相応の屋敷ではだめだと、牛右衛門らから屋敷方に内談すれば、さしつかえないと思う。三岡には金子百両ほどと話し合っていて、そのほか彼の三十両もあるから、十五貫目ぐらいの屋敷は買えるだろう」

三岡は第一回の長崎出張でまとめた件が藩に承認され、八月九日にふたたび長崎に出立しました。府中まで来て母親がコロリ罹患の急報で引き返し、二十七日に死去。しかし、三岡は服喪中ながら、藩命で除服までして九月十八日に出かけ、下関、長崎、熊本を経て、翌年三月に帰国しています。

産物会所

藩の最終決定がもたつきました。万延元（一八六〇）年、小楠の書簡中に、三岡らが長崎で取り決めたことが七月段階ではまだ詮議中で、九月二日に平瀬と加藤儀作、加藤藤左衛門が長崎に出張したと記されています。

三岡は「産物会所」の設立に奮闘しました。商人たちを集めて計画を説明すると、反対が強かったのです。三岡は各村の大庄屋・老農を説いてまわり、ようやく同年末に開設が決定します。この段階ではまだ名称はなく、翌文久元（一八六一）年正月の小楠の手紙に、「大問屋という役所を建て」とあります。

時をもどせば安政六年四月、幕府から春嶽のさかやき剃りと邸内歩行がゆるされました。春嶽宥免の期待が高まり、それを促進させようと春嶽体制の筆頭たる改革派家老の本多修理と保守派家老の狛山城が辞職しました。ところが、十月七日に橋本左内が処刑されたのです。二十六歳でした。反改革派は中根靱負の責任を追及し、国許で御役御免となりました。もっとも保守派の重鎮で用人の天方五郎左衛門も不心得の儀あるをもって御役御免です。政治力学は中道に落ち着き、家老の本多飛騨、松平主馬が新藩主の茂昭をもり立てて幕府に従順の姿勢をみせる一方、藩政は改革派の積極策をとることになります。

八月十日、長岡監物が死にました。四十七歳でした。十月になって訃報に接した小楠は、下津休也と荻角兵衛に宛て、哀悼の手紙を出しました。

「千里の客居にてこの凶事（監物の死を）承り、覚えず旧情満懐いたし、これまで間違いのことども、すべて消亡、ただただ昔なつかしく、思われざる心地にあいなり、落涙感嘆つかまつり候。誰の歌にて候や、あるときは　ありのすさびににくかりき　なくてぞ人は恋しかりける。心情、御推察くださるべく候。もとより絶交のことに候えば、二ノ丸（長岡邸）に弔詞申し進じ候仔細これなく、御両君まで心緒《しんしょ》拝呈つかまつり候」

凶事は続きました。十二月初め、矢島源助が「ご母堂様の病重篤」の報をもたらします。驚いて急遽、「存命中に対面したい」と許可をもらい、五日に福井をたち強行軍で十八日に沼山津に帰ったとき、母はすでに先月二十九日に死去していました。厳しい母でした。いたずら坊主のころの叱責はともかく、いい大人になっても門人の前で怒鳴られて閉口したが、それもこれも慈愛のなせることです。横井家墓地の新しい土饅頭が悲しく、墓標のまえに額ずいた小楠の頬を涙がぬらしました。福井からは、千本弥三郎が弔問の使者として来ました。

福井藩では、江戸詰め重役の秋田弾正から肥後藩に口上書を出し、母の病による小楠の帰国を報じ、「事の落着次第、福井行きを申しつけられるよう」依頼しました。また新藩主茂昭が安政七（一八六〇）年（三月十八日から万延元年）三月に初入国をするはずで、そのまま聘用したいという件もあわせて御承諾いただき、あらためて仰せつけられたいと願い、肥後藩も同意しました。福井藩から二月二十日付けの辞令で、戻るよう伝えて来ます。早速、熊本を発ち、三月、福井入りしました。

三月三日、井伊大老が桜田門外で水戸浪士らに暗殺されます。四十六歳でした。大老になってもうすぐ二年、彼が身命を賭して守ろうとした幕府権力は、その暗殺によって急速に崩壊していきます。橋本左内や吉田松陰、その他の大勢の屍を残して安政の大獄は終わり、元号は万延と変わりました。

ところで、福井藩には微妙な紛争が生じます。江戸の前藩主春嶽と新藩主茂昭を擁する国許家老との対立が深くなったのです。「東北（江戸と福井の）行き違い」と称されます。村田巳三郎によれば、

「国許が御小姓頭取の香西敬左衛門を郡方に異動させようとしましたが、春嶽公は側向きに必然の人物として留任を希望されました。しかし、家老の本多飛騨さまは異動を強行され、春嶽公は隠居だからないがしろにされた、と憤っておられます」

このギクシャクした状況を打開しようと、新藩主の茂昭が万延元年三月、福井にはいって手を打ちます。閏三月、本多飛騨と松平主馬が褒章され、同時に香西が側向頭取見習で春嶽の側近に

返り咲き、円満に解消されたかにみえました。

文久改革派

このころ、小楠は不調でした。

七月下旬から瘧《ぎゃく》（オコリ・マラリア）を発症し、ひと月ほど臥せっていたが、八月下旬になっても「老年のことで、全快はきわめて遅鈍で外勤もできかねる」状態が続きました。

ただ熊本から門人の嘉悦市太郎が訪ねてきて、しばらく逗留して慰められます。その後も十月末ごろまでは、なんとなく精神が疲れ、多用が追い打ちをかけ、好きな酒もほとんど呑みませんでした。気晴らしといえば刀剣収集で、「相州廣正《ひろまさ》二尺三寸」の名刀を手に入れよろこんでいます。

そのころ、青年武士が訪れて、愉快な気分にさせました。

十月一日の朝、門を叩いた男は、馬より長そうな顔に不敵な笑みを浮かべ、「長州藩士、高杉晋作と申します。吉田松陰の門人です」と名乗りました。三年後に奇兵隊を組織して活躍する快男児は、この年二十二歳です。松陰は一年前の安政六年十月に処刑されています。

会ってみると、高杉は、かねて松陰より、横井平四郎が天下第一級の人物ときいていて、ぜひともご高説を拝聴したかった、と述べました。文学と撃剣の修業のため、東北遊歴の許可をえて八月に江戸を発し、九月に笠間の儒者加藤有隣と信州松代の佐久間象山をたずね、福井にきたのです。

小楠は不調が嘘のように熱弁をふるい、爽快でした。

そして高杉も小楠の人物・識見に感銘をうけて、『兵法問答（陸兵問答書）』の全文と『学校問答書』の一部を、旅の日記帳「試撃行日譜」に筆写して持ち返ります。末尾に「予、去歳越前に遊び、肥後の人、横井小楠堂をたずね、豪談すること一日、益を得ること少なからず」と書いています。「豪談」という表現が、さもありなんと思わせます。翌年には小楠を長州藩の学頭として招聘したいとまで考えたが、実現しませんでした。

嘉悦は九月十九日に帰国し、小楠から沼山津の家の普請の世話を頼まれました。老朽化した家屋の新増築工事で、同時に熊本城下に家を探す話も懸案でした。嘉悦と入れ違いに門生の江口純三郎が来ました。徳富太多助や早死にした熊太郎の実弟で、下に徳永郡太がいます。熊太郎は上国遊歴で福井を訪れたから、純三郎の感慨もひとしおでした。

九月四日、春嶽が「急度慎」を免じられました。

国許はこれを機に人事改革をしようと、茂昭の承認をえた役替えの原案を江戸の春嶽に差し出しました。十月十二日、春嶽が国許の原案に手をいれた指図書を送り返します。春嶽は三岡石五郎を重用しようとしましたが、松平主馬が反発し、中根靭負の内訴があると疑います。前藩主の介入は、国許の家老たちを不快にしました。

家老らの不満は爆発し、その矛先が小楠にむかいます。

同月十五日夜、小楠の客館に家老の本多飛騨、松平主馬、山形三郎兵衛、それに側用人見習いの酒井十之丞と目付の千本藤左衛門が訪れて詰め寄りました。しかし、小楠は、毅然として突っぱねます。

「春嶽公をないがしろにして、臣たりえようか！」

そもそも藩政改革は松平春嶽という英明な君主によってこそ可能である。それが井伊直弼の恨みを買って飛ばされた。新藩主の茂昭の器量で藩政改革ができるわけがない。重役たちは天下国家をみていない。真の君主への忠義を心得違いしている。そこで、「たとい国家（福井藩）の御為と心得たにせよ、畢竟、君主の御情懐にそむくようになり、逆臣ということになる」と激しく論判しました。

やがて彼らは小楠の論に納得します。ついには落涙にむせび、「出府して春嶽さまに年来の非礼を謝したい」といいました。そして「国家万安の基本もあい立つよう、先生が講究されている国是三論の儀も申し上げ、尊慮を伺い取り申す」ということになり、小楠の指示で酒が出て、酒杯をかさね、別れたのでした。

翌日、家老らは中根靱負を山県邸に招き、「従来、貴公に対して抱きたる疑惑もまったく氷解した」と謝罪しました。中根も自分の立場を釈明して打ち解け、国事を談じて退出し、小楠の寓居に立ち寄って「まったく先生のお力でござる」と挨拶しました。

嘉悦市太郎にあてた手紙では「執政の面々、大いに開悟にあいなり、東北行き違いもこの節は氷解いたし申すべく、近々、執政・参政・執法、出府にあい極まり申し候」とあります。松平主馬と千本藤左衛門が出府したのは十一月四日です。

かくて福井藩は、春嶽を頂点とする新たな体制を樹立することになりました。翌文久元（一八六二）年一月、中根靭負は側用人に返り咲き、狛山城も家老に復帰。本多飛驒も遅れて八月に復帰します。三岡八郎は制産方頭取のまま奉行役見習となって騒動は決着し、文久改革派が形成されました。

家老たちが「春嶽公に申し上げて尊慮をうかがい取る」といった「国是三論」のことは、第一章で触れました。これは福井へ来て三年近く藩士を指導し、藩政を水戸流の文武節倹策から積極富国策へ転換させる過程で築き上げた国家政策論でした。

三岡らと産物会所創設をめざした体験が、彼の実学をさらに鍛え、荻角兵衛と元田伝之丞に宛てた手紙で「三代（夏・殷・周）秦漢の論（秦漢の私心に落ちず、三代以上をめざさなければいけないという論）は追々、お互いに議論におよび、なおさら真実の工夫にいたり、発明のこともさまざまこれあり」と書いた成果が盛り込まれ、「天・富国論、地・強兵論、人・士道」の三篇よりなり、およそ二万字を費やして、わかりやすく問答形式にした卓見が福井藩の藩是となるのです。

『国是三論』

まず「富国論」は、開国による交易の利害得失から説き起こします。

「鎖国はしみ込んだ習わしになり、その非常に大きな害に誰も気づかない。太平が永く続き、みな贅沢になった。参勤交代はじめ諸用件で金銀の消費は多いが増やす方法はない。人口は増大、面積はかぎられ、生産が消費に追いつかず、困窮に追い込まれる。武士もふくめ遊手徒食の消費者のみ増え、物価が高騰し金銀が不足、四民は困窮する。農工商の三民は勤労しているから暮しようはあるが、鎖国封建制度のもとで武士は収入が一定し、支出が上回ればお手上げ。大名は民から重税を取りたて、家臣の俸禄を借りあげ、豪農富商から臨時の金を出させ、貧民を絞りあげて急場をしのごうとする。収奪された赤字を埋めようと物価は高騰し、それが武士階級に響き交互の影響は止まらない。上下とも礼節が乱れ栄辱を忘れ、民心は離反し、一揆をおこし、ついには天下の騒乱となることも避けがたい」

では、この窮地を逃れる方法はあるか。

「誰でも考えるのは節倹である。しかし、必要なところを削っては政治の意味がない。しかも贅沢になれて節倹の命令は苛酷な新法と受け取られ、政府と士民は感情的に衝突し、旧来の道徳では治めきれなくなる。世界が自由貿易をしている中で、日本だけが鎖国していれば、必ず外国から武力攻撃を受ける。しかし万事困窮しているから、防備を固め、離反している民を集めて対抗し攘夷の実をあげるのは不可能だ。この窮地が鎖国の害だ」

「封建制のもとで鎖国のもたらす困窮は、何事も一定の枡《ます》の中でまかなわねばならないことからくる。善き政治家は政府が倹約して民の用を足そうとし、善くない政治家は民を虐げ収奪して自分の費用とする。明君も民を虐待しないことで仁政とするまでで、真の仁術をおこなえない。良臣も土地を拓《ひら》き藩の倉を一杯にするのが務めと心得ているだけで、孟子のいう「民賊（民を賊《そこな》う者）」を免れない。

市場に制限があるので、生産しすぎると滞貨となって値が下がり、あるいは姦商（悪徳商人）の詐欺にかかり大きく価格が下がる。これでは民もばからしくなって努力せず、政府も生産を掌握できない。しかし、こんどは外国と交易の道がひらけている。外国を相手とし、信義を守って貿易をおこない、利益をあげて収入を確保すれば、主君は仁政を施せて、家臣は「民賊」を免れよう。

貿易によって利を得る方法は、これまで商人に売り渡されていた産物を藩が買い上げて藩の倉に集め、買い上げ価格は民に利益があり政府も損のないところにすればよい。福井藩の総生産はおよそ数十万両にものぼるだろうから、その全部を藩で買い上げることはできない。そこで、たとえば福井や三国港などに大問屋を設け、豪農・富商のうちから正直な者を選んで元締とし物産を買い上げるとよい。

商品の生産にたずさわり、増産したい意欲をもちながら、資力がないために意に任せない者が多い。その場合、藩政府は民に資金や穀物を貸し付けて希望どおりにできるようにしてやり、その産物を藩政府に納めさせ、その買い上げ代金の中から貸し付け分を返上させればよい。利息をとらなければ民は非常にたすかり恩恵をこうむるはずである。種子や原料・道具の仕入れや人夫賃・肥料代など、すべて藩より貸し付けて利息を取らなければ、民はお互いに高利の金を借りるという冗費を免れる。藩政府の貸付は元金を失わなければそれでよく、利を取ろうと思ってはならない。藩の利益は外国から取るべきである」

『強兵論』では、「いまのように航海が発達し、海外の諸国を相手としなければならない時勢では、孤島の日本を守るのに海軍よりすぐれたものはない」。

そして「士道」論。

「文武は武士の職分であり、治者の要領であることは誰でも知っている。しかし、いま文を修めるとは、経書・史書に通じ古今にわたる芸で多くは空理空論、博識に流れ、はなはだしい場合には文章語句の暗唱暗記にとどまる。また武は馬術や撃剣で、いたずらに意味を談じ高妙を説き、刺撃猛烈を尚《たっと》び、勝敗を競うにいたる。そこで、学者は武人が粗暴野蛮で日常の役に立たないと軽蔑し、武人は学者が高慢柔弱で非常時に堪えないと嘲笑する。治者の道の文と武がかえって争いの原因となっているのが日本国中の通弊で、これは文武両道の根本が明らかでないところからきている。

文武が古記録に現われるのは、『書経』の「大禹謨《だいうぼ》」篇で、舜の徳をたたえて「乃《すなわち》聖、乃神、乃武、乃文」とある。これが真の武、真の文である。当時は読むべき典故（古い例）や習うべき武技があるはずもなく、ただ聖人の徳がおのずと外に現われたさまを指し、その仁義剛柔の様子を形容して文武といったのだ。これは徳性に関することで技術ではない。後世、文武を二つに分けて並立させるようにしたのは古意に反する」

「治教の方法は三代の教えにのっとるべきだ。三代では、大聖人が上におり大賢人が下にいて教えを実行したので、学校もその治道の補助となって人材を出した。君臣ともに文武の道を二つに分けてはならないことを自覚し、君主は慈愛・恭倹・公明・正大の心をもち、古聖賢の言葉に照らして検証し、武道によってその心を練り、人の性情にもとづいて人の守るべき道により、至誠と惻怛《そくだつ》（いたみかなしむ）の心をもって臣を率い、民衆を治める。

執政大夫（宰相）は君主の心を体して憂国愛君の誠を立て、傲《おご》りをいましめて節倹の徳を修め、みずからの心を苦しめ身体を労し、艱難に屈せず危険を恐れず、全力をつくし真心をこめ、身をもって衆に先立ち、坦懐無我《たんかいむが》（わだかまりなく己をむなしくして）、意見を容れ、諸役人とはかって君主の盛意（立派な意図）を実現するよう努力し、善は誉め不能なものは教育するようにしなければならない。

諸役人も主君や宰相の意をうけて、あえて自分勝手の意見をはさまず、忠誠無二、勤勉にその職分をつくし、廉介《れんかい》（いさぎよく）正直に共に士道をもって部下たちを督励して公に奉じ下を治めなければならない。文武の師範には諭して陋習を去って、主君や宰相にならい真の文や真の武を門人たちに教え、政治を助けるよう誨《おし》える。

こうすれば、文武の教えが政治組織によって実行され、学校の任務もその中で実現されるから、臣下の武士・諸役人が士道を尽そうとするのは自然の勢いである。人々が主君宰相の心を体するようになれば、経書・史書を読み刀槍の練習をするのも、みな淵源が先にあるわけだから空論や武技偏重に流れる心配はなく、ことごとく効果を現わすにちがいない。これこそ本当の文武の治教であって、風俗は淳厚質実《じゅんこうしつじつ》となり、人材もまたこれより出ることに何の疑いもない」

春嶽対面

正月四日、荻角兵衛と元田伝之丞に手紙で「東北行き違い」の一件について「臣は君にお断りを申し上げ、君は臣に過ちを謝せられ、自然に良心の礼譲（礼をつくしてへりくだること）感発いたし、靄然《あいぜん》（なごやか）たる春風、窮陰（十二月）積雪の中に発動いたし」、かの俗論なども何となく消融したと報告しています。

藩が『国是三論』にある「大問屋（のち産物会所）」という役所を設立したと知らせたのも、この手紙です。

「（この問屋は）何の品によらず民間の職業の物を買い上げる。その役人は官府では町奉行、勘定奉行、郡奉行で、製産方は当時、もっぱら三岡石五郎が主としてとりはからう。その下役を本《もと》じめ役という。これは国中の町・在《ざい》（地方＝いなか）の豪家の者に申しつけ、（当時は十人で、おいおい増員のはず）、この下に町・在でしかるべき人物を撰び、五十人ばかりをつけて領内をまわり、職業の品を買い、あるいはその本（元手）入れなどの世話をさせる。買い入れた品は諸方でさばくのが大切で、これまた右の役人から国々にも出して取り計らう」

「この問屋が出来たので、市・在一統がはなはだ励みたち、年の明け暮れは品物が莫大になって勢いが非常によろしい。本じめ役などは日夜、問屋に出勤し、官府の役人と討論講習し、自分の家のことは忘却する勢いだ。ひっきょう、人心の向背《こうはい》（なりゆき）は上の心の公私である」

いまや小楠は、「孔孟程朱の奴隷」を離れ、天理天命のもと、自分の判断で問題に対応している自信をもっています。

産物会所の成果は、確かなものでした。三岡によれば、年次ははっきりしませんが「内外に向け、輸出した物産の総高は、漸次、増加して、一カ年金三百万両に達し、藩札は漸次、正貨に転じ、金庫には常に五十万両内外の正貨を貯蓄した」とあります。

なお、この手紙で「中将様（春嶽）が（私に）ぜひお逢いなされたく思し召して、江戸へ出府することを、去月（十二月）初めに頼み入れられ、近々、熊本藩に申し込むことになるので、さし支えなければ出府する」可能性を知らせました。

春嶽は小楠に会いたいと願いながら、諸般の事情でかなわなかったが、今般、東北行き違いを解決した功労もあるうえに、国是三論を読んで感服して、どうしても直に話したくなったのでした。

ところで、これまで馴染みのある「小楠」の呼称を主に用いてきましたが、残っている書簡をみるかぎりでは、万延元年七月の榊原幸八宛ての署名で「小楠」と記して以降、頻出します。世に「横井小楠」と通称される時期ははっきりしませんが、このあたりからとしてもよいと思います。

さて小楠の出府の件は、前年十二月四日、在府の福井藩側用人秋田弾正が使者となり、熊本藩邸に家老の小笠原備前をたずね、細川越中守（慶順《よしゆき》＝韶邦《よしくに》）へ口上書をもって申し入れました。小笠原備前は、「例の癖もこれあり、長滞留はよろしくないと思うが、別段の頼談につき、この節までは相談に応じられるべきだろうか」と国許へ申し送りました。

熊本藩政庁は、正月十五日に回答します。

「平四郎儀、長滞留はあまり好ましからざることであるが、別段のご頼談、この節まではお断りもできない」

なんとか出府は許可され、文久元年三月二十四日、福井を発ち、名古屋の横井家に立ち寄り、四月半ばに江戸に到着、やっと春嶽と対面できました。

春嶽の小楠にたいする思い入れは格別で、「紀の海の　鯛引きあみの一目だに　はやくも見まくほしき君かな」なる歌まで贈ったほどだから、君主らしく抑制した応対のなかにも、その喜悦ぶりは判然として、近臣たちには微笑ましく感じられました。

到着して間もない四月十九日、小楠は当時、浦賀領地に赴任していた横井牛右衛門に手紙で報告します。

「中将様へは日夜、罷り出て、さまざまなお咄し合いの中、もっとも学術の要領至極にご了解なされ、おん父子（春嶽・茂昭）様ならびに執政ご一座のお咄し合いも、すでに四度におよび、九ツ（正午）ごろより暮れにいり、父子君臣、誠に家人の寄り合いのごとくで面白いなりゆきです。小拙（私）へは、あまりにお手厚きおあしらいで、御父子様ともに次の間までご送迎あり、かつ私の足の痛みもご承知で、茵《しとね》（敷物）を敷くように仰せられ、ひとえにお断り申しましたが、お聞きいれにならず、ご自分が立たれたままなので、いたし方なくその通りにしました。誠に心痛のことどもです」

小楠は川路聖謨《としあきら》らとの旧交も温め、新たな交際範囲も増えました。注目されるのは、勝麟太郎（海舟）と大久保忠寛《ただひろ》（一翁）です。のちに徳川幕府の幕引きをしたふたりと親交を深めました。

この年、勝は三十九歳。前年、日米修好通商条約の批准使節に咸臨丸の艦長として随行し、サンフランシスコを実地に見る貴重な経験をしたが、五月に帰国し翌月には軍艦操練所教授方頭取から蕃書調所《ばんしょしらべしょ》頭取助に異動。格式は小十人から天守番頭格に上がったが、実質的には妹婿の佐久間象山が指摘したように、海軍から追い出された左遷人事です。

勝は、安政三年から五年まで長崎海軍伝習の任にあり、同四年に福井藩の村田氏寿《うじひさ》が小楠招聘のため沼山津を訪れた際、長崎で勝と会い、「肥後の横井平四郎という人は、当今の天下第一流でありましょう」と話して関心をもちました。小楠も勝の存在に注目しています。しかし、直接、会ったのはこの年で、アメリカまで行った勝に多くの知識を求めました。

勝の小楠に対する初印象は、およそ平凡な初老の男でした。服装も黒縮緬の袷羽織に平袴をはいて、〈ちょっと見には、まるで大名家のお留守居役のようだな〉、意外感がありました。

勝は義弟の佐久間象山を思いました。

〈あいつときたら、顔つきがまず一種奇妙、緞子《どんす》の羽織に古代様の袴をはいて、いかにもおれは天下の師だ、というように厳然と構えこんでいる。覇気の強い男で、漢学者がくれば洋学をもって威《おど》しつけ、洋学者がくれば漢学をもって威す。書生がたずねてくれば、すぐ叱りとばし、どうにも始末が悪い。うわさにきく横井小楠も、そんな男かと思うたが、なかなか老生円熟した人物ではないか〉

ところが、朗々たる声音で話し出した内容は、やけに格調が高い。勝は感嘆し、魅了されます。

勝は大久保忠寛を紹介しました。

直参旗本五百石で西丸留守居などを務めた大久保忠向《ただひさ》の一子です。忠向は性剛直にして義気が強く、弓術に秀で武士のお手本のような人物でした。その気骨を受け継いだ忠寛は、この年、四十五歳。

将軍家斉の小納戸をふりだしに小姓、家慶の小姓、徒頭《かちがしら》、目付・海防掛《かいぼうがかり》、蕃書調所総裁兼務を歴任するが、長崎奉行の発令を辞退して左遷され駿府奉行となります。安政の大獄前夜、骨っぽさを買われて、井伊大老派から京都禁裏付に登用、さらに京都町奉行に栄進しました。

しかし、水戸藩への密勅降下のとき、勅諚の写しを託された薩摩藩士の日下部伊三次と親しかったことや、奉行所与力の風紀問題に手をつけて、井伊大老の懐刀であった長野主膳や島田左近と対立し、在任四カ月で排斥され、西丸留守居に飛ばされ、寄合に追われていたが、文久元年八月に蕃書調所勤務に復活する直前です。さらに時局が緊迫する中で、外国奉行、大目付兼務と登用されていきます。

勝との関係ですが、ペリー来航で幕府が広く意見をもとめたとき、勝は無役の小普請ながら、『海防意見書』を提出して注目されました。大久保は嘉永七年(十一月二十七日より安政元年)五月に目付・海防掛となって、勝をよんで面談し、それ以来、親交が生まれます。

翌二年一月に勝は、下田取締掛手付として蘭書翻訳をすることになり、同月十九日に幕府の大坂・伊勢方面見分で、勘定奉行の石河政平や目付の大久保に随行しました。そして七月には長崎で蒸気船運用伝習をするよう命じられ、安政六年まで長崎にいた勝は、中央の抗争に巻き込まれず、咸臨丸に乗って渡米できたのでした。

小楠は大久保に会って、〈これは傑物!〉たちまち好きになりました。大久保もまた小楠を「先生」と呼んでいます。

榜示犯禁

帰郷の念は、ますます募ります。

春嶽に帰国を願い出ると許可が出て、八月十五日にひとまず福井に戻ることが決まります。

春嶽は別れにさいして、伝来の名刀、鞍鐙《くらあぶみ》、紋付時服を贈り、藩主茂昭からは時服上下、春嶽夫人よりは袴などが贈られました。名刀は結城秀康が越前に入部したとき、家老の氷見《ひみ》右衛門尉が加増のお礼に献上し、その後、松平忠昌が差料にして相伝されたものです。

福井への出発が二十日に延びたのは、春嶽が写真の撮影を頼んだからです。

「しばらくお会いできないのは淋しい。先生のお写真を先生と思い、そばに置いておきたい」たっての願いで、写真を撮ったのが、いまに残る一枚の肖像写真です。

春嶽は十九日、霊岸島の藩邸に写真師の鵜飼玉川《ぎょくせん》を呼んで撮影させました。鵜飼は本名を遠藤幾之助（三次）といい、横浜でアメリカ人のオリン・フリーマンに写真術を学んで同年、江戸薬研堀《やげんぼり》に日本で初めて写真館を開きました。翌年に上野彦馬と下岡蓮杖が開業しています。

小楠が福井に到着して間もない九月四日、春嶽と茂昭は側用人の酒井十之丞を肥後藩の小笠原備前につかわして、「さらに招聘したい」と要望しました。

備前はさっそく国許へ知らせました。この書状の尚々書には、小楠が茂昭や春嶽、同夫人から贈りものを賜ったことが書かれ、「越前にては実に安危の境にあったのを、平四郎の力で一和にあいなり、新政の基本も立ったと十之丞よりきき、これまで失態もなく、安心のことどもにござ候」と記されています。

小楠を追って春嶽から手紙がとどきます。

「先生、ご登路後、一時、寂々寥々《せきせきりょうりょう》にござ候。別して雨中などには無聊《ぶりょう》、日々、写真鏡をひらき、接顔の心地にて万事、北地のことを遥かに想っております」

小楠は十月五日、福井をたちました。藩からは藩校の書生七名が修行のため随行しました。松平源太郎（正直）、青山小三郎（貞）、堤市五郎（正誼）、奥村坦蔵、山県（形）岩之助、大谷治左衛門、横山強です。のち松平、青山、堤は男爵になっています。

一行は大坂から海路、豊後の鶴崎に上陸して松平忠直の霊廟を参拝し、各地をまわって、青山によれば「いわゆる志士」たちと会合、十九日に沼山津に着きました。

小楠は十二月五日に江戸の重役に送った消息のなかで、「九州筋は相変わらずで、いずこも鎖国の旧見のみにて、笑止千万」と書きましたが、矯激、狭隘な尊攘派の状況は危ういものに思えました。他方、肥後勤王党の宮部鼎蔵《ていぞう》らは、小楠の開国論を変節とみて許せませんでした。九州では急速に尊攘激派の動きが強まります。

沼山津ですぐに始めた講義は、福井からの書生七名をくわえて熱をおびました。十一月にはいると、福井の七名は見聞を広めるため長崎に行きます。

同月二十六日の朝、小楠は猟銃をかついで、熊野宮まで鳩撃です。獲物をえて帰る途中の村はずれで、弾込めしたままだった銃を、空にむけて撃ちました。

「何をしておる！　禁猟場なるぞ！」

武士が走ってきて、とがめました。

榜示横目《ぼうじよこめ》という監視役人で、榜示とは禁猟場を示す標示木のことです。銃を撃ったのは、榜示木より十間（約一八メートル）ほど内側でした。福井では禁猟場も自由だったから、つい不注意になったのです。

鳥を撃ったわけでもないのに、「榜示犯禁じゃ」と横目は強硬で、翌日、小楠は目付に進退伺を出しました。下津のご隠居らが心配し、軽くすむよう奔走します。小楠は謹慎して、取りかかった家の普請も見合わせます。

ちょうど江戸詰め熊本藩重役より藩政庁に「福井藩からの招聘継続依頼の件を承諾したと同藩に回答した」と通達が来ました。藩政庁は折り返し、小楠が榜示犯禁で僉議《せんぎ》中につき見合わせ、福井藩の酒井十之丞へはほどよく伝えるよう通告しました。

やっと三月、藩庁から小楠へ「まず平常通り、あい心得候よう」指図がありました。諸事謹慎して私的な宴会も憚るようにという軽い処置で収まったのは幸いでした。

それより前の正月十八日に悲劇が起きました。親友の荻角兵衛が小国の郡代役宅で自殺したのです。享年五十、小楠より四歳若いが、時習館以来の仲です。俊才でしたが、川尻・葦北や小国・久住の郡代をしたほかは小吏に甘んじています。

小楠は友の心の闇にたじろぎ、ただ涙するのみでした。

松平春嶽（1828-1890）

第十章　幕政を主導する

「福井へ戻ったら、九州の尊皇攘夷派の動きを報告してくれ」

小楠が書生たちにいったのが三月末です。福井藩主に呈する書を書き、四月上旬にたった彼らに託しました。

その大要は「京師より密勅が下って、幕府の非政をあげ、干戈《かんか》（戦争）を起こすよう仰言があった。干戈は決してしてはいけないけれど、勢い京師に心を寄せる動きが高まり、幕府が対抗措置をとるなりゆきになったら、親藩として幕府に、京師に恭順し非政を速やかに改正するよう言上すべきで、幕府に悔悟がなく京師へ迫ることになれば、それは天地滅却の時、臣子不幸の大変で、決然とお国をさし上げる覚悟をされるべきだ」と「公武一和」を勧めるものでした。「京師よりの密勅」の一件はこうです。

江戸で尊攘激派の秘密結社「虎尾《こび》の会」に結集した草莽の志士、清河八郎と同志の伊牟田尚平（薩摩脱藩）、安積《あさか》五郎（浪人）の三人が、九州遊説のため熊本城下に近い安楽寺村に、医者で肥後勤王党の松村大成をたずねたのが昨年十二月です。

清河らは江戸で奉行所の密偵を斬った罪で幕吏から追われながら、「水戸、薩摩を中心に東西の尊攘派を糾合し、回天の偉業をなそう」と京都へ潜入し、大納言中山忠愛《ただなる》の諸大夫で攘夷派の田中河内介を説得し、青蓮院宮《しょうれんいんのみや》の令旨を奉じ、薩摩の志士を招くための書をつくらせ、さらに宮の密旨と称して、肥後、豊後などの志士を招く書も求めたのです。

松村邸では肥後勤王党の宮部鼎蔵や河上彦斎、福岡藩を脱藩した平野次郎（国臣）らと対談。伊牟田と平野は薩摩へ、清河は筑前へ、安積は豊後へ散りました。

薩摩藩の義挙は受け入れられませんが、有馬新七、柴山愛次郎、橋口壮助らと密約を交わしました。清河は真木和泉《いずみ》に相談、安積らは豊後岡藩家老の小河一敏を説得します。清河と伊牟田は京都に上って令旨を奉じて戻り、薩摩の島津父子を促して速やかに義兵をあげ、真木と平野、安積は九州の同志を糾合し薩摩にはいる手筈です。清河と伊牟田は文久二年正月、京都にはいりますが、計画は頓挫します。

京都では、「島津久光が一橋慶喜を奉じ、義旗を東海に挙げようとしている」との誤報があって、同志は続々と集まります。尊攘激派の思いと薩摩の藩情は大いに異なっていたのです。

前藩主の島津斉彬の遺命で弟久光の長子茂久（のち忠義）が藩主となり、後事は久光に託されたが、兄の志を継いで中央で活躍しようと決意します。

公武合体

一方、井伊大老の暗殺で自信を喪失した幕閣は、孝明天皇の妹和宮を将軍家茂の夫人に迎えようと画策します。公武合体策です。「幕府が廃帝を企てている」との風評が尊攘派を憤激させ、文久二年一月、老中安藤信正を坂下門外に襲い負傷させましたが、婚儀は挙行されました。

公武合体にまず動いたのは長州藩です。藩主毛利慶親の信任あつい直目付長井雅楽《うた》の「航海遠略策」を藩是として「公武合体し、破約攘夷は不可、よろしく開国進取の方針をとって国威をはり、五大州（世界）を圧倒すべし」と主張します。

刺激された薩摩藩も動きます。藩主ではない久光は実行の大義名分のため、朝廷守衛の勅許を得ようと、兵を率いて入京したかったのに、尊攘激派は、これを倒幕挙兵の機とみたのです。久光は三月十六日、千余人を率いて出発しました。

小楠は藩主細川慶順（韶邦）に目通りし、福井藩主に呈した書とほぼ同じ主旨を述べましたが、慶順は「京の情勢はさほどさし迫っていない」という認識で、口上は「聞き置く」だけでした。

久光入京を前に尊攘激派は勢いづき、佐幕派の九条関白や所司代を襲って久光に勅諚を降下させ、反幕の挙兵につなげる計画をたてました。しかし、四月二十三日、伏見の寺田屋に集まった有馬新七ら薩摩の激派は、久光の送った鎮使を拒絶して、斬殺・捕縛され壊滅します。寺田屋事件です。

久光は、朝廷から浪士取締まりの勅命をあたえられ、大久保一蔵（利通）らが岩倉具視を説得し、「三事策」の勅命を出させます。①将軍が上洛し、朝廷と攘夷の方策を協議する②沿海の五大藩を五大老に任命、国政と攘夷の責任をとらせる③一橋慶喜を将軍後見職とし松平春嶽を大老として幕政を改革する、というものです。薩摩の主張は第三策で、第一策は長州、第二策は岩倉の案になり、薩摩の突出は牽制されました。

ところで、松平春嶽は文久二年四月二十五日に自由の身になりました。五月七日に将軍家茂の召しにより登営して「折々登城いたすべき旨」命ぜられ、翌日、「公武の御一和」を進言、政務参与になります。

五月、小楠を出迎えるため、三岡石五郎が長崎出張をかねて来熊しました。小楠は意気揚々と六月十日、熊本をたちます。随行は甥の大平、門生で医者の内藤泰吉です。一行が敦賀の手前の疋田へ達したとき、江戸の松平春嶽からの急使が早馬で追いつきました。直書は至急、江戸へ来るよう命じていました。驚いた小楠は三岡らと別れ急行します。

これより前《さき》、幕府へ「三事策」の勅命を伝えるため、勅使大原重徳《しげとみ》、差副《さしぞえ》島津久光が六月七日に着府し、幕府の態度は硬化します。慶喜の後見職任命を幕閣は好みません。また、「春嶽は政務参与にしてあるから、大老にするにはおよばない」という意見です。他方、福井藩中には「大老は譜代の職務であって親藩が奉職するのは格下げだ」と反対もありました。

勅使は、「必ずしも名目にとらわれず、慶喜を将軍の輔弼《ほひつ》とし、春嶽を政事総裁職とし、後見職または大老職の実権を与えるなら不可ならず」と迫ります。幕閣は十八日になって春嶽の政事総裁職を認めたが、慶喜の輔弼には応じません。

春嶽は「慶喜を登用すべきである」と老中に勧告して用いられず、登城をやめます。老中は狼狽して大目付の大久保越中守（忠寛）らを遣わしますが、多病を理由に辞任の内願を提出。これは島津久光らの勧告・懇請によって翻意したものの、なお病と称して登城せず、政事総裁職就任の内命も承諾しません。

事態は窮し、慶喜は親書をもって春嶽に就職を勧告し、大原勅使も直書をもって「病床に推参して討論におよぶべし」と迫ります。

進展しない事態に勅使も久光も憤激し、二十六日、板倉周防守勝静《すおうのかみかつきよ》、脇坂安宅《やすおり》の両閣老が大原勅使を訪問したとき、大久保一蔵らは大原の口から「ここで万一、勅旨を奉ぜざるならば」と直接行動をにおわせて脅迫します。一転、二十九日に大原が登城すると、慶喜を後見職に任命することになり、家茂は七月一日、慶喜と春嶽登用の旨を正式に奉答しました。

春嶽が小楠を急遽、江戸に呼び寄せたのは、この状況にあって動きがとれず、強力な助言者を必要としたからでした。

小楠は昼夜兼行で七月六日の黄昏に霊岸島の福井藩別邸に着きます。春嶽のよろこびは大変なものでした。翌七日、これまでの経緯を語って意見を求めました。小楠は「ここまで切迫しているのですから、かねてご評議のとおりご出勤されて、幕府が〝私〟を捨てられ、これまでのご非政を改められるよう、十分に仰せ立てられ、その御論の通塞《つうそく》（通るか通らないか）により、ご進退をお決めになるのがよろしいかと愚考いたします」と述べます。

春嶽は九日から登営することにしました。

翌八日の朝、小楠は側用人の中根靭負とともに、七月三日に側御用取次になった旧知の大久保忠寛をたずねました。春嶽が登営して意見を述べるのを諒解させる必要からです。

時局談議にうつり、小楠は自分の意見を披露します。「諸侯の参覲（参勤交代）を改め述職（政務の報告討論）に代え、その室家（妻子）を国許に帰らしめ、かつ諸侯のお固め（警備）場を免ずべし」という三策です。

大久保は頑強に反対しました。

「参覲は幕府の政事の根幹なれば、これを認めるわけにはいかぬ」

小楠は言い放ちます。

「もし、諸侯が勝手に妻子を国に帰さば、幕府にこれを止める力があるかどうか」

大久保は考え込みました。小楠がさらに「参覲制度を廃すれば、余弊を生ずる恐れもあるが、これを述職に代えるならば、幕府の威力も諸侯に貫徹し、はじめて天下大治の実もあがるでしょう」というと、大久保も「横井先生の申さるること、もっともと感じいった」と賛意を示しました。

政事総裁職

春嶽は九日、「叡意をもって仰せ遣わされたるにより、政事総裁職を申しつくる」と台命をうけます。その後、老中に「天下安危の境とも申すべきご時節、ことに勅命の趣もこれあり、すべて天下万民、安堵いたすようにしなければ適《かな》わざることになりました。これまで国初以来、天下の威権を挙げて徳川家の幕府に帰せられた〝私〟を(この際)棄てられ、ご非政を改められ、天下を治められるよりほかはないでしょう」と勧め、納得させました。次いで一橋慶喜の同意も得ています。

春嶽の意見は、すなわち小楠の意見です。当時、在府の元田伝之丞（永孚）が、江戸に着してわずか三、四日で当面する政事の紛糾を解決した小楠の手腕に「今にはじまらざる天下の人材ではありますが、この節、ご一新の盛運に逢ってはますますもって天下の人傑ただただ感服つかまつるのみ」と記しています。

小楠は春嶽の政事総裁職就任にあたって、「国是七条」を建言しました。大久保に私的に述べた三策を発展させたものです。

○大将軍上洛して列世の無礼を謝せ
○諸侯の参覲を止めて述職と為《な》せ
○諸侯の室家を帰せ
○外藩譜代に限らず賢を選びて政官と為せ
○大いに言路を開き天下と公正の政を為せ
○海軍を興し兵威を強めよ
○相対交易を止めて官交易と為せ

春嶽と小楠の見解は、とりあえず幕閣に受け入れられたかにみえたものの、その後、閣老は逡巡するばかりで、そこへ起きたのが生麦事件です。

勅使の大原重徳が、ようやく帰京することとなり、島津久光はこれに先立って八月二十一日、江戸を発ちます。神奈川に近い生麦村にさしかかった時、英国人男女四名が乗馬して行列を横切ったため、無礼を咎めて従士が一人を殺し、ふたりを負傷させました。

神奈川奉行の阿部正外は組頭を派遣して下手人の穿鑿《せんさく》を命じ、事件落着まで滞留を諭したが、久光はきかず、箱根の関所を閉鎖させようとした阿部を、幕閣は逆に譴責し久光を通過させます。

横浜居留外国人は憤激して強硬措置を要求したが、英国代理公使のニールは冷静に外交交渉による収拾策をとり、とりあえず下手人の検挙、遊歩の保護などを求めて幕府に交渉したものの、一時逃れの言辞ばかりでした。

二十二日、事件の報告を受けた春嶽は小楠らと評議、「こと外国に関しては、大公至正の条理をもって処置せねばならぬ。まずは久光をひき留めて、早々に下手人をさし出すよう命じ、若年寄・老中を横浜に派遣して、英国の情実を公平に聞糺《もんきゅう》し、閣老一人、勅使に差し添い上京して薩藩士暴行の次第を言上すべし」と決めます。

しかし、採用されず、引き籠もってしまいます。それでも大目付の岡部駿河守（長常）を呼んで事件の処置を指示したが、幕閣は煮え切りません。

夜になって報告にきた岡部に、春嶽は「自分が異説ばかり唱えているとみられているのか、しっくりこない、もう登城しても仕方がないから、引き籠もる」と宣告します。困った幕閣は、「春嶽の背後には小楠がある」とみて、岡部が二十七日、自宅へ招きました。小楠には天賦の説得力があります。

「この節、一度乱世になれば、もはやご挽回はかなわず、恐れながらご滅亡とあい心得ます。治世から乱になったのを、治世の君主が取り返した先例はなく、いまも一度、乱世になれば、もはや取り戻すのは難しいので、治世のうちに気がつかれ、天下の人心に応じたご政道をなされば、またまた太平をお保ちなさるべきか。それとても、やはり創業のお気持ちで、非常果断のご処置がなくては、なかなか覚束ないことでござる」

などと天下の危機から説き始め、「さらば、いかにして挽回すべきや？」という岡部に「国是七条」を展開して感服させました。

参覲交代を廃止

また春嶽の引き籠もりは「持論が通らないから」といい、岡部が「思し召し通りに行われるなら、ご出勤になられるだろうか」ときくと、「その上で、出勤されなくては無体と申すもの」と答えました。

岡部は会見内容を、ただちに営中にもたらしました。

翌二十八日、小楠が大久保に会うと、「昨日、岡部駿州に申し聞かせられた先生のお説は、同人が即日、内閣へ申し出て、橋公（慶喜）をはじめ閣老以下諸有司一同、深く感服しました。そのうち、諸侯の参覲を廃する件は、宋祖の遺法なれば、廃するのはよくないという大勢だったのを、拙者および駿州の両人が厳しく説破し、ついに了解されたので、春嶽殿のご持論はことごとく貫徹するでしょう。この上は、速やかにご出勤あらせられたし」といいました。だが、二十九日も春嶽は登城せず、岡部が春嶽をたずねました。

「公のご持論が貫徹することとなった上は、速やかにご出勤、諸事ご用談あらんことを希望いたします」

春嶽は答えました。

「鄙見《ひけん》（自分の意見）を採用されることになったのは本懐なれど、元来、その器にあらざるゆえ、持論ありても弁明が行きとどかず、ために行わるべきことも行われずして、空しく日月を経過し、いかにも慙愧《ざんき》に堪えざれば、もはや出勤はお断り申し上げたき覚悟なり」

自分が主張して通らなかったのに、小楠が説明したら一日でまとまったのでは、「その器にあらず」と自嘲も出ます。春嶽は告げました。

「手元に〝愚衷〟を認《したた》めた書面がある。閣老はじめの一見に入れ、この上の詮議ぶりを承りたい。

もっとも辞職の主意に認めてはあるが、今は幕私うんぬんの意見を一見に入れるまでであれば、その心してみられたい」

「愚衷」は、幕府従来の私政を改め、天下と共に治平を図るべきを説いて、幕府有司が姑息因循し旧習を去る意がなく、いたずらに旧套定格《きゅうとうていかく》を株守《しゅしゅ》（一向に進歩がない）して政務改革が少しも進まない現状を痛切に叱責した大議論でした。

岡部は小楠に相談しますが、

「公、たやすくお請けにはならないでしょう」

そこで板倉老中が閏八月一日、小楠を呼んで、親しく意見を聞きました。

小楠は「東西の事情が大いにかけ離れ、いずれも容易ならざる状態だ」などと述べ、板倉はいちいち了解したので、春嶽の持論の要旨を説き、これにも納得したようでした。

板倉と小楠の会見二日後、岡部は春嶽に謁し、「幕府は大改革断行の儀に決しました」と述べ出勤を勧めました。

岡部によれば、板倉閣老は小楠の意見を聞いて以来、大いに開悟し、「ぜひ大改革を行わざるべからず」と主張し、その他の面々も大憤発で、一昨日より御座の間において大政を議し、昨日は暮れ六ツ半（午後七時）ごろまで御前にて大議であったが、大樹公（将軍家茂）もことのほか満足であった。また「愚衷」の書面は、閣老一同、感服してすでに台覧にいれられ、目下、一橋殿のもとにあるはずなので不日、返進されるであろうと述べました。

春嶽が翌四日、重臣と小楠に進退について意見を求めると、「これでも、やはり出勤せずとあっては固執に過ぎるので、書面を返された上はご出勤ありて、今一応ご尽力ある方がよろしい」との結論で、春嶽も「今後の都合次第、出勤いたす」と内決しました。

書面は同日、板倉閣老より直書をそえて返され、春嶽は六日から登営します。

翌七日からの幕議の結果、九日には参覲の廃止と述職の新規制度のあらましが決定し、十一日に小楠は板倉、岡部らと話を詰め、十二日には一橋慶喜のもとで話し合いました。

慶喜は初めて小楠に会いその卓見に驚き、翌日、春嶽に「非常の人傑ではなはだ感服しました。談話中、ずいぶん至難と覚える事柄に尾鬣《びりょう》（しっぽとたてがみ）をつけて問い試みたけれど、いささかも渋滞するところなく返答したが、いずれも拙者どもの思うところよりは数層立ち昇った意見であった」と褒め称えます。

十五日には家茂が「近く参覲制度の改革をする」と大名に諭示しました。ところが今度は「幕議の因循がいやになった」と慶喜が登城をやめたのです。

諸制度の変更が二十二日、公布されました。

その主なものは、諸侯を春中在府、夏中在府、秋中在府、冬中在府の四種に分け、これまで一年置きの出府を三年に一回とし、在府期間も従来の一カ年を百日間に短縮、ただし御三家・溜詰・

同格は一カ年在府とし、筑前、対馬、肥前の三藩は一カ月としました。すべて妻子は帰国を許し、嫡子は参府・在国・在邑とも随意とし、江戸詰め家臣もなるべく減ずる。諸侯在府中は時々登城して政務に就き意見を申し立てる等々です。

かくて小楠の理想は、少しだが実現し、彼の卓見に感服する者が多く、慶喜をはじめ板倉や水野和泉守忠精《ただきよ》らから「登用したらどうか」という声があがります。慶喜は春嶽にこういう手紙を書きました。

登用話、急浮上

「和泉（水野）・周防（板倉）――（周防は特に）が申すには、平四郎を幕府へ召し出され、改革の相談をされたら、実に天下のため、この上ないというので、越中（大久保）・駿河（岡部）へ聞いたところ、両人とも大悦の様子であった。越中は、小楠を召し出す役名や（禄）高などをどうするか議題にして評議したところ、もとより非常出格のことゆえ、いかほどにてもしかるべく、名目は奥詰とすれば、御前へも罷り出、御用部屋はもちろん、時々、罷り出られるようにできると、もとより先規（前例）にかかわらずにすべき趣意に大意は決したけれども、尊慮（春嶽の考え）はいかにあらせられるか、うかがいたい」

書面を受けた春嶽は「あらかじめ本人の意見をたずねられるのがよろしい」と返事したが、告げられた小楠は困惑しました。

「公儀よりご登用とは冥加《みょうが》至極である。しかし陪臣の身で廟堂の議に携わり、二君につかえることは潔《いさぎよ》しとしない」

小楠の意志は固く、ついに登用を思い止まった幕府だが、なお「非常の時局には、非常の人材が必要である」との意見が強く、妥協案として、一時、細川家から借り受けの形式で起用すればどうかとの議が起こります。


「先生、コロリが大いに流行《はや》っておりますけん、お気をつけて」

などといっていた門生で医師の内藤泰吉が、閏八月初め、嘔吐と下痢で倒れ、懸命の手当ての甲斐あって峠を越え、小楠をホッとさせました。七月初めに疋田で別れた内藤と大平は、いったん福井に滞在し、青山小三郎の出府に同行してきました。このころ、全国的にコロリが流行、江戸でも猛威をふるい、彼らが着いた前夜には春嶽の侍医が死んでいます。

「泰吉も助かってよかったが、勝さんも大変だったそうだ」

などと語っていた小楠が、十五日朝から、はげしい嘔吐、下痢を起こし、夜には危篤に陥りました。春嶽は藩医の半井仲庵（南陽）と坪井信良をやって治療にあたらせ、夜半には下痢もとまり、夜が明けて峠を越しました。

幕府が小楠を借り受ける話も、結局は固辞します。なお、春嶽は閏八月二十三日、霊岸島の別邸から常盤橋の本邸に移り、小楠も引き移りました。

小楠の幕府登用の件を、肥後藩江戸詰め家老の沼田勘解由、松野亘は国許へ詳細に報告しました。幕府の高評価は細川家にとっても名誉であり、肥後藩重役もさすがに好意をあらわしました。さらに政局急変に対応が遅れる同藩にとって、小楠は貴重な情報源になったのです。

一方、京都の情勢は大きく変化していました。

島津久光は、京都で「天誅」の横行に失望して、早々に帰国します。テロは安政の大獄や公武合体運動、和宮降嫁などで活躍した者を対象に吹き荒れ、この事態に宮廷では岩倉具視らが官を辞し、岩倉は頭を丸めて京都郊外に隠棲、九条関白も辞職し謹慎しました。

長州藩では、攘夷派による長井雅楽の弾劾運動が起きて六月に失脚、一転、藩論は七月六日、「破約攘夷」説に急旋回。藩主毛利慶親と世子定広（広封《ひろあつ》）は入京、朝廷は定広に勅使大原重徳の援助を命じました。

こういう状況下で土佐藩が乗り出してきます。外様だが佐幕であり、前藩主山内豊信《とよしげ》（容堂）は穏健な公武合体論者ですが、武市瑞山《ずいざん》（半平太）らを中心に土佐勤王党が組織され、参政吉田東洋を暗殺しました。容堂は薩長の動きに刺激されて中央政局へ野心を持ちます。同年八月、藩主豊範は尊攘派をひきいて入京しました。

九月、薩長土三藩主の名で、ふたたび勅使を送り、攘夷の勅命を伝えるよう建議されました。薩摩藩主の名があるのは不審ですが、京都にいた急進派の独断専行です。朝廷は三条実美《さねとみ》を攘夷の勅使として十月、江戸へ下らせます。

真の開国

元田が九月十五日、江戸詰めを辞して帰国。その日、沼山津では妻のつせが女の子を産みました。みや（子）と名づけられます。

同十六日、閣議で慶喜が近々、上京することに決しました。「開国のやむを得ざるゆえんを朝廷に言上する」方針ですが、春嶽と小楠は、朝廷に攘夷の意志が固く、真正面から開国を説いても通らないとみて、次善の策を考えます。

「いまの条約は、一時姑息をもって取り結んだもので、国家永遠の計を立てるため取り結んだのではない。加えて勅許を経ずに調印するという不正もあるから、この際、断然この条約を破約し、天下を挙げて必戦の覚悟を定めるべきだ。この事が実際に行われたら天下の大小諸侯を集めて、今後の国是を議せしめ、全国一致の決議をもって、さらに我（日本）より進んで交わりを海外各国に求むべし。こうして初めて真の開国に進める」

春嶽は重臣たちの同意をとりつけ、十九日に発議しますが、閣老衆には異議があり、決議にいたりません。

翌二十日、春嶽は黒書院の西湖《せいこ》の間で、「条約を廃し決戦の覚悟を定める」可否を芙蓉《ふよう》の間詰めの大目付、勘定奉行、町奉行らに議させましたが、決議できません。

その夜、長州藩の公武周旋内用掛の小幡彦七（高政）が福井藩邸を訪れ、中根靭負が面会しました。中根が「さて開戦も一旦は必用だろうが、今後、どこまでも鎖国していては、富国の実をあげるのが難しいでしょう」ときくと、「勅旨を奉ぜられし上は、もちろん我より開国におよぶべきです」と答えました。

その翌日、同じく長州の周布《すふ》政之助、中村九郎、桂小五郎が、小楠をたずねてきました。不穏な空気を発散する不意の客に、小楠は軽く応諾して、タバコ盆をさげて玄関に出迎え、応接間に案内します。面談がはじまると、激しい議論となり、いまにも斬り懸かからんばかりの語気になりました。心配した内藤泰吉は、障子の外で刀を手に様子を見守ります。すると、いつのまにか笑い声がきこえ、打ち解けた談話になったのです。

小楠が、

「そこもとらの攘夷とは、破約すると外国からどんな難題を持ち込まれるかもしれないので、その時には一戦を辞さず、ということですな。それがしが、国と国との修好は天地公共の理にもとづき対等であらねばならぬ、と申すことと変わりはござらぬ」

というと、「ごもっとも」と周布らは答えて、「貴所（小楠）のことはいろいろ聞いており、また京師でも種々の悪評があったので、実は疑団（心中わだかまった疑念）なきにあらずだったが、今日、謦咳《けいがい》に接し、初めて疑団を氷解した」といったので、小楠は「アメリカびいきの評を受け、大いに迷惑」と応じました。

翌二十三日八ツ半（午後三時）に、今度は小幡、周布、桂、中村に佐久間佐兵衛が一緒になって春嶽を訪れ、「一旦、攘夷に決せられし上、さらに我より交わりを海外に結ぶべきは勿論なり」と要望し、春嶽が「拙者はもとより叡慮を遵奉する決心なり」と答えます。

同日、春嶽は山内容堂をたずねています。

容堂は「京師が今日の形勢では、ともかくも幕府は攘夷の朝旨を異議なく奉ぜられるべきである。しかし、これを実地に断行するにはなお、篤《とく》と朝旨をうかがわれた上、万全の策を立てられるが肝要」等々、語りました。

これに力を得た春嶽はいよいよ決意を固め、二十五日七ツ（午後四時）過ぎ、慶喜をたずね、岡部や小楠らも召されました。春嶽の主張に一座は同意しましたが、「条約を廃するは難事なり」との意見があって決議にはいたらず、明日、登閣の上、再議を約しました。

二十六日朝、春嶽が登営する前に毛利定広が来邸し、「去月二十七日、京師において重臣を中山殿（忠能《ただやす》）の邸に召出され、夷狄拒絶の件を早々に周旋すべし云々の書面を下付せられた」と告げ、その書面のほか毛利父子から関白へ呈した書面をあわせてさし出しました。

春嶽は、それを閣議で見せました。

板倉が「（破約攘夷は）到底、行われ難かるべし」といい、岡部も「昨夜、横井の申せる主意は、あたかも長藩の説に雷同するごとくで、過日来の同人の持論とは大いに相違している。特に条約を廃せんとする説は、到底、外国人が承諾し得ない。もし強いて承諾せしめんとすれば、たちまち大乱なる」と反対しました。

春嶽の話をきく者もなく、毛利長門守からさし出された書面には「長州は功名を貪るため、かかる書面を申しくだし、政府の妨碍《ぼうがい》をなす」という声も出ました。春嶽は失望し、翌二十七日から引き籠もります。

二十八日朝、小楠と重役は春嶽に意見をきかれて「幕府の近日の体は、到底、補佐できない。この際、断然、ご挂冠《かいかん》（辞職）のご決心が当然です」と述べました。

翌二十九日、小楠と重臣たちは春嶽の辞職内願書を起草します。しかし、慶喜の上洛が数日後に迫ったいま、辞表を出せば混乱が起きて出発に支障が出る恐れもある、ということで、出発後に提出した方がよいだろうと見合わせました。

その日、大久保が小楠を自邸に招き、「春嶽公の発議に不審がござる」と切り出し、小楠は、こう弁じました。

「不正の条約を廃するには、内地に拠《よんどころ》なき事情があることを、委《くわ》しく彼（外国）に申し入れられるべきは勿論だが、彼があるいは承諾しないかもしれないから、あらかじめ決戦の覚悟云々と申された。また諸侯を会同して国是を定むべしと申されしは、現今の条約を廃するにしても、五大州の形勢を察するに、到底、鎖国の旧套《きゅうとう》を守るべきにあらず。ゆえに大小諸侯を会同して、さらに時宜に適する国是を議せしめ、全国一致の意見をもって朝旨をうかがい、我より使節を各国に出して、開国の攻略を行われるべしとの主意でございます」

大久保は了解して、「さらば、ご持論のごとく閣議を一変すれば、越公は旧《もと》のごとく登営されるか」とききました。小楠は「登営せずとあっては、越公の無理というもの」と答えます。大久保は「しからば、閣議の変更は拙者が担当する。越公の登営は貴下が担当してほしい」と提案。小楠は「いよいよ閣議が一変された上は、橋公（慶喜）よりご書翰をもって、条約を改めること、諸侯を会同せしめること等、すべてご同意云々を仰せ遣わさるべく、また早々、登営あるようにとの趣意をも書き添えていただきたい」といいました。

小楠は翌日、春嶽に大久保との対談の次第を報告して「橋公より書翰を遣わされたらば、断然ご登営を希《ねが》いたく」と申し立てました。春嶽は「書翰を遣わされし上で、熟考したい」と答えますが、慶喜からは「来月三日、出発の上、上京の予定は都合ありて両三日延引した」との通知があっただけでした。

慶喜の正論

三十日の閣議で、大久保は小楠の弁明を陳述しました。閣老等は異議を挟まなかったのに、意外にも慶喜が強硬な反対意見を述べたのです。

「勅許をも俟たず調印した条約は、不正といえば不正でもあるが、すでに取り交した上は、万国並みに交通するよりほかにいたし方はない。しかるに、この節、いまの条約は不正だから破却すべし、との議がある。これは内国人だからいうのであって、外国人との関係では政府と政府の間で取交した条約であれば、決して不正とはいわない。

ゆえに、たとい日本から談判におよんでも、外国が承諾しないのは鏡をかけてみるよりも明らかである。また、必戦の覚悟を定めるべしとの議論も、外国が談判を承諾せずに兵端を開けば、外国が間違いで日本は正しいというのだろうが、外国が不正の条約としていない以上、これを破ろうとする方が間違いで、守ろうとする方を正しいとすべきである。もし、そうなったら、諺にいう水かけ論で、その曲直は定まらない。

ゆえに、戦争を始めれば、天下後世は何というだろう。たとい、日本が勝っても名誉とすべきではない。いわんや敗衄《はいじく》を取るにおいてをや。また、諸侯を会同すべしとの議も、諸侯がもし時勢に適さない愚論を申し出たらどうするか。政府はかえって説諭に苦労する。これが、拙者が同意しないゆえんである。

かつ、こういう意見を立てたのは、すでに幕府をなきものとみて、もっぱら日本全国のためを謀らんとしているからだ。このように時論に苟合《こうごう》（みだりに迎合）せんとするものは、まったく間違っている。拙者の決心は、すでにかくのごとし。この上、春嶽殿にもあれ、その他の人にもあれ、意見あらば、速やかに説破されたい。もとより拙者の望むところである」

この堂々たる正論に、大久保は絶句しました。その日、小楠は大久保をたずねて、慶喜の反対意見を聞かされ、しばらくは声も出ませんでした。

「橋公に、このような卓絶の高慮がおありとも知らず、これまで姑息未練の議論を進め、特に書面をも奉呈したのは、今さら恐懼慙愧《きょうくざんき》に堪えません。今よりのち、外国に関するご処置には一切言を発しませんので、従来の失態は幾重にもご寛恕をこうむりたい」

と述べたあと、

「さて越公（春嶽）が、どう申されるかはわかりませんが、橋公に、さる高慮がおありとはご存知ないので、逐一、陳述いたします」

取って返して中根に報告しました。

「五十余歳の今日まで、かかる失敗を取ったことはありません。実は橋公は、いまだご若年（二十六歳）なれば、第一等の議を進めてもご負担にたえられまいと、第二等の議を進めたのが今日の失敗を取った根元で、眼識がおよばなかったのは慙愧《ざんき》のいたりです。今日の次第は、拙生より公に申し上げるべきですが、何とやら面目ない心地ですので、貴下より申し上げられ、しかる上、公にも橋公のご趣意にご同意であれば、明朝はご登営あらせられるのがよろしいかと思います」

中根はただちに執政らに小楠の心境と述懐を告げ、ともに春嶽のまえに出て、小楠の進言を陳述しました。春嶽はジッと考え込んでいたが、

「過日来、橋公は上京の上、開国説を上奏すべしと申されたのみで、さる深慮あることまでは明かされなかったゆえ、こちらは勅旨を奉ずるをもって専要とし、条約破却云々の意見を立てた。されど、天地の公道にもとづき、国家百年の計を立てることは、もとより自分の素願であれば、改めて同意を表し、明日は登営する」

と答えました。春嶽も小楠も真の開国論者ゆえです。

翌十月一日、春嶽は登営する前に小楠を引見しました。小楠は「橋公に会われたら、平四郎、深く恐れ入りおるよしを仰せ立てられ下さりませ」と述べました。

登営した春嶽は、慶喜にたいし「近々、ご上京の際、朝廷へ奏上されるべきご主意を、昨夜、

大久保越中に横井平四郎が承り、即、今朝、拙者も聞いてその大要は承知しましたが、なお委曲をうかがいたい」と述べました。慶喜は、その意見を繰り返し「何分、一歩でも進む方になったなら奉承すべく、退く方なれば、どこまでも分疏《ぶんそ》（弁解）する決心である」と述べ、春嶽も同意したので、慶喜は喜びました。

幕議は、慶喜が上京して開国説を上奏すると決します。およそ十月九日の出発予定です。

小楠揮毫の「四時軒」の文字
（横井和子氏蔵　横井小楠記念館寄託）

第十一章

乾坤一擲、不慮の災禍で失速

しかし、小楠の慶喜にたいする高い評価は間違いでした。もともと開国論者だから、慶喜の思いもよらぬ毅然たる意見に感服したが、慶喜は小楠の政治改革論のかなめである「諸侯を会同し国是を議せしめる」という点も否定しています。ともあれ慶喜が開国論を貫いてくれさえすれば、あとはよい方に転ぶだろうと期待したのでしたが……。

その日、京都所司代より「三条、姉小路の正副勅使が、土佐藩主山内豊範に護衛されて東下することになったので、慶喜の上京を十一月後に延期するように、との達しがあった」という通報が届きます。だが、二日には「出発準備がすでに整ったなら、予定通り上京せらるべき」といってきたので、九日に発途と決めました。

ところが三日夜、さらに「酒井雅楽頭《うたのかみ》（忠績《ただしげ》）が参内を仰せつけられた際、天盃は下し賜われたけれども、至尊（天皇）は出御せられず、これはご不予（不快）のためとの噂で、また近々、一橋が上京しても拝謁は仰せつけられまいとのご内評にて、態《わざ》と出御されないとも取り沙汰されている」と報告してきました。

慶喜は当惑し、幕閣は評議のすえ、「京師のご主意の存するところをうかがう」ことになり、四日、所司代に急使を送り、出発は延期されます。

福井藩邸では同日、春嶽が登営前に小楠、執政らをあつめて評議しました。

「これは東西のご主意があい反し、氷炭あいいれざることは識者を俟《ま》たずしても明らかである」

「姑息の処置にたいする咎めだから、この際、幕府は深く自反して従来の因循気風を脱却し、大いにわが日本国を振起する実をあげなくては」

そういう見解を春嶽も納得し、慶喜に話すと、閣老との相談になりました。しかし、趣意に賛意は表したものの詮議にはならず、春嶽は、〈積年の流弊ゆえ、尋常の改革では到底その目的を達するのは難しい〉と考え、八日に慶喜に伝えました。

「この際、貴卿が奏上される開国主議を、もし朝廷がいれられなければ、幕府は断然、政権を返上する覚悟を定め、この覚悟をもって人心を鼓舞してはいかがであろう」

慶喜は「事がすこぶる重大なれば、閣老等に申すのはなお考案の上、明朝、改めて相談したい」といいました。

しかし、翌日、慶喜は「閣老に申したら、定めて同意とは申すだろうが、その後、果たして事実を決行するかどうか予測できない。ゆえに須臾《すゆ》（しばらく）明言せず、事態の難艱に窮して閣老より申し出るのをまつ事にしたい」といって評議しません。慶喜にはその覚悟がなかったのです。堂々たる開国論は口先だけ。その人間的弱さは、その後の重大局面であらわれてきます。

破約攘夷・全国会議

勅使東下は待遇問題という波乱を引き起こします。

三条実美が、京都守護職松平容保《かたもり》の先発で入京した家臣を呼んで、「大原勅使の待遇が遺憾であったので、今度は相当の礼遇をつくせ」と要望書を届けさせました。これを容保が閣議に提出すると、板倉は不機嫌になり、「変更せず」として「朝廷の沙汰は伝奏より所司代に達するのが例規である。それを（家臣が）藩士の身分で書面を受け取ったのも不都合、肥後守（容保）が不都合を不都合としなかったのは、いかなる心得か」と論難しました。

容保は「朝幕双方に圭角《けいかく》（かどがたた）なくてよろしかるべしとの意で内々の扱いになった」といいますが、板倉は耳も貸さず、慶喜も賛同するようでした。春嶽は容保と同意見でしたが、一言も発せず退営しました。

翌十二日から春嶽は、病と称して登営を断り、小楠と重臣を呼んで、「幕府在職の輩が、朝廷を尊奉する意のないこと、かくのごとし。あくまで論破すべきかとも思ったが、多数の諸有司をことごとく反省させせるのは容易ならず。さればとて、このまま見過ごすことはもとより本意にあらず。よってはこの際、断然、当職を辞せんと思うがどうか」とききました。

一同は「ご辞職のほかない」と答申、それに決しました。

翌十三日、「神思憂鬱」の病名で辞職することとし、「幕府がとかく因循苟且《こうしょ》（まにあわせ）で、旧来の陋習より脱却せず、一橋慶喜には幕政を刷新更革する意気なく、いたずらに閣老等に付和雷同し、而《しこう》して（そうして）幕府が前過を悔謝して天朝を尊奉するの誠意を欠き、当面の勅使待遇問題さえも従来の旧慣を株守せんとするはいかん」という主旨の長文の覚書を提出して辞職を請いました。

小楠は同日、大久保忠寛から招かれます。大久保も板倉と同様と思い、大いに論駁しようと乗り込んだが、彼はいっさい知らず、かえって、

「叡慮をもって仰せ出されたことを遵奉せずに、開国も真の開国にいたらぬ。防州（板倉）は元来、俗腸（俗心）を脱しないのはもちろんだが、橋公までを俗論に引き入れ、勅使待遇のごとき些細なことさえかれこれ申されるとは、さてさて驚き入った。幕議がそういう次第では、到底、公武の一和は望むべからず。天下の衰運、すでに極まれりというべきである」

と憤り、

「しかし、明日はなお力をつくして廟堂の私論を打破しましょう」

と語りました。

その翌十四日、長州藩の周布政之助が福井藩邸に中根をたずね、「幕府の俗論の魁《かしら》は大久保忠寛である。彼を説服すべく面会を求めたが、当人は肯《がえ》んじないから、この上は越藩の力をかりて面会するほかない」と申し込みました。

中根が「昨日、小楠が大久保と会見して、その卓見にはなはだ感心したといっていた」と語ると、周布は驚いて「それならもはや、面会するにおよばず。さてさて、臆察（憶測）の人言は軽々しく信ずべからず」とぼやいて帰りました。

一方、勅使は十二日、京都を発駕、山内豊範が五百余の兵を率いて従いました。このとき、豊範の父容堂は在府中で、事態を憂慮して、「本来は攘夷論者ではないが、京都の形勢の容易ならざるとき、幕府は勅命をそのまま奉承するほかなし」とみて動きます。

まず慶喜に会い、次いで閣老に談判。岡部との議論で容堂は「元来、この攘夷は征夷府として（幕府の）当然の職掌ゆえ、もし勅命を奉承されなければ、〝攘夷〟よりも〝攘将軍〟の議におよばないとも測られず」と脅しました。「攘将軍」の警句は効きます。

驚いた岡部が閣老に伝えると、当惑しつつ「叡旨は奉承せられざるべからず」との趣を慶喜に話し、慶喜も「そうするしかないだろう」といいました。

春嶽がいなくては決定できず、岡部は十八日に春嶽をたずね、容堂の一件を伝え、「明十九日、明後二十日の両日中には、ぜひとも決めざるを得ない。されば明日は暫時なりともご登営を」と促しました。しかし、春嶽は即答を避けます。

容堂は同日、春嶽に手紙を送り、「この徳川氏の危急を救うべき家柄といい職掌といい、この時に当たり、(春嶽が)鬱々、病に臥せっていてよい訳がないでしょう。僕は不才非力でも尽くすだけ」と登営を勧告し、さらに十九日には直接、たずねてきました。

春嶽が事の次第を打ち明けると、容堂は驚いて「結局、大開国でなければ富強の実はあげられない。この節、攘夷の叡旨遵奉云々というのは、実は一時、人心を鎮静せしめるための策にほかならない」と理解をみせます。

慶喜は十九日夜、春嶽に手紙で「容堂より申し聞いた趣、とくと考えれば、お請けしたほうが都合がよいと思う」と伝えます。さらに二十日、書面で「容堂の説破によって勅使待遇の改正と攘夷勅旨の奉承を内決した」として春嶽の登営を希望しました。なお将軍家茂も同日、大久保を使いに春嶽の病状を問わしめ、一日も早く登営するよう促したが、翻意はしません。

容堂が翌二十一日、春嶽を訪れて「拙者が大声を発したため、駿州(岡部長常)が辟易したのは、ずいぶん面白かったが、廟堂のにわかに形勢を変ずるにいたったのは拙というべきである。一橋も案外の無気力で、いうに足りません」と報告しました。

ところが慶喜は同日、閣老に対して後見職辞任の内意をもらし、二十二日、辞表を出したのです。勅使の到着の直前に、この挙は幕閣を困惑させます。

事態を憂慮した小楠は二十三日、春嶽に、

「容堂公が周旋せられ、近日は廟堂もまったく一変して、朝旨を奉承されるよし。されば、この上にも登営せずとあっては、容堂公に対し友義に背かれる疑いもあります。特に近々、勅使下着の上、万一、幕府に失態あらば、関以西はたちまち大乱にいたるかもしれません。さては、徳川家の興廃のみにとどまらず、天下の安危に関すべきことです。この際、一層、ご憤発あって衰運挽回の偉業を立てられんことを希望いたします」

と進言しましたが、春嶽は「されば、なおよくその事実を聞き合わせ、しかる上で決心する」というに留まります。

同日夕、容堂が春嶽を訪ね、「廟堂の議、もはや叡旨を奉承することに一決し、かつ閣老等、攘夷の真意をも了解しましたぞ」と告げました。しかし、春嶽は、なお幕閣の誠意を疑います。

そこへ幕閣を代表して松平容保が訪れました。容堂の退出後に面会すると、容保は、

「今また橋公にも引き籠もられ、内閣はほとんど暗夜のようでございます。ゆえに閣老はじめ大いに当惑し、ついに従前の非を悟り、叡旨を遵奉し、かつ勅使をも旧例にかかわらず敬待する

ことに一決しました。されば明日よりご登営あらんことを希望します。もっとも病気中であれば、ご都合により何時でもご退営されて結構です」

と懇情しました。

とうとう春嶽も登営を決意したが、今度は慶喜を説得する立場です。いろいろ説いても、慶喜の意志は崩れず、ついに二十六日朝、三回目の訪問でいい放ちます。

「危急の場合なればこそ、拙生、容堂をはじめ閣老がくれぐれもご勧告におよんでいる。しかるに、なおききいれられずとならば、もはやお勧めいたしませぬ。過日も申し上げたように、尊卿のご職掌は叡慮をもって仰せ出された上に台命を下されたことであるのを、ご一身のご都合のみをもって、強いてご登城されなければ、つまるところ、勅旨を蔑視し、台命を忽諸《こつしょ》（なおざりに）されることになる。そのままには差し置かれがたきゆえ、定めて台慮の次第がありましょう」

これで慶喜も折れました。明後日は勅使の到着です。ふたりは同道して登営し、閣議も成立して、「勅使待遇は君臣の分を明らかにして旧套によらず」と決したものの、根本策にはおよびませんでした。

大久保忠寛の大政奉還論

この時期、大久保忠寛の見解が注目されます。さる二十日、将軍の使者として春嶽をたずねた際、役目を終えた大久保を、春嶽は別室に案内し、小楠も交えて懇談しました。その時、彼は、こういうことをいいました。

「今度はどこまでも攘夷は国家のために得策ではない旨を仰せ立てられ、しかる上、万一、京都でお聞き入れなく、やはり攘夷を断行すべき旨を仰せ出されるならば、この節、断然、政権を朝廷に奉還せられ、徳川家は神祖（家康）の旧領、駿・遠・参の三州を請い受けて一諸侯の列に降られるべきである。もし政権を奉還せられたらば、天下はどうなりゆくか、あらかじめ測り知られぬことだが、徳川家の美名は千歳（年）に伝わり、かの無識の覆轍《ふくてつ》を履《ふ》み、千歳の笑いを招かれるよりは、万々勝っておりましょう」

小楠は「卓見なり」と感服しました。この時点で、ここまで明快な大政奉還論をもっていたのは大久保ぐらいです。

また、容堂も二十三日に春嶽を訪れた際、

「今日、営中において大久保越中に会ったら、越中は大開国論を説いたので一々感服のほかなかった。越中は当世、第一等の人物なり。このほど岡部駿州にたいしては大声を放ったが、越中にたいしては声は次第に細くなってしまった。この節柄、かかる人物を四、五人得たら、天下のことは憂うるに足らず」

と述べますが、大久保は幕府にとって剣呑な人物となります。

十一月三日、慶喜が登営した春嶽に、

「以前から越中守が俗論家のために忌嫌されていると聞いていたが、この節、それが一層ひどくなり、登城途中で暗殺すべしなどと密々相談している者があるそうだ。この際、その憎悪の勢いを少しくじくために、一時他職に転じてはどうか」

と持ちかけました。

だが、春嶽は、

「俗論家に忌嫌されるところが越中の越中たるところで、得がたい人物である。君側を遠ざけるのは適当でない。風説のようなものはもとより取るに足りないことだ」

と反駁して物別れとなりました。

翌日、慶喜が話を蒸し返し、

「春嶽殿が越中を贔屓《ひいき》されるので、不平を抱く者が多い。彼一人のために多数の有司が不平では何事も円満に進行しない。惜しい人物だが、この際、一時転職させたほうがよい」

といいました。春嶽は、

「拙者は越中を贔屓するに相違ない。天下の重寄《ちょうき》（重大な任務の寄託）にあたる身分である。正人端士を贔屓せずして、いかなる人を贔屓すべきか。百事（万事）、私を去って公に従わんとする今日なれば、広く天下の正人端士を挙用すべきである。転職させることは拙者の取らざるところである」

と切り返しました。

春嶽が板倉に意見を聞くと、「ご両説ともごもっともで、どちらがよいとは申し上げかねる」と逃げます。しかし、さらに聞くと、すでに講武所奉行に転任する辞令が決定して、将軍の裁可を受けるばかりと判ります。春嶽は「それなら自分に相談する必要のないことだ」と憮然としました。

左遷はこれに止まりません。

十一月二十日朝、将軍が閣老を呼び出し、「井伊直弼の不届きの行為および、それに関係した年寄りたちのふつつかな行為は処罰しなければならないが、急を要するので、今日中に取り調べ実行せよ」と台命を発しました。井伊家はじめ主立った人物の処分に続く第二次処分で、大久保は京都町奉行の経歴を問題にされ、お役御免、差し控えとなったのです。勝は慨嘆します。「そもそも誰が誤《あやまち》ぞ」。

勅使は十月二十八日、江戸へ着きました。翌日、待遇の式は勅使が用意した十二カ条を示し、これに定まりました。

攘夷の件は十一月二日、営中で評議の結果、「勅諚があったら奉承する」と決します。しかし、十日になって慶喜は、「心にもない攘夷論に雷同して勅を奉ずるは、天聴を欺罔《ぎもう》するに等しく、一時の倫安に百年の悔を遺すよりも、むしろ引退するにしかず」と、またしても引き籠もり、十五日に後見職辞退の願書を出しました。

将軍家茂は狼狽し、直使や春嶽が再三にわたって勧告し、閣老、諸有司の懇願もあって、ようやく勅使入城前日の二十六日に登城したものの、攘夷奉勅には難色を示します。

二十七日、将軍の病を理由に遅れていた勅使の入城があり、勅書を授けました。勅命は「早く攘夷の策略を定め、将軍自ら上洛して攘夷の期限を奏聞するように」とありました。

十二月四日、勅使はふたたび入城して、

「勅諚の趣を早々に評決の上、諸大名に布告すべし。攘夷の策略ならびに拒絶期限は早々に列藩と衆議をつくして叡慮をうかがうべきも、多少の時日を要すべきゆえ、追って言上すべし。ただし精々、急に衆議を集め、年内もしくは明早春にも言上すべし」

との沙汰を伝え、五日、三度目の入城で、将軍は攘夷奉勅の旨を奏上、奏答書に「臣家茂」と署名しました。勅使は七日、帰京しました。

勝が十一月十九日に小楠をたずね、

「開鎖（開国と鎖国）は往年、和戦を論じたのと同断で、ただ文字が変わったのみ、何の益がありますかな」

とききます。小楠は、

「実に然り。いましばらく、この違いはいわないほうがいい。攘夷は興国の基をいうのと似ているのです。しかるに、世人が徒に夷人を殺戮し、内地に住まわせないことをもって攘夷だと思うのは、はなはだよくない。いまや急務とすべきは、興国の業を先とすることです」

といいました。

将軍上洛決定

将軍の上洛は明年二月と決まり、これに先んじて慶喜、春嶽、容堂が上京することになります。三条勅使や長土藩の尊攘派が東下したすきに薩摩藩の藤井良節らは入京し、近衛関白や青蓮院宮、鳥取・宇和島藩主、徳島藩世子、熊本藩公子らと気脈を通じ、長州排斥を開始しました。

また、薩藩の高崎猪太郎は出府して春嶽に意見書を出し、

「幕府に一、二の名侯がいても、諸有司が因循姑息ならば何事もなりはしないから、英傑の名

望ある者は、一人ももらさず廟堂に召集して、ともに政事を討論することが肝要である。それには島津三郎（久光）をも、その一人にくわえられるべく、同人は朝廷のお覚えも悪くないので、外夷拒絶の期限、策略の緩急等を朝廷に論建する場合にも都合がよろしいであろう」と売り込みます。

そこで小楠は「薩藩を誘って共に計画すれば事がなるのではないか」と考えます。このため、「島津父子を入京させ、関東から春嶽、容堂らが馳せ上り、青蓮院宮をはじめ近衛関白らの公卿と謀って尊攘派を一掃し、公武一致の国是を定めるよう」建策します。春嶽は小楠に、薩摩藩の高崎猪太郎、岩下佐次衛門、吉井中介らと謀議させました。

十一月十四日朝、岩下と吉井が春嶽をたずね、近日中に吉井が国許に出発し、前藩主薩摩守（斉彬）への官位ご追贈の件を報告、かつ横井小楠の議に敬服して、（藩主の）修理大夫（島津茂久・忠義）・久光父子に上京を促すため、といいます。そして「三郎（久光）は、もっぱら謙遜を主とし、もはや国外には出ないと申しておる由なれば、尊公（春嶽）よりぜひ、速やかに上京するようにとのご一言を請いたい」と頼みました。

春嶽に異存はありません。二十六日、容堂がきて、小楠に筋書きの説明を求めて、同意します。

二十八日の暮れ、突然、慶喜が春嶽をたずね、思いもよらぬ計画を打ち明けました。

「京師の容易でない情勢にくわえ、仏朗西《フランス》新聞によれば大坂へ軍艦が派遣されるという。これを幕府が放置すれば、畿内はどうなるか痛心にたえない。ゆえに将軍上洛の前に自分は二万ばかりの兵を率いて大坂に上り、京師を守護し海岸を防御したい。閣老以下はほぼ賛成だ。春嶽は島津三郎と京都で国家の大計を立てる決心ゆえ同意しないかもしれないが、それは容堂と内談しただけであるし、かつは廟堂が従前の因循に似ず自分に同意を現わしたのは、人心振起の端《はじめ》でもあるべきだから賛成してほしい」

要は外圧を利用して京坂を威圧し、幕府の勢力を示したい考えで、これでは春嶽らの計画がぶちこわしです。「軽からぬ事なれば、なお熟考の上にこそ」と保留し、とりあえず案は消えました。

翌二十九日朝、春嶽は「破約必戦・諸侯会同」の計画について板倉同意のうえ、慶喜、水野・小笠原両閣老からも「至極の良策なるべし」との返答を得、翌日の退営後に容堂と三閣老を自邸に召集し、いよいよ異議なしとの決議になったので、十二月一日、薩藩の高崎を招いて久光への伝言を委嘱し、近衛関白、青蓮院宮に奉呈すべき書翰各一通、久光への書面を托し、着ていた羽織を脱いで与えました。

四日、慶喜は十五日に下坂するよう台命を受けます。七日、勅使は、急遽、帰京し、山内豊範、毛利利定もあい前後して従いました。「島津久光が近衛関白と謀り、京師の形勢を一変しようとしている」という情報があったためです。

ところで小楠は二日、春嶽に「攘夷三策」という建白書を提出しています。

これは、「攘夷実行にかかる前に、将軍が速やかに上洛して誠意を披瀝し、尊王の実を示し、もって天朝を尊崇し奉るべきと、外夷の賤しむべきとを天下に知らせなければならぬ」とし、さらに、「駐留諸国の外交官を江戸城に集め、勅使も将軍も諸大名も出席して、現行の条約は幕府が誤って結んだもので、国内に大混乱をひき起こしたゆえ、政令を一新し、勅許なく開いた諸港は鎖《とざ》すので引き取ってもらいたいと通告する。なお、この件については、それぞれの本国へ使節を派遣して通知し、急ぎありあわせの蒸気船で、その役を果たすだけの力をもつ人物を派遣する。相手が聞き入れず、戦争になる場合は、曲（悪）は彼にあり名義もあるから、決戦すべきだ。その上で、たとえ日本人種をつくして全滅しても、国体を辱しめず遺憾ではあるまい」と、これは勅使、朝廷に対する威嚇でもあるが、主眼は使節派遣にあります。

十五日、慶喜は陸路、江戸をたったが、当初の予定を変えて、まず入京することになります。同日、春嶽に、翌十六日、容堂に、将軍上洛に先立ち西上するようにとの台命が下ります。小楠が同道するのはもちろんです。

ところが、事態が急変。小楠が襲撃されたのです。

士道忘却

しばらく前から、小楠の身には危険が迫っていました。

文久二（一八六二）年九月四日、桂小五郎が福井藩邸をたずねたさい、中根靱負に忠告しています。

「世人は横井小楠を、勤王の志のない人が春嶽の参謀とあっては、天下のためによろしくあるまい、と評し合い、壮年（元気な）の輩は彼に出会い次第に容赦なく刺殺すると申しており、また熊本藩士の中にも、横井は本藩人ゆえ、彼を刺し殺すに他藩士の手を借らず、と申す輩もあるよし。この節、横井には外出しないほうがよろしかろうと存ずる」

十四日には同藩の周布政之助が佐久間佐兵衛と来邸し、やはり中根と面会したときに、周布が、

「江戸には安井息軒ら大儒先生が少なからずいるのに、わざわざ辺陬《へんすう》（片田舎）の肥後より横井ごとき田舎学者を呼んで、大政改革の議に容喙《ようかい》させるのが不平の根本で、この節、ごうごうたる議論におよんでいるよし。もとより愚論なるはもちろんだが、京師でももってのほか評判よろしからずとのことゆえ、ご上洛の際、万一召し連れられることがあると、あるいは島田左近のように暴行を受けるやもしれない。今のうちに品よく福井表へ遣わされてはいかがか」

と注意をあたえました。

周布、桂らはその一週間後に小楠とじかに会って話を聞き、疑念を氷解させたのは前述するところですが、尊攘激派は実際の彼を知らずに「奸物」とみなしたのです。土佐藩の尊攘派にも闇討ちの計画がある、と、同藩から忠告がありました。

そういう不穏な情勢のなかで、十二月十九日、小楠は、肥後藩江戸留守居役の吉田平之助と会います。

吉田が近く上京するというので、夕方、檜物町《ひものちょう》（八重洲一丁目）にあった吉田の妾宅をたずねました。その二階で、同じく近々たつ予定の都築四郎に同輩の谷内蔵允《くらのすけ》もまじえて話し合いました。用談のあと女どもも交えて送別の宴です。谷が先に帰って夜五ツ（午後八時）を過ぎたころ、突然、覆面をした男がふたり、抜刀して掛け声をあげて踊り込んできました。階段を駆け上がる気配はあったが、誰か懇意の者が酒興に乗じてきたかと思い、警戒はしなかったのです。

小楠は階段の近くに座っていましたが、刀は大小とも床の間に置いてあり、彼の場所は一番、遠かったのです。とっさに小楠は〈死んでたまるか〉と思いました。〈福井藩邸は近い。刀を取りに戻ろう〉、身を翻して階段を駆け下りる途中で、もうひとりと出くわしたのをすり抜けて藩邸まで走りました。

三人の襲撃者も逆上していたのでしょう。小楠の脱出にはかまわず、吉田と都築に斬りかかり、女たちは狂乱し逃げ惑います。

都築は床の間に近かったが、刀に手を伸ばす暇もなく斬りつけられ、吉田は斬り込んでくる刃を、わずかに右にかわし、間髪いれず刃を右手で受け止めて組みつきました。絡みあったところへ、後から来た襲撃者が吉田の頭に一刀を浴びせ、さらに股を刺しました。吉田は組みあったまま、次の間の中二階へ転げ落ちました。

相手は小窓から逃げようとし、吉田は追いすがったが、共に庭に落ち、曲者は逃げました。都築は襲撃者の手許に飛び込んで組み伏せ、しばらく格闘して相手の刀を奪ったが、もう一人に眉の上から右眼にかけて斬られ、流血で眼が見えなくなり刺客は逃げました。

常盤橋の藩邸は十町（一キロメートル）ほど、疾走すればすぐです。

かけもどった小楠は、外から大声で「内藤、内藤！」と呼んで、「襲撃された！　差し替えの刀を持ってこい！」、刀をつかむや、腰に差すのももどかしく現場へ走りました。

この騒ぎで、内藤泰吉のほか福井藩の千本弥三郎、近藤篤太郎ら十人ほどがあとを追いました。

小楠が現場に着いたときは、曲者の姿はなく、ふたりが倒れていました。

吉田は頭と股に深手を負い、都築は顔と頭を負傷。吉田は感染症がもとで二カ月後に死んだが、「相手の耳たぶに嚙みついたので、必ずその傷が残っているはずだ」といい残しました。吉田は井伊大老方でいろいろ取り計らったため、土佐藩のものが憎んで妾宅を偵察していたという情報がありました。いずれにせよ、小楠と吉田をねらった凶行とみられました。

中根靱負らが善後策を論じ、翌日、肥後藩邸には中根が奇禍の顚末を書いた届け状をもってゆくことになりましたが、二十日朝、中根が出かけないうちに、肥後藩家老の沼田勘解由《かげゆ》が訪れました。

「昨夜の刺客は、吉田を狙うたものとの評判でござる。三人の挙動には差別はあるが、なにぶん一連のことなれば、さようの不調法を、そのままさし置きては恐れ入る次第なれば、横井平四郎を当藩邸にひき取り、謹慎させたく存ずる」

肥後藩邸では、小楠が朋友を死地に残して脱出したのは、「武士にあるまじき振る舞い。士道忘却だ」との非難がごうごうと起こったのです。このため、小楠の身柄を引き取って国許に送還することに一決。沼田が国許へ送った報告書では「自発的に切腹するのが最も好ましい」とあるのは、肥後武士道の面目です。

沼田が帰って、中根が春嶽に言上すると、「肥後藩の処置が案ぜられる。沼田に直接、会うて話をしたい」。中根が沼田をたずね意向を伝えると「参邸つかまつる」と答え、

「昨夜、当藩足軽の黒瀬市郎助と安田喜助が亡命しました。その者どもが出邸の際に、今夜は遅くなり、自然に門限も切れれば、もはや帰るまい。さようなりたる節は、ぜひ吉田を斬り捨ててゆく、と同輩に申し置いた由なれば、刺客は吉田が目当にて横井平四郎には関係なきこと明白

になり申した」

と告げました。

沼田はほどなく参邸、春嶽は引見して、

「横井平四郎は、沼山津《ぬやまづ》に閑居しておらば、無事であろうのに、強いて招聘し、かつ深く信頼しておったばかりに、かかる災難が勃発したのだと思うと、はなはだ気の毒にて心痛にたえない。尊藩の掟をかれこれいうべきではないが、どうか、それがしの心中を察して、寛大なる処分におよぶようお願いいたす」

と頼みました。

沼田は、「委細、かしこまりました」と述べて退座したが、控え所で中根に、こういいました。

「不慮のこととはいいながら、場所柄もよろしくなく、その上、婦人なども交じっていた様子で、罪を重き方にしようとすれば、いかようにも重科になる情勢であるが、せっかく懇篤なる御意《ぎょい》であるゆえ、せいぜいしかるべく取り計らいたい。しかし、いずれにせよ、横井平四郎の身柄は当藩邸に引き取りたく存ずるが、勤王家も多くおるので、はなはだ心配しております」

武士は棄《すた》り候

夜、中根から話を聞いた小楠は、「この上、皆様を煩わせるのは本意ではござらぬ」と、病気を理由に帰国願いを出しました。

また「前夜の事情、なおまた熟考したところ、その節は急速のきわで思慮がおよばず、腰に刀がなくては、と駆け帰り、ふたたびまかり越した次第、いまとなって思えば、あの時、二階から下りて、すり鉢でもすりこぎでもおっとり、打ってかかればよかったものを、その場で腰刀のことを思っただけ、後《おく》れをとってしまい、武士道が立ち申さぬことになってしまった。士道へかけてのお懸け合いは一切これなく、武士は棄り候となし置かれるように」具申しました。

武士道が立つように交渉すれば、死罪になる前に自刃するのが最善の選択になる。しかし、小楠は「武士は棄れた」と開き直ったのです。

もともと彼の意識では、自分は「士」でありました。それは幕藩体制の支配階級である「武士」ではなく、儒教の士、すなわち堯舜のような名君を補佐して、天下万民のための政治をする者です。武士を士に変えなければいけない。武士は廃さなければならないのです。

それは体制にとって危険な思想でした。この危難を逆手にとって、「武士は棄れた」ということこそ、小楠の思想の誇らかな宣言になったのです。いま、自分は天下の政治を望ましい方向に動かしつつある。ほかに誰がこの使命を全うできるというのか。小楠の忸怩《じくじ》たる思いは自分でも驚くほど早く吹っ切れました。

熊本藩に比べて、小楠の儒教的理想論に感化された福井藩の意見は、さすがに違っていました。斬り合いをさけたのは、「命さえあれば、なすべき事があるという見識であって、瑣々《ささ》たる小節をもって論ずべきではない」という見解が多数をしめたのです。

その夜、肥後藩の清田新兵衛が福井藩邸に来て、大道寺七右衛門へ申し入れました。

「横井平四郎は貴藩へお貸ししてあるが、この度のふつつかなる始末もあり、かような者をお手許にさし出しておくのは、なんとも恐れ入り、かつ不安心しごくであるから、龍ノ口（肥後藩邸）に引き取り、藩主の意をうかがって処分したい」

大道寺は「春嶽さま、ただいま不在ゆえ、帰邸のうえ、なにぶん取り計らう」と述べました。清田を帰したあと、福井藩の重役たちは対策を評議しました。

「この際、万全の策とてないが、これまで寵遇せられた先生を手放して危地にさらしては、春嶽公もただに愛士の誠意が立たぬのみならず、ひいては天下有志の信望を失う。とにもかくにも先生を引き渡してはならぬ。もともと先生は、春嶽公が肥後藩主と直接交渉して借り受けたのだから、明春、上京の上で肥後藩主と直接に交渉すべく、それまでは先生の身柄を当方に預かるのが上策である」

こう評決し、帰邸した春嶽も「至極、もっともである」と同意したので、明朝、家老の岡部豊後と中根が肥後藩邸におもむき、この旨を申し入れることになりました。

二十一日午前、沼田を訪ね、岡部はいいました。

「肥後には肥後の藩法もあることとなれば、横井平四郎をひき渡すべきはずはいうまでもなく、また当人からもすでに暇を取って帰国したき旨を願い出てもいるが、引き渡してあとの彼の身辺の危険を思うと、すこぶる懸念にたえない。肥後藩ではいかに取り計らわるるか、それを承知して安心したい、との春嶽さまの意向でござる」

沼田は答えました。

「横井平四郎の身柄ひき取り方は、役柄上、取り計らわねばならぬが、同人の安危の保証はいたしかねる。横井は越前では非常の待遇を受けているが、肥後では一介の平侍である。国許へやるにも当人と従僕のほかには護衛をつける訳にはいかず、また、国許に帰ったとて、なかなか安心の見込みがつきませぬ」

岡部らは重ねて、

「当藩は、この際、同人を福井にやるのが最も安全だろうとの議にまとまっているが、さようまかせてもらえまいか。それも無体に願う訳ではない。明春早々、春嶽さまが上京せば、越中守

（細川韶邦《よしくに》）さまと対面のうえ、直々話し合いたいから、それまでは今のまま横井平四郎を借り受けたいとの意向である」

と述べました。

そう出られて沼田は、

「もともと横井平四郎の身柄は、両藩侯のあいだで取り決められた事であれば、越侯の意向に違背はできませぬ。しかし、当藩では横井平四郎が友人の危害をもかえりみず逃げ帰ったと議論が沸騰し、役柄上、ほとほと困りぬいております。そこで、それがしよりは、あくまでも引き渡しを申し入れ、越藩では越侯の意向を、どこまでも申し入れられたい。さすれば、当方は枉《ま》げて承諾する運びになりましょう。これは他人には口外しがたき打ち割っての密談でござる」

といったから、岡部と中根は「沼田殿のご厚意、なんとお礼を申し上げてよいかわからぬほどである」と告げ引き上げました。

春嶽に報告すると、「それはよかった。先生は明春、越中守さまに直談におよぶまでは、ただいま通りさし置きたき旨、返答するように」と命じたので、中根はそれを文書にして翌二十二日、沼田にさし出しました。

それを読んだ沼田は「厚き思し召しをもって仰せられたことであれば、これによりお請けつかまつるべく」と答えたので、中根は「ご承諾さえいただければ、今夜にも横井平四郎を福井に発たせたい」と述べ、「事が万一、外にもれたら途中の危難も計り難いから極密を要するが、さればとて、これまで通りとあっては疑惑も生ずるゆえ、表向きは、遠からず同人を国許へつかわすというくらいにして置かれたい」と頼みました。

その夕方、沼田から書面で「誠に余儀なきご事情もあれば、この上、しいて引き取りの儀は願い難く、まず御頼談の旨に応じ」うんぬんとあって、交渉は落着します。

福井へ避難

二十二日夜、福井藩邸では、小楠を警護するため千本弥三郎と近藤篤太郎が早駆けの支度をしました。

出発の刻限が迫ると、春嶽はひそかに小楠を呼んで別れの盃を交わしました。ふたりとも落涙し、無言の別離でした。春嶽は身につけた印籠、煙管《きせる》やタバコ入れなどを与えます。小楠は平服のまま、所用があるようにみせて西門から出ました。千本と近藤は東門から出て、三人は呉服橋で合流。小楠は駕籠に乗り、闇にまぎれました。

中根らが小楠の帰国を国許へ報じた書面に「小楠を失い、一邸、光輝これなきさまの心地、万歎千息、なんの益もこれなく候」とあります。

他方、襲撃犯の詮議では、失踪した黒瀬と安田に嫌疑がかかったが、もうひとりがわかりません。ところが翌文久三年三月二十二日、京都南禅寺山内の瀧ノ山にある大日堂で自殺した浪士がいました。まもなく長州藩の者がきて、東山山内の霊山に手厚く葬りました。

墓碑には南季二郎とあったが、その後、肥後脱藩浪士の堤松左衛門義次の仮名と判明します。着ていた白衣には「臣、嚮《さき》に江戸にあるや　売国の士横井小楠を斬らんとす、不幸にして事ならず。生を愉しみ今日にいたるその罪大なり、故に自刃してもって国家に謝す」と血書してありました。

彼は外様足軽の堤定次の二男で、宮部鼎蔵《ていぞう》に武術を習い、河上彦斎《げんさい》らと交わって志士となり、脱藩して長州にはしっています。

そこに集まった浪士は、幕府の和議・開国の罪を小楠に帰し、破約攘夷をすすめるには「小楠を暗殺すべし」との論がさかんで、堤は肥後藩の奸物をのぞくに他藩同志の手を借りるのを潔しとせず、数名の同志と江戸にむかいました。

小楠に面会を求めてかなわず、黒瀬と安田の協力を得て暗殺に走ったが失敗。西に逃走し、堤は京都まできて、小楠を討ちもらした責めと国法を犯した首謀者としての罪を藩主に謝すために、同志のなだめもきかず、二十五歳の命を終えたのでした。

安田と黒瀬は、その後、馬関戦争に参加し、蛤御門の変で戦い、敗戦後は長州にもどったが、安田は反対派のために暗殺。黒瀬は慶応元年の長藩内乱で鴻城軍の銃隊長となって功があったが、その後、消えました。

死亡した吉田平之助の長子己久馬《きくま》は、敵討のため捜索するうち、慶応三年暮れ、仇のひとりらしい者が松山藩にいると知り、都築四郎父子とともに大坂の松山藩邸で調べると、郷士の食客竹永確助が黒瀬らしく、堤と安田はすでに死亡したことを確認しました。

松山城に着くと、鳥羽伏見の戦で藩主松平定昭は朝敵とされ追討、蟄居《ちっきょ》、家中は総閉門とあって、同藩は竹永を肥後領鶴崎へ護送し、龍興寺で郡代立ち合いのもとに吉田、都築らと対決させ、自白したため、ついに討たれました。

第十二章　天下に大義理を立てるべく

文久二年十月から翌年初めにかけて、福岡藩、広島藩、久留米藩など十数藩の大名が上京してきます。将軍後見職の一橋慶喜も正月五日に入京、十三日に老中格の小笠原長行《ながみち》、そして二十五日に山内容堂が、翌二月四日に政事総裁職の春嶽、そのほか尾張藩主、肥後藩主が着しました。

中根靭負が大目付の岡部駿河守に会うと、「京都の情勢は、過激の攘夷論のみにて、なんとも申すべきようもなし。橋公にも、ことのほか心痛せられ、事理をつくして論弁されたが、いっさい貫徹せず、無二無三に鎖港すべしとの議であった」と嘆息しました。

二月十一日、長州の久坂玄瑞《げんずい》や肥後の轟武兵衛らが、鷹司関白に「速やかに攘夷の期限を確定し、言路を開き人材を挙げ、時勢の急に応ぜられたい」との建白書を提出し、公卿らもその議を実行せよと迫ったため、関白は上奏。孝明天皇は廷臣を召集して意見を徴し、同夜、三条実美《さねとみ》らは、慶喜の宿所の東本願寺に乗り込み、攘夷期限の即答を求めます。

このため、慶喜は春嶽、容堂、京都守護職の松平容保らを集めて協議して、翌日早朝におよび、「期限を定めるのは軽率、至難」という春嶽の主張もむなしく「将軍帰府二十日後、外夷拒絶」と決め、十四日、朝廷に奉じ公布します。開国論への道は閉ざされました。

天誅が続いています。

二月二十二日夜には、尊攘激派が洛西等持院《とうじいん》にあった足利尊氏・義詮《よしあきら》・義満三代の木像の首と位牌を盗み、賀茂の河原にさらしました。倒幕の脅迫です。

京都守護職の松平容保は激怒し、探索の結果、浪士の三輪田綱一郎ら九人を捕縛したが、長州藩世子の毛利定広が赦免を願い出、公武合体派の青蓮院宮《しょうれんいんのみや》（中川宮）さえ京都守護職を批判、圧力で諸藩御預けとなりました。

将軍家茂は、ついに二月十三日、約三千人を供に江戸を発し、三月四日に京都、二条城にはいります。

この時、春嶽は大津まで出迎え、職を辞する覚悟で将軍に辞職を迫り、翌五日も意見書を出して、再度、辞職を勧めるとともに、総裁職を辞めたいと願い出ますが、幕府有司は「この期におよんで何を」という空気でした。

慶喜は攘夷実行を約すかわりに政務委任を取りつけようとします。同日、慶喜が家茂の名代として参内すると、「征夷将軍の儀は、すべてこれまでどおり委任する。攘夷についてできるだけ忠節をつくすように」との勅命です。ところが七日に家茂が参内すると、「攘夷は委任するが、国事の儀は、ことがらにより、直接、諸藩に対して指令することもあろう」と変わっていました。国事御用掛《がかり》の裏面工作です。

春嶽は術策つき果て、九日、病と称し政事総裁職辞任の内願書を出して引き籠もります。容堂らは反対し、慶喜はじめ閣老たちも留任を勧め、「どうあっても辞任するなら、生麦事件だけは片付けてもらいたい」とまでいいました。英国は前月、幕府に賠償金を求め、薩摩には速やかに犯人を処刑し弔慰金を出すよう三カ条の請求を突きつけています。

その島津久光は三月十四日に到着、近衛殿に参候し、そこで慶喜、容堂らが集まり公武合体派の勢力回復策が話し合われました。

久光は、

「過日来、外夷拒絶を急がせられる由だが、これは方今、決して行うべきではない。また、堂上方に国事掛を命ぜられたが、これは害ありて益なければ、速やかに廃されるよう、さらに生麦事件は、英軍艦を薩海へさしむけられるべし。応接の上、時宜により償金をもさし出す」と述べました。これに対し国事扶助の青蓮院宮が「国事掛を廃するにはいたりがたし」と返答します。久光は慶喜に「外夷拒絶とは、何とたやすくお請けになったか」と難詰したが、慶喜は返事をしません。その後、何の沙汰もないのを不満に思った久光は十八日、帰国してしまいます。春嶽は十五日、辞職を再願したが、許可が出ず二十一日、勝手に退京して二十五日、福井へ帰ります。このあと総裁職罷免と逼塞を命じる幕府の達書が出ました。

容堂も二十六日、伊達宗城《むねなり》も二十七日に帰国、青蓮院宮は国事扶助を辞し、公武合体派連合勢力は京都からいなくなりました。

攘夷決定

福井に戻った小楠は、足羽川《あすわがわ》河畔に用意されていた新しい客館にはいりました。この屋敷は、三岡らと『国是三論』の富国論実践にあたって、利便を考えて配置されたもので、河畔の福井城側に産物会所と客館があり、対岸に三岡の屋敷が置かれました。小楠と三岡はひんぱんに舟で往来します。

二月三日には甥の左平太と至誠院の甥の不破源次郎が福井に着きます。大平とともに手許において教育したいと思ったのですが、不穏な情勢から五月には帰国させます。

傷心の春嶽を待ちうけていたのは、藩の動揺でした。内外危機のときに政事総裁職の大任を去ったのは、道理があるとはいえ、無為無策のとがめと無責任の評は免れません。藩の面目も失墜します。せっかく興隆した藩の士気も一致和協の精神も危うくなりました。

小楠は四月、春嶽と家臣に忌憚のない忠言「処時変議」を草し、「年来の士気に拍車をかけ、これまでの民の利益を中心とする積極的経済政策を断乎維持せよ」と激励し、党派抗争が起こらないよう、藩主茂昭に「朋党《ほうとう》の病」について建言しました。

藩論は小楠を支持する勢力が握っていました。家老では松平主馬、本多飛騨、奉行の長谷部甚平は寺社町奉行に転じたが、勝手方も兼務、三岡八郎が奉行見習から正規の奉行（勘定奉行）に昇進、目付の村田氏寿、千本藤左衛門といった陣容で藩政を掌握し、藩論は次のように固まります。

「無謀な攘夷論はいよいよ激烈となり朝廷を動かし、一方、幕府はみずから成算もない横浜鎖港談判を開こうとしている。外国が承諾するはずがないばかりか、朝旨によると知っている外国は、いつ軍艦を摂海に乗り入れるかもしれない。そうなったら、皇国の安危は容易ならざる次第である。その暁には、当藩一致、上京して京畿の守備にあたるべきはもちろん、こうなる前にすみやかに二、三の大藩と協議して、朝廷・幕府に建議し、進んで皇国安危の国是を確立すべく努力する」

京都では、将軍家茂と慶喜が、朝廷に将軍の摂海巡視と攘夷実行のための東帰を奏請したが、逆に「将軍直筆で攘夷期限を答えよ」と要求され、四月二十日に、「五月十日から」と返事します。

「どうせできない攘夷だから、時期の表明は早い方がいい」というのが慶喜の考えです。

江戸へは慶喜が帰り、攘夷を実行することになり、家茂は大坂湾を視察して、勝安房に神戸海軍操練所建設許可を与えただけで京にもどります。

春嶽は、廟議の動向を探り自説を開陳させようと、中根靱負を京都に派遣、さらに情勢視察のため千本弥三郎と堤市五郎を送ります。中根は老中板倉勝静《かつきよ》に春嶽の意見書を提出します。これは小楠の手になるもので、昨年の〝破約必戦・全国会議・真の開国〟論をさらに発展・飛躍させたものです。

幕府は十七日、春嶽の逼塞と茂昭の目通り差し控えを免じ、福井藩内はとりあえず安堵しました。

攘夷期日の五月十日、長州藩尊攘派が攘夷を決行します。

軍艦庚申《こうしん》丸に久坂玄瑞らが乗り込んで、癸亥《きがい》丸とともにアメリカ商船ペムブローグ号を急襲、同船は豊後水道に逃げました。また二十三日、フランス軍鑑キンシャン号が長州藩砲台の砲撃を受け、庚申丸、癸亥丸も砲撃して急迫、やむなく応戦し玄界灘に脱出しました。

小楠は春嶽、茂昭をはじめ重臣たちに重ねて主張します。

「そもそも朝廷が幕府に押しつけた攘夷は、決して道理ではござらぬ。まして長州のごとく、いきなり関門海峡で発砲するのは、もってのほかである。しかし、攘夷がいったん〝国是〟となってしまっては、ここから問題を出発させるしかない。そこで、在留の夷人を京師に呼んで大会議を開くのが、道理ではない国是を、道理の方向へ修正するための起死回生の手段である。夷人に通告するところまでは不道理が続くが、むこうが反論し、こちらが道理をもって応じれば、会議は道理へ転換してゆくことになる」

慶喜が五月十四日、「攘夷実行は到底不可能」と辞表を出しました。

「そもそも京都で橋公が、できもしない攘夷の朝命を異議なくひき受けたのが、春嶽公と議論が合わなくなった原因なのに、今日になって辞職とは誠に言語に絶する」

小楠はあきれ果て、重臣会議で論じました。

「江戸では、家門・譜代大名が連合して上京、将軍帰府の談判におよぶ動きがある（五月下旬、江戸の留守幕閣が在京老中に無断で、老中格小笠原長行を挙兵上洛させるが、入京は阻止された事件となる）。幕府はいま、将軍帰城しか考えておらず、実現すれば大権返上との内議があるとのことだ。朝廷でも鷹司関白が辞意、一条左大臣に内命があったが拒否、二条右大臣も同様で、関白の引き受け手がない。こういう状態では、放っておけない」

小楠の発議により、越前藩では、近日、大議論を発し、夷人が摂海に乗り入れるのを待たず、春嶽を押し立てて一藩を挙げて上京、朝廷と幕府に必死の覚悟で言上しようということになりました。建議の内容はこうです。

その第一は、攘夷は到底行われるべきではないが、すでに天下に布告した以上、鎖港の談判にあたってあくまでも条理をふみ、日本の汚辱にならぬようにしたい。それには、在留の各国公使を京都に呼び、将軍・関白はじめ関係者全部が出席して談判を開き、彼我の意見を十分に攻究して、開鎖か和戦か結論を出そう。

第二に、近来、幕府の施政には失態が多い。これは将軍を補佐する幕府有司に人を得ていないからで、今後は朝廷で万機を主宰され、賢明の諸侯を機務にあずからしめ、諸有司も幕士にかぎらず列藩より適材を選抜するように定めるべきである。

このころ二度、坂本龍馬が福井を訪れています。

龍馬は文久二年に勝麟太郎（海舟）と会って意気投合し、以来、門生です。春嶽と小楠にも面会しました。翌三年の三月下旬から四月初旬、京坂滞在が続く勝にかわって、龍馬ら土佐の五人が江戸の大久保忠寛（一翁）に上方の情勢を伝えました。

このとき、大久保は龍馬の人物を見込んで、京都の春嶽に宛てた二通の書簡を託し、また福井の小楠宛てには直接、六日付けで出し、龍馬のことを以下のように頼みました。

「過日、勝に従う土佐の有志五人が拙宅に来て、京都の情報を伝えてくれたが、ただただ嘆息しました。その来人中、坂本龍馬、沢村惣之丞の両人は大道を解すべき人物と見受け、談話中に刺される覚悟で懐《ふとこ》ろを開き、公明正大の道はこのほかあるまいと、かねてからの思いを話したところ、両人だけは手を打つばかりに理解したので、さらば（君たちが）早々上京の上、何とか尽力すべしと話したところ、およぶだけは死力をつくし具申しますが、春嶽様へも手紙をと頼むので、かねてご存知のことではあるけれども、なお愚論を書き、当月三日、龍馬の出立に託しました。なお、決してお見捨てなきよう、御国のため幾重にもお願いします。龍馬はお国許（福井）までもまかり出で、是非正大のところをもって出勤お進め申し上げると申しております」

大久保は、春嶽が京都にいると思ったが、すでに無断で退京していました。龍馬は紀州藩の海防助言依頼で和歌山にいた勝を訪ねて、ともに大坂に戻り、そこからひとり大久保の手紙を届けるため四月十六日に福井へ行ったのです。

五月の福井行きは、翌年発足する海軍操練所と勝の海軍塾の費用捻出を福井藩に求めるためでした。勝は龍馬に村田氏寿宛ての書簡を託し、五月十六日に派遣します。

龍馬は二十日、福井に到着。宿から使いを出すと、村田も中根も不在で、小楠からは「早く来い」との返事があって、足羽川河畔にある客館に訪ねました。酒を酌み交わし、舟で対岸の三岡のところに行って宴会。三人が思いのたけを論じ合い、ついに夜を徹して呑み明かしました。

翌日、小楠は、勝からの借金の話と村田宛ての書簡を春嶽まで上げました。この結果、福井藩より千両が貸与されます。ちょうど藩は長崎で蒸気船の黒龍丸を購入し、近々、敦賀に到着、その運用を検討しているさなかで、勝の海軍塾への協力依頼は歓迎するところでした。

挙藩上洛計画は大手違い

福井藩の大評議は五月二十四日から始まりました。

その日の夜、攘夷派公卿の急先鋒、姉小路公知《あねのこうじきんとも》が暗殺され、朝幕関係はさらに悪化します。幕府はすでに同月九日、小笠原長行の独断専行という形で、英国に一一万ポンド（一一万ポンドは東禅寺事件の償金）を支払い「生麦事件の償金を勝手に支払ったことは江戸の取り計らいで、こちらでは一切知らなかった」と弁明、「将軍が在京では致し方ないので、一刻も早く帰国して、違勅の輩を誅伐し、将軍が自身で攘夷拒絶したい」と申し出ました。

朝廷は「将軍を京都から外に出せば、攘夷も役人誅伐もできないから大権を返上したいといってくるのではないか」と疑心暗鬼で動きがとれず、国事掛など暴論家の公卿が幕府の偽欺を憎んで妥協点がみつかりません。

福井藩では「こんなことでは、外国のことよりも公武大不和大争端の方が一大事である」と君臣大評定になり、結論が出ます。

春嶽、茂昭も出京。家老以下藩士ほとんど全員が供をし、君臣ともに必死を誓い、皇国に尽力する。天朝と幕府間の周旋ということでは一切なく、天下に大義理を立てとおす趣意です。福井藩は開国論だと列藩に知れわたっているので、上京すれば、どんな暴発の変難が起こるかわからないから、君臣必死、再び帰国しないとの覚悟をかためました。

「人心大いにふるい、義勇感動は格別であった」と小楠は書きます。

決定の上は遅滞ないように二十六日、まず大番頭の牧野主殿介が一隊を率い出京を命じられ、四、五日のうちに出立となりました。二十七日から士分以上が両君の前で直に決心の表明を聞く予定。率いる兵隊は若者を選りすぐり、それに農兵精練を選び、精兵は四千人ほどをつれていくが、本隊はもう少し状況を見きわめてから出発する。また列藩へも相談しなくてはならない。

六月一日に藩士一同を城中に集めて酒肴をふるまって、この決定を布告しました。小楠はいいました。

「日本国中共和一致の政事となり、終《つい》に治平に帰す」

士気は大いにもりあがりますが、京都から帰ってきた中根靱負が自重論を唱えました。

「上京は未だその機にあらず。かつ藩士の中にもなお異議をいだく輩なきにあらざれば、とくと熟議ありてしかるべきと存ずる」

六月四日に、また重臣会議が開かれ、小楠は提言しました。

「ご発途の期日はいま一応、人を京都に出し、投ずべき機を認められたうえで決定するのがよろしかろう」

春嶽、茂昭が諒解し、重役たちも同意しました。すぐに牧野主殿介、青山小三郎、六日に村田氏寿が京都へ送られ、薩摩、肥後、加賀、若狭、会津、尾張諸藩の在京重臣に報じて意見を徴し、京師の事情を探査しました。

そこへ、六日、「将軍東帰が決定した（九日出発）」との報です。これで計画は大手違いとなったのです。酷暑の中、盛り上がった勢いも出口を失い、藩論は分裂し始めます。

藩内から「大樹公が東帰すれば、藩主（茂昭）は出府の年にあたり、六月中旬には江戸へ行かねばなるまい」との議が起こります。中根が参府を支持し、再度の出京命令にも応じません。これにたいし、松平主馬、本多飛騨、長谷部甚平、三岡八郎らは、「藩主は参府を延期し、あくまでも春嶽公とともに上京して、既定の計画に従事すべし」と主張し、小楠も同意見でした。

六月七日、中根とのあいだで大論戦となり、中根は八日から引き籠もり、ついに十四日、蟄居謹慎を命じられました。

小楠は同日、京都の村田と青山に「この一乱でいよいよもってご上京は堅まりの方と思われる」と書きます。しかし、それは楽観に過ぎました。

村田、青山、牧野らの京都探索は難航。村田が薩摩の高崎猪太郎に会うと「藩議はもっとも至極の趣意だが、言上されるのは、なお機会を待たれた方がよろしいのでは」と語り、吉井仲介も同意見。もっとも近いはずの薩摩がこうでした。

翌日、牧野とともに肥後藩の沼田勘解由、元田八右衛門（永孚）と会見、さらに藩主韶邦《よしくに》の弟長岡良之助（護美《もりよし》）の上京を懇請しました。しかし、「良之助の出京には困難な事情があり、京師の形勢は挽回の気運になく、進出の時期ではない」という判断です。沼田と元田は、福井藩から熊本と薩摩へ使節を派遣する予定だときいて、急遽、その話を容れないよう進言するため、元田が帰国しました。

後日。小楠は、帰藩した村田より、元田が「ここに小楠先生のご意見があるといえども、熊本藩のために慮《おもんぱか》り、時世の勢いを察するに大いに同じからず」と発言したときき、衝撃を受けました。

福井から熊本、鹿児島への使者は、家老の岡部豊後、側用人の酒井十之丞、奉行の三岡八郎です。小楠はこの使節に期待しました。いま、肥後藩の主流は公武合体派といってよく、実学党も影響力を強めています。この時点では、まさか心を許した元田が反対意見とは知らなかったのです。

福井藩使節は七月三十日、藩主の韶邦に謁し、春嶽父子からの親書を呈しました。岡部が藩議の要旨を説明したあと、別室で春嶽からの小楠処分の軽減懇望を伝えました。

八月上旬、彼らは熊本藩主と公子（長岡良之助）より春嶽父子へ宛てた返書をもらい、薩摩へむかいます。返書は「出京の上は、なおさらご腹蔵なくお指図下されたく幾重にも願い奉り候」と前むきでした。

鹿児島では、家老の小松帯刀《たてわき》と側用人の大久保一蔵が応接、島津久光父子は出京協力の要望に「ご趣意、一々異議これなく」との返書を与えます。久光は、京都で勢力を挽回すべく画策していたのです。

肥後・薩摩とも京都藩邸の対応とは違い、使節の役目は上首尾とあって、八月十四日に勇んで帰途につきますが、途中、長崎で彼らは仰天します。なんと小楠が、榊原幸八、平瀬儀作、末松覚兵衛、海福雪の四人をともなって福井から帰ってきたのに偶然出会い、「藩論一変」という驚愕の事態を知らされたのです。

藩論一変、小楠失意

これより前《さき》。

福井藩では藩主参府を延期し、六月二十八日、「持病の脚気《かっけ》を発症し、長途の旅行いたしがたいので、養生して全快次第、出仕いたす」との届けを幕府に提出したのと行き違いに、「早々出府するように」との閣老連署の奉書や達書が来ました。

藩内には中根に同調する者も少なくなく、「この上、参府しなければ、親藩の義務を欠く」との異議が頻発します。そもそも挙藩上洛は「侮幕・排幕・抗幕」の態度ではないか、というのです。親藩の限界が露骨に出始めます。

それでもまだ既定の藩議はゆるがず、二度にわたり「茂昭の病、未だ快方に赴かぬので参府を延期したい」との届けを出し、側用人の毛受《めんじゅ》鹿之助を参府させて事情を説明しようとします。しかし、ますます中根に同調する声が強まりました。

村田は七月四日、公武合体派の近衛前関白に拝謁したが、「急ぐと事を仕損じるから、朝廷より指図あるまで待つように」といわれます。六日、帰国して「ことごとく慎重論であった」と報告すると、事態は急変しました。藩議を再審議することになり、急報で毛受は引き返します。

数度の審議をへて、七月二十三日に藩論は急転し、「藩主茂昭は近く参府」に決しました。挙藩上洛派の本多修理、長谷部甚平、千本藤左衛門を解任、二十五日には松平主馬が罷免され、長谷部は蟄居《ちっきょ》処分となります。村田は京都での尽力を認められて罪は軽く、監察から御側物頭へ転じられました。

九州に派遣されている岡部、三岡も処断は免れません。帰国後、三岡は蟄居を仰せつけられ、翌文久四（一八六四・二月二十日より元治元）年二月十四日、本多飛騨（加増知行二百石取り揚げ蟄居）、松平主馬（同）、牧野主殿介（隠居の上逼塞）、千本藤左衛門（足高百石取り揚げ番外に差し置き遠慮）らの追罰とともに岡部も御役御免となります。

小楠は失望しました。

〈春嶽さまは、わしについて来れんようになった！　もはや福井に滞留すべきにあらず！〉

福井藩との契約を打ち切って熊本に帰りたいと暇を請います。ただ、建前では挙藩上洛がまったく放棄された訳ではなく、京師より指図があれば上洛することになったので、春嶽と茂昭は引き留めたが、再三の懇願によりついに許可しました。春嶽は熊本に派遣した岡部らに、小楠の罪を軽くしてくれるよう依頼状を持たせていたから、その返事をみてからにしたかったのです。

小楠の帰国にあたって春嶽は、正使に榊原、副使に平瀬らをつけて熊本へ行かせ、小楠を多年借用した謝辞と、処分について再度の依頼をのべさせることにしました。熊本藩主宛ての直書をもった使者と小楠一行は、八月十一日にたちました。反対派が途中で襲うとの風説があり、夜陰にまぎれて足羽川を下り、三国へ出て船で長崎へむかいました。十九日に着くと、そこで薩摩からもどってきた岡部、酒井、三岡と出くわしたのです。

八月二十五日、小楠は陸路を北から歩いて熊本にはいりました。城の北方三キロメートルほどの山伏塚《やんぼしづか》まで、嘉悦氏房、安場保和、山田武甫ら門人が出迎えます。

藩内では「士道忘却の廉《かど》で悪ければ死罪、軽くても士席剝奪」との噂でもちきりです。そうなったら、横井家の家名に傷がつく、門人たちも世間に顔むけなりません。

彼らとて肥後武士道の空気のなかで成長しています。そこで衆議一決、小楠を城下に入れず、西山のほうに連れて行って、適当なところで切腹を勧めようと悲愴な覚悟を決めました。ところが、現れた師匠の威勢のよさに気押されて何もいえず、皆、ついに諦めてゾロゾロついて行くしかありませんでした。

小楠は、直ちに藩に届け書をさし出しました。

他方、福井藩の榊原、平瀬らは夜、熊本藩の御客屋（迎賓館）にはいり、松平春嶽と茂昭連名の細川藩主宛て直書、春嶽から長岡良之助宛て直書、福井藩老臣より熊本藩老臣への書簡を提出します。

小楠と都築四郎の処分審議が始まりました。福井藩主父子から寛大な処置を依頼してきているので、腹を斬らせるわけにはいかないが、軽い処分という見込みもありません。

元田は家老の小笠原備前に「天下変乱の秋《とき》、賢姦忠邪あい争う日に、私闘の旧律を株守するのは当を失すること甚だしい」と処罰に寛容であるよう願いました。

罪が決まったのは十二月十六日。

小楠は「（なりゆきも顧みず）その場を立ち去る未練の次第、士道忘却いたし御国恥にも係わり、重畳《ちょうじょう》不埒《ふらち》のいたりにつき、屹度《きっと》仰せつけられ候筋もこれあり候えども、ご宥儀《ゆうぎ》をもって」「知行召上げられ士席差放たれ」ることになりました。

都築は、手疵を負ったとはいえ、吉田平之助も深手を負い、ともに力を合わせ相当のことができたのに、その場を立ち去った様子に聞こえ、「未練の次第、士道忘却致し御外聞にも係わり、不埒のいたりにつき」「当役差し除かれ、知行家屋敷召上げ、士席差放たれ」でした。

ところで、小楠が福井をたった直後の八月十八日、京都で政変が起きています。いわゆる八・一八政変で、暴威をふるう長州系尊攘激派を京都から追い出すための宮廷クーデタです。薩摩・会津両藩士と中川宮が計画をたて、天皇の真意を確かめたうえで、激派公卿の参内をさし止め、政治機関の国事参政・国事寄人を廃止、三条実美らは天皇から切り離されて無力化し長州へ亡命しました。

主導権を握った島津久光は、公武合体派雄藩が連合して開国の方針を決めようと、春嶽、容堂、伊達宗城《むねなり》、将軍家茂、慶喜の上洛を促します。春嶽は喜んで応じます。

しかし、小楠は十一月三日付け海舟宛の手紙で、「二、三の人物をさし置き、その他は凡輩のみにて、誠に言語に絶し候」と書き、期待しません。

はたして年末から翌文久四年正月（二月二十日より元治元年）にかけて成立した久光や春嶽らの参預会議は、幕府、各藩の政争の場と化しました。

横浜鎖港について慶喜が「幕府は天皇の意にそうため遂行する」と主張し、久光、春嶽らは反対。長州対策も一致せず、二月末に容堂が参預辞任を願い出て帰藩、三月に、慶喜、春嶽、伊達宗城、久光、松平容保らが辞任し参預会議は崩壊しました。

文久四年二月初め、春嶽は京都から帰国する茂昭に直書を与えて訓戒し、小楠を批判しました。「小楠堂の論議は允当《いんとう》（理にかなう）のことは多々あったけれども、また説を誤って国政を紊乱《びんらん》する義も多々あった」

第一に「君君たらずとも臣臣たるの道をつくす」ということに小楠は反対で「君が不才庸劣であれば、閉蟄《へいちつ》せしめて他から養子を迎え、君主を新たにして国家を治めるのが君職である。治めることができなければ君といえども君ならず。臣あっての君で、そうすれば社稷《しゃしょく》国家には換えがたいゆえ、君を閉蟄しても国家を保つことが肝要である」という儀は、ことあるごとにきかされた。

この小楠の意見が「君臣の紀綱紊乱の端緒を開けり」「それよりして、その説に乗じ云うべからざるの説紛々蜂起し、終《つい》にはこの説よりして朝廷幕府の上にも関係致し、朝廷を軽蔑し幕府を侮慢するの説頻《しき》りに起こり、幕命参府の事これあり候をも、越前守（茂昭）の東行を拒絶する類は、他ならず皆なこの名分説を誤り候より起原いたし候事顕然」なのである。

また「小楠堂は大いに芸術のその徒法を矯《た》めんとして、かえって大いにその弊害を生じた」、また「節倹を廃して奢侈の弊を生じた」「士道を衰弱させた」とも非難し、小楠の挙兵上洛論に従っていたら、国力つき果て大方の笑いものになっていただろう、と結論づけました。

春嶽は結局、小楠が「書経」の堯舜三代の治を理想主義的に読み変えて、あえていえば民を豊かにする儒教的民主国家ともいい得る体制を目指しているのについていけなかったのです。

それでもなお「国是の義は、先年小楠堂建言し、中根師質の執筆をもって論定相成り候三論、今にいたるも廃すべからざるなり。これを国是としてつとめずんばあるべからず」とせずにはいられませんでした。

沼山津閑居

士席を剥奪された小楠の沼山津閑居が始まりました。

家族は、兄嫁で養母の至誠院、甥の左平太・大平、妻のつせ、長男又雄、長女みや子、それに女中の寿加です。四時軒には門生が代わる代わる数人、来塾しています。

屋敷は転居したころより敷地も広くなり、建物も増築などで大きくなっています。しかし、一介の浪人になっては、まず生計費にも困ります。

しかし、くよくよしないのが小楠です。ときに門人や家族が愚痴をこぼすと、

「オイは、天の寵児じゃ！」

カラカラと笑って、屈託を吹き飛ばしました。

読書、散歩、囲碁、酒、園芸は野菜もつくるが、特に菊作りに熱中しました。釣りと銃猟はあい変わらず熱心です。むろん天下のことを忘れたわけではありません。門人の河瀬典次がよく網打ちのお供をして出かけたが、河瀬が「先生、魚がおります」と告げても、網を打とうとせず、しばし瞑想ののちに「いま、大事な考えが浮かんでおったところだ」といって網を打ちました。釣りをしていても、突然、「おお、ここだ！」と叫んで釣り竿を投げ出し、腕組みして考え込むことが多かったのです。

愛しい子供たち、「小法主」の又雄（時雄）に「びくに（比丘尼）」のみや子は格別のなぐさめです。むろん、至誠院の実家不破家に嫁に行った姪のいつ（逸）、甥の左平太、大平に対する愛情も深く、とくに左平太は将来、横井家を継ぐ身ですから、養嗣子にして、その修業には心をくだきました。大平にも英学を学ばせ、世界を視野にいれた教育をしました。

長男への期待は強いものがあって、子煩悩の半面、読書修行、英学もすすめ、時にきびしいしつけもしました。

又雄が八歳か九歳ごろ、夕ご飯においしいおかずが出て飯がすすんだが、おかわりを何杯かしたあと、半分ばかり食い残しました。小楠の顔色の雷が落ちました。

「わが食う飯の量がわからんような者は、俺の子ではない！」

又雄はしくしく泣きました。

みや子は女の子ゆえもあって、ずいぶんかわいがられました。

小楠が時たま、昼寝をすると、小さいみや子はいっしょに寝ました。自分が父親を寝かすつもりなのです。小楠が眠ったころ、ソッとふところからぬけ出し、脱ぎ捨てておいた着物を抱いて、ぬき足さし足で廊下まで出ます。「もう大丈夫」、そこから長い廊下をトントンと音を立てて祖母（小楠の義母至誠院）の部屋へいきます。

小楠は眠ってはいません。「抜き足さし足がおかしかった」とあとあとまで笑いました。

そのみや子を一度だけ叱ったことがあります。

小楠は食事のとき、左右にみや子と猫をはべらせます。そして猫に自分の肴をおしげもなく与える。となりでお相伴をしながら、みや子がとりとめもないおしゃべりをしてみんなを笑わせる。

ある日、夕ご飯に卵焼きを出したところ、みや子が一番先に手づかみにし食べようとしました。小楠は「おばあ様にもあげないうちに」と怒って、やにわにみや子を抱いて二階につれていこうとしました。二階にあげられたら、幼いみや子は、まだひとりで降りて来られません。「もうしません、決してしません」。泣きじゃくりながらあやまって、元の席にもどされました。

小楠は、若いころから「男子、厨房に入らず」のしきたりにも無頓着でした。よく台所に来て指図や手伝いもし、面白い話をしてみなを笑わせました。池でとってきた大鯰を、「オイが焼いてやる」と串に刺してあぶっていたが、鯰の身は火中にぼろぼろ崩れ落ち、小楠は頭をかきかき逃げ出しました。

「ミイシャン、散歩じゃ、さあ、来い来い、よい子じゃ」

みや子をおんぶした小楠は、近所の散策に出ます。背中に娘のあたたかさを感じて、小楠の至福のときがすぎてゆきました。

平穏な日々。

だが、小楠の酒乱が時々はおこって、家族や門人に迷惑をかけます。

翌日、遅く起きてきた小楠は、ソッとみなの顔色をみます。どうもバツが悪い。と、「寿加、ちょいと馬になれ」「アレ、いやだよう、先生、おやめなされ」。

ワーワー叫ぶのに、またがって「ハイドウドウ」としたとたん、ふいに寿加が立ち上がったので、小柄な小楠は畳にひっくり返り、「イタタ」。さすがにみな爆笑し、なごやかさがもどりました。

寿加はかつて小楠の愛を受けたこともありましたが、いまでは家族同様の存在で、生涯、横井家に忠誠をつくし、晩年は盲目となって世話を受けて、明治四十四年に八十五歳で亡くなりました。

沼山津には呑み友だちもいました。

素封家の弥富千左衛門とウマが合って、生活面で困ったことがあると、なんでも相談しました。よもやま話のはては酒となります。小楠は、しばしば「呑んだくれ」となって弥富夫妻を困らせ、つせ子は、たびたびお詫びの書状を書きました。

泥酔の翌日は朝寝坊です。ある夏の日、弥富夫人が竹筒に朝顔をいけて、使いにもたせ「夢にでもご覧ください」と口上をそえました。風流に皮肉もまじっています。

小楠はいつになく、すぐに起き上って、裸体のまま紙に筆をとって使いに返しました。こういう駄句が書いてありました。

朝顔の花がみたくて起きにけり

第十三章

維新の奔流

元治元年二月二十日の午後、門を叩いた大男に小楠は驚かされます。

「先生、お元気で何より」

坂本龍馬が立っていました。

軍艦奉行並《なみ》の勝は二月五日、二条城で慶喜から長崎出張を命ぜられました。四国連合艦隊が長州を攻撃する噂の実情をさぐり、できれば阻止し、もう一つは朝鮮の国情を調べるため対馬にわたる計画でした。

兵庫を十四日に出航、龍馬ら十四人の門人も同行。長州藩が関門海峡を封鎖しているので、豊後佐賀関で下船、鶴崎から陸路をとり、熊本に寄ったときに沼山津の小楠のもとへ龍馬を派遣したのです。

勝は「わが邦《くに》より船を出し、ひろく亜細亜各国の主を説き、横縦連合共に海軍を盛大にし、有無を通じ学術を研究せずんば、彼（ヨーロッパ人）が蹂躙《じゅうりん》を遁《の》がるべからず。まず最初、隣国朝鮮よりこれを説き、のち支那におよばんとす」と、日本・朝鮮・清朝中国の三国同盟を構想しています。

「先生ご承知の通り、勝先生のお考えも、実は神戸海軍操練所を幕府のものとせず、日本国内共有の海軍局となして、三国同盟のかなめにするというものです」

『海軍問答書』

小楠は「わしは暇じゃから、忙しい勝さんにかわって海軍論を書いてみよう」といいました。いろいろな話のあと、龍馬は「失礼ながら」と遠慮がちに、勝から贈られた金をさし出します。

「ひとつ、勝さんに頼みがあるんじゃが」

そういって、小楠は甥の左平太と大平、それに門人の岩男《いわお》俊貞を海軍塾に入門させたいと依頼しました。

小楠は『海軍問答書』の執筆にかかります。

「それ非常の海軍を起こさんと欲せば、まず非常の費を弁ぜずんばあるべからず。非常の費用を弁ぜんには非常の事業を起こさずんばあるべからず」

それには銅山・鉄山を開き、木材を貯える三大事業を「一大経綸局」をもうけておこなう。国是三論の富国論の方法論をとりあえず海軍経営にもちこんで、全国一致の政治的突破口にしたい。

小楠は『海軍問答書』を河瀬典次にもたせて、長崎の勝にとどけました。そのとき、すでに京都の老中から勝に「対馬にわたるのはやめて、長崎の用が終わったら上京せよ」と命令がありました。連合艦隊の下関攻撃中止交渉は、オランダ総領事やイギリス領事と談判し「神奈川で幕府の回答を待ったうえで」との了解をとりつけます。

勝は四月四日、長崎をたち六日に熊本にはいり、龍馬を沼山津にやって左平太・大平をあずかりました。神戸海軍操練所正式発足の前に始めた塾に入門させるためです。岩男は後日、出立の予定です。

八日、勝は内ノ牧から久住《くじゅう》へ向かう途中、京都から帰ってきた細川護久（藩主弟・長岡澄之助）一行とすれ違い、参預会議が壊滅し、諸侯もほとんど帰国したと知りました。勝は孤立したが、それでも操練所は五月に正式発足します。

このころ、福井藩から家計援助をしたいとの意向が肥後藩に伝えられました。

六月五日、新選組が池田屋を襲撃し、長州の吉田稔麿《としまろ》、肥後の宮部鼎蔵らを殺しました。佐久間象山が七月十一日、暗殺されます。

七月、長州は京都へ軍隊を送り、十九日、禁門の変を起こし、尊攘激派は壊滅。八月には四国連合艦隊に攻められて十四日、講和。二十四日、勅命により幕府は長州征討を全国諸侯に命じ準備にはいります。第一次長州戦争です。八月五日、四国連合艦隊は下関を襲撃し、勝は攻撃中止を交渉するよう命令され、豊後姫島にむかうが手遅れでした。

小楠は八月六日、勝に手紙で、

「御許航海（海軍操練所）、この節、好機会かと存じます。さだめてお乗り出しのご趣向があるでしょう。薩摩と肥後がこの節は一致してきて大いに都合がよろしい。この両藩主が（勝の）大海軍育成策の助力をするよう尽力しています」

と書いたが、幕府は幕威回復に懸命で、九月には二年前に小楠と春嶽の主導で改革した参覲交代制を旧にもどしてしまいます。

南洲・海舟・小楠

薩摩の西郷が大島吉之助の変名で、同藩の吉井友実（中介）と福井藩の堤市五郎、青山小三郎も同道して、大坂の宿に勝を訪問したのは九月十一日です。松平茂昭が征長副総督に任命されたが、総督も決まらず、将軍の上京が必要と判断し、勝にそれをしてもらいたいとの相談だったが、勝は断ります。西郷が摂海へ異人が迫っている事態への対策をきくと、勝はこう説きました。

「幕吏の談判ではだめだから、この節、明賢の諸侯四、五人も御会盟にあいなり、異艦を打ち破るべき兵力をもって、横浜、長崎の両港を開き、摂海のことは筋を立てて談判し、ちゃんとした条約を結べば、皇国の恥にならないようになり立ち、異人はかえって条理に服し、この末、天下の大政も立ち、国是も定まる時期である。そういう方向に行けば、明賢諸侯の出そろうまでは、自分が責任をもって幕府を動かし、異人の摂海への来航を引き留める」

西郷は〈幕吏の勝が、そこまでいうのか〉と驚きます。勝を介して小楠の共和政治の考え方を知ったわけです。大久保一蔵への手紙で、

「勝氏へ初めて面会したが、実に驚き入った人物で、最初は打ち叩くつもりで出むいたところ、頓《とん》と頭を下げました。どれ丈《だけ》か智略のあるやら知れぬ塩梅《あんばい》に見受け、まず英雄肌合の人にて、佐久間（象山）より事ができる点では一層も越えているでしょう。学問と見識において佐久間は抜群だったが、現時点では、この勝先生であると、ひどくほれました」

と書いています。

その翌日、西郷と吉井は、肥後の長谷川仁右衛門、嘉悦氏房、山田五次郎、いずれも小楠の影響下にある人物たちと勝をたずねました。この結果、長州征討について肥後と薩摩が相談することになったのです。

吉井は国許の大久保に手紙で、

「肥藩も長谷川仁右衛門ら四、五輩、横井派の者、上京」し、「大久保越州（忠寛）・横井・勝などの議論、長を征し幕吏の罪をならし、天下の人才を挙げて公議会を設け、諸生といえどもその会に出づべき願いの者はさっさと出し、公論をもって国是を定むべしとの議であるよし、このほか挽回の道はない」

と報告します。さらに十一月十日の手紙では「薩・肥・越の三藩が合意すれば、その余の諸藩も響応すべく、何分この三藩一致のところが第一で、天下公共の国是を立てたいと思っています」と述べています。

第一次征長戦争は、征長総督参謀になった西郷が戦わずして勝つ戦略をとり、長州藩も俗論派が政権をにぎって、十一月三日、西郷と長州藩支族の岩国藩主吉川経幹《きっかわつねまさ》が、禁門の変の責任者の三家老を処罰し、長州に亡命した五公卿の他藩への移転、山口城の破却などの条件で収拾をはかります。総攻撃は十八日の予定だから、三家老の首はすぐ広島に送られます。総督府は総攻撃延期を通達、五公卿の筑前藩移転の了解がつき、十二月二十七日に撤兵令が出ました。

小楠先生は二階へ上がって

これより先、勝が幕府主流派ににらまれて、十月二十二日に江戸へ召還されました。神戸海軍操練所が「脱藩浪人や激派を養成している」として探索の手がおよび、「雄藩連合派の拠点のようになっている」ことも問題とされます。十一月十日に免職、寄合となりました。

翌元治二（一八六五・四月七日から慶応元）年三月九日、神戸海軍操練所廃止の布達があり、教育の場を失った左平太・大平や岩男俊貞は、英語を勉強するため長崎の洋学所へ移りました。

五月初め、岩男から小楠に龍馬の身のふり方について依頼があったので、「委細承知しました。この変動で定めてどうかすべきでしょう。沼山に参るよう重々待っております」と返事をします。

龍馬は海軍操練所がつぶされて困ったが、薩摩藩が目をつけて、龍馬らを大坂藩邸にかくまい、利用しようとします。龍馬は小松帯刀と長崎に行って、亀山に社中をつくり、海運業をはじめ、これが海援隊になります。薩摩と長州のために物資輸送を行い、薩長間の融和提携をはかるのです。

五月二十日、龍馬が四時軒にあらわれました。

この時は、薩長同盟の構想を立てて、薩摩の西郷を訪れ賛成を得、鹿児島から三条実美のいる太宰府をへて長州に行く途中でした。

龍馬は着ていた白の琉球絣の単衣の両袖をひっぱってみせ、「大久保一蔵がくれよりました。この刀もそうです」と、鍔細の大小も見せました。

小楠は、ちょうど来ていた徳富を紹介しました。

最古参の門人はすでに四十三歳。生真面目で「酒と女子《おなご》はほどほどに」と師匠を諌《いさ》めるチト煙たい存在です。徳富は〈これが龍馬か。色の黒か大男じゃ〉と思い、そのゆったりとした語り口に好感を持ちました。

龍馬は西郷や大久保、小松帯刀を褒め、ことに「西郷には去年の八月に会いましたが、これはまあ、馬鹿、それも大馬鹿でござります。しかるに、小さく叩けば小さく鳴り、大きく叩けば大きく鳴る。その馬鹿の幅がさっぱりわかりませぬ」といいました。

そこから人物談議が始まりました。小楠がききます。

「徳川では誰じゃ?」

「もちろん勝麟太郎、それに大久保一翁」

「越前には?」

「そうですな、三岡八郎、それに長谷部甚平」

「うむ、で、長州は?」

「桂小五郎、高杉晋作」

「それでは肥後はどうじゃ?」

「もちろん、小楠先生ただひとり」

「で、わしは何をするのじゃ?」

龍馬は莞爾《かんじ》と笑ってゆるゆると、

「先生あ、まあ二階に御座って、綺麗な女どもに酌でもさして、酒をあがって、西郷や大久保共がする芝居を見物なさるがようござる。大久保どもが行きづまったりしますと、そりゃあちょいと、指図をしてやって下さるとようございましょう」

幕府は長州再征問題で次第に追い込まれます。

薩摩は薩長同盟を結び、前回とは一転して公然と出兵を拒否し、福井など多くの藩も再征に反対を表明します。

勝は四月二十三日付けで小楠に手紙で「今におよび候ては名節（名誉節操）これなく、同族あい食む」再征に反対を表明します。

左平太・大平がアメリカへ留学するのは四月二十七日です。

小楠のところには春嶽の意を受けて毛受鹿之助が見解を聞いてきたので、七月三日付けで「内は列藩の人心服従せず、外は各国、兵端を開かんとするのみぎり」だから、やめた方がいいと回答しますが、戦闘は始まっていました。

肥後藩は出兵説が勝利を得て、六月十一日に溝口蔵人が小倉へ先発し、十七日には長岡監物（先代監物の長男・米田是豪）の二番手がたち、下津休也が隠居の身ながら部隊の軍事参謀を命じられました。監物は出兵反対を上書したが、退けられたのです。

小楠によれば、七月二十七日、肥後軍は長州軍と戦って三百余人を討ち取り、味方の死者は七人、手負い十人余という非常のはたらきをします。

この勝利を潮合に、監物は幕府軍小倉口総督の老中小笠原長行に談判、引き上げを決めました。熊本でも藩主弟の細川護久《もりひさ》、長岡護美《もりよし》兄弟の努力で藩議は撤兵に決まります。小倉口の幕府側布陣は壊滅、小笠原は軍艦で長崎に逃げました。小倉藩兵は城を焼いて退き、幼主豊千代以下六百人を預かるよう肥後藩に頼みます。

慶喜は、陣頭指揮で長州に勝ってみせると宣言、「大討込《おおうちこみ》」と称して孝明天皇の大賛成を得ています。だが、小倉城落城の報もあり、勝利の見込みがなくなって方向転換、将軍家茂の死（後述）を理由に勅命で休戦命令を出させ、軍艦奉行の勝安房に停戦交渉を依頼、勝は厳島で長州藩の代表広沢兵助（真臣）、井上聞多（馨）らと会見し、幕府軍の撤退を長州藩兵が追撃しないことにして九月二日、休戦協定は成立しました。

闘病

小倉撤兵のあと、肥後藩は征長戦の今後の処置について国議を幕府に建白したが、これについて小楠は「拙者献白の通り、両公子（護久・護美）思し召しにあいかない、政府俗議ことごとくご論破にあいなり、誠に感心のいたり」と左平太・大平宛ての手紙に書きました。時勢は移り、このころ、藩は小楠の意見を求めるようになったのです。

肥後藩の門人宮川小源太が出京して、福井藩の本多修理に話したところによると、肥後では護久を藩主の養子にたて、護美を国政にあずからせることに決めたが、これに関連して、小楠を召し出して国事に関する意見をたずねようとの議が起こりました。

小楠は「白骨同様になれる身」だからと固辞したが、どうしてもというので、やむをえず七日ばかり熊本に逗留して意見を述べ、沼山津に帰りました。そのあとはいくら呼んでも出て来ないので、重役や担当者が出向いて諮問するようになりました。

実は、小楠は闘病していました。本人によれば「淋疾」いわゆる花柳病です。もとより酒も女も大好きな人間味あふれた男です。ありふれた病と軽く見たが、症状はだんだん重くなり、治療もうまくいきません。もっと深刻な病（尿道と腎臓の結核説がある）であったようで、正座や歩行がつらくなっていきました。症状は消長があったけれど、病は気力や知力も萎えさせます。

これより先、七月二十日に大坂在陣中の将軍家茂が脚気衝心《かっけしょうしん》のため二十一歳で急死。継嗣も決まっておらず喪は伏せられ、八月二十日に発表されます。相続予定者は一橋慶喜だが、まず徳川本家の相続だけを承知します。じらして多くの推薦を得たいと思ったのです。

しかし、慶喜が征夷大将軍に補任される十二月五日までが政治的空白期となり、朝廷の反幕勢力が伸長し、岩倉具視が台頭します。さらに十二月二十五日、孝明天皇が三十六歳で崩御、死因は疱瘡だが、毒殺説が流れました。佐幕派の孝明天皇は討幕派にとって障害だからです。翌三年正月九日、第二皇子、睦仁《むつひと》親王十六歳が践祚《せんそ》して天皇となります。

小楠は十二月七日、左平太・大平に宛てて書いています。

「肥後藩政府は因循そのものだ。もちろん護久・護美には内実はわかっており、実学連でなければ人材はいないと見抜いているが、人事に手をつけて騒ぎになるのを恐れ、機会を待っている。ただ、長岡監物の弟の虎之助が監物の養子になって家老見習いとなり、護美とは懇意で万事相談している。自分を非常に信頼して、元田を中継ぎに万事相談があるので、思いついたことはなんでもこの人に申しておくと、すぐに護美に伝わる。今は大因循だが、二、三年の内には変化があるだろう」

「福井はだいぶ好都合だ。下山尚が九月二十日、長崎の帰りに沼山津に寄り、家老からの伝言で当今の存念を承りたいというので、意見を書いて渡したところ持ち返って評議、春嶽・茂昭両公も深く感心した。自分の貧窮ぶりをきいて、救援しようとの議がおこり、両公から百両、社中から五十両を送ってきた。社中は、処罰を受けた本多飛騨、松平主馬、岡部豊後、三岡八郎みな元気で、いよいよもって心術の一途に帰し、集会もはなはだ盛んだそうだ。とりわけ三岡の修行は実地に帰し、以前とは人物うち替り、家臣中でも、町村でも信望が厚いので、遠からず復職するのではないか」

王政復古

京都では薩摩主導の島津久光、山内容堂、伊達宗城、松平春嶽による四侯会議が解散し、慶喜は自信をつけます。

そのころ、土佐藩の後藤象二郎が六月に坂本龍馬から「船中八策」を聞かされ、自分なりに暖めた大政奉還論を容堂に提案、藩論として十月三日、慶喜につきつけます。

慶喜は十月十四日、大政奉還の上表文を朝廷に提出、翌日、承認されました。討幕に進む長州の先手を取ったかたちだが、同じ時、疑惑の「討幕の密勅」が薩摩藩主島津茂久《もちひさ》（忠義）・久光父子、長州藩主毛利敬親《よしちか》父子に授けられます。

大政奉還を小楠に報せたのは、京都にいた門人の山田五次郎です。てっきり新政権ができると思い込んだ小楠は、当然、出京するであろう春嶽宛てに十一月三日、新政体構想の「献白」を呈します。

「すぐに四藩（越前・薩摩・土佐・宇和島）が出京して朝廷を補佐、慶喜も滞京して大久保忠寛ら正議の人々を挙用、ご良心ご培養、これ第一の希《こいねが》うところなり」

「朝廷もご自反ご自責遊ばされ、天下一統人心洗濯、希うところなり」

「大変革の時、議事院を建てよ。上院は公武ご一席、下院は広く天下の人才ご挙用。議会兼執行部、まず四藩が執政職の位置を占め、あとは賢名の聞こえある諸侯を追って登用していく。外国奉行や開港地奉行所の役人には、旧幕府旗本から一人、他は下院から選挙し、目付などは廃止、記録・布告等は下院がおこなう」

「勘定局で、とりあえず五百万両の紙幣を発行する。この引当には、全国から一万石につき百石の税を徴収するのだが、幕府がなくなって、その関係の負担が消滅するから十分の一の貢米は当然だ」

「海軍は神戸に設け、はじめは勘定局から金を出すが、外国貿易が盛大になるにつれて、交易の商税をこれにあてるよう切りかえていく。この運用は議事院中から人傑が出て、うまくやるに違いない」

「条約は、この機会に改正して、公共正大百年不易の条約にする。交易は、これまでの実績では日本が損、外国は大利益をあげている。これは一つには、こちらから外国に乗り出さないためだから、世界各地に日本の商館を建て、国内には大名でも商人・百姓でも自由に入れる商社をつくって船を仕立てる。まだまだ大切なことがたくさんあるけれども、とりあえずの急務は、以上のようなものである」

春嶽は十一月八日に出京し、十日と二十日に慶喜と会いました。議事院のことも出たが、「どうも見込めない」状況だったものの、諸侯会議の上に新しい政体を立てる構想を本気でやろうとします。

十一月十五日、坂本龍馬と中岡慎太郎が、京都見廻組の佐々木只三郎らに暗殺されます。

他方、「討幕の密勅」を得た薩長藩士は、京都に藩兵を集結させ、土佐藩、芸州藩も誘いに乗じて上京しました。尾張、福井の藩兵も滞京しています。その軍事力を背景に大久保、西郷、岩倉らを首謀者とする十二月九日のクーデタで、天皇が王政復古の大号令を下し、幕府支配は崩壊しました。

朝廷の旧施政官職は廃止、新たに三職（総裁・議定・参与）を任命。総裁は有栖川宮熾仁親王《ありすがわのみやたるひと》。議定にふたりの親王、中山忠能《ただやす》ら三卿、これに徳川慶勝、松平春嶽、浅野茂勲《しげこと》（長勲《ながこと》）、山内容堂、島津忠義の五人。参与は大原重徳、万里小路《までのこうじ》博房、長谷信篤、岩倉具視、橋本実梁《さねやね》の五卿、さらに尾張、福井、安芸、土佐、薩摩の五藩から三人ずつ参与を任命することになりました。

坂本龍馬（1836-1867）

終章

暗殺、未来の可能性を断つ

十二月十八日の三職会議で、すでに議定、参与となっている者にくわえて、島津久光、長岡護美、横井小楠、木戸孝允らを呼び寄せることが決まります。岩倉具視が小楠を、明快な富国強兵の国家論をもつ人物として評価したのです。

その決定は十八日夜、肥後藩在京重役に伝えられ、二十一日付けで国許に報せたが、小楠については「同人は御案内通りの身分にて、天下のご政道を議す参与局などにさし出しては、何とも不都合」と懸念をみせます。

慶応四年正月三日、小楠は左平太、大平へ手紙で「一両日には上京仰せ付けらるべきご模様にあい聞こえ、内々、用意いたしおり」と楽観していますが、藩政府は京都留守居を通して「平四郎は近年、病体で朝廷の御用にさし出せない」と登用を断ります。藩も新政府にどう対処するか態度が固まらず、長岡護美についても一度、断っています。正月二十五日には安場一平、山田五次郎が徴士内国掛を仰せつけられたが、「他藩との釣り合い上、多すぎる」と請願、被免になりました。藩の真意は実学派が多くなっては、小楠へのお召しも断れなくなる恐れがあったからです。

いろいろあって、結局、護美は三月一日、参与に任命されます。護美は岩倉具視に「小楠の召命を辞す」との書を送ります。しかし、岩倉は「過去の問題について心配はいらない、かねて人才と聞いて召されたのだから、早く出京させるように」と催促し、重ねて、「早々、上京させよ」と命じました。

さすがに肥後藩も抵抗できなくなり、三月二十日付けで、小楠と都築四郎の士席を元にもどし、小楠へは「用意でき次第、出京するよう」命じます。門人、知友たちの歓びの中で、元田だけが「時期尚早」とみて賛成しません。小楠の君主論を危惧したのです。ふたりの距離が空きました。

小楠は四月八日に江口純三郎、下津鹿之助（休也の子）らをつれて熊本をたち、藩船の凌雲丸に乗り、大坂に着くとまもなく四月二十三日に参与に命じられました。天皇は親征を唱えて大坂に行幸、行在所《あんざいしょ》に留まっています。

大坂には三岡八郎（由利公正）が待ちかねていました。三岡は前年十二月十八日に参与を拝命し、会計事務掛を経て会計事務局判事、太政官札の発行など財政政策の中心人物となり、五カ条の誓文の最初の草稿をつくります。

天皇は閏四月八日に京都に帰り、小楠は四日に入洛、当初は大宮通四条下ルの灰屋八兵衛方にいて、すぐに高倉通丸太町南の井上九兵衛方に転居。風邪でしばらく休んだが、八日、春嶽から病気の見舞い状と品物が届き、癒えてから訪問しました。十二日に太政官に出勤、制度局判事を拝命します。

小楠は「太政官中、第一の年かさ、自然と上下よりも推し立てられ」、識見も飛びぬけていたため、「総裁局顧問に」という声も多かったが、召し出しには積極的だった岩倉が「この人、議論はずいぶん見識もあって面白いが、その弊害も少なからず。顧問のポストにつけて不都合があっては万事草創の際で困る」と逡巡し、議定の春嶽に意見をききました。

春嶽は「小楠を招請して議論の大意が大いに国益になった」と述べながらも、福井藩に驕奢の風を持ち込んだこと、密事漏洩、飲酒の三つを述べて反対しました。そこで、まず制度局に入れ様子をみることにして、小楠にも暫定的な処遇だと説明します。

二月三日から施行されている八局制で、総裁が有栖川宮熾仁、副総裁に三条実美、岩倉具視、顧問に小松帯刀、木戸孝允、後藤象二郎、四月二日から大久保利通がくわわります。

小楠は、まず福岡孝弟《たかちか》と副島種臣が起草した「政体書」の検討を命じられます。

五箇条の御誓文の趣旨に基づき、西欧の三権分立の考え方が導入され、立法を司る議政官、行政を司る行政官、司法を司る刑法官などを設けることになりました。

これを「議政（立法）と行政をはっきり区別した非常にすぐれた見解である」と評価したうえで、この案では、議政官の参与に人材が集中し、行政の責任者の輔相が議政官の上位でもある。それでは貢子として採用されている人たちが将来、下院（衆議院）の一員として能力を発揮する余地がまったくなくなる。輔相は「至尊」を補佐する行政官であり、議定も参与もともに立法官である。ところが岩倉具視は議定、輔相でありつつ参与だから、輔相は大権の最高責任者である天皇を補佐する役目に専念すべきだとします。

閏四月二十一日、「政体書」を発布、三度目の制度改革です。それまでの三職八官を改め、新たに太政官が設けられて「天下の権力総《すべ》てこれを太政官に帰す」と定められます。

太政官のもとに議政、行政、神祇、会計、軍務、外国、刑法の七官を置き、参与は人数を大幅に削り、議定とともに議政官の上局を構成。新しい参与は、小松帯刀、大久保利通、木戸孝允、広沢真臣《さねおみ》、後藤象二郎、福岡孝弟、副島種臣、由利公正（三岡姓を明治三年に改める）、それに横井小楠の九人で、薩長土が各二人、肥前・肥後・越前が各一人。小楠は翌日、従四位下に叙せられました。

三月十四日、勝と西郷によって江戸無血開城の諒解がつきます。四月、慶喜は水戸へ退去。五月、奥羽越列藩同盟が成立、彰義隊壊滅と続き、徳川宗家の家達《いえさと》が駿河府中七十万石に封じられました。

会津との戦には反対論が多かったが、小楠は主戦論をとります。肥後藩は護美が軍務官副知事なのに動けず、監物の弟の米田虎之助が肥後藩征東軍総帥に任じられ、六月二日、大坂に着し、すぐ京都に来て小楠と相談しました。

小楠の米田宛六月十日付けの手紙では、「江戸の津田山三郎が一統の定論（穏和説）で、みなその影響を受け、安場保和（一平）が帰ってきたが同論なので論破した。みんな〝鎮撫〟の意味をとり違えている」「安場も追々、申し上げた通り、思慮浅き生（性）質で独り離れも出来かね、実にもって気遣っている」と愛弟子をきびしく批判しました。

遺表

小楠は慢性化した病が上洛後に悪化し、五月下旬から引き籠もります。治療をつくしたが、七、八月には下血、小便も出ません。死ぬかもしれぬと、四条からなる「遺表」を口授しました。

この第一条で天皇の人間としてのありようを記しています。

「人の良心は道の本である。この良心は時に不発ということなく行われるのが、すなわち道である。誠である。誠でなければ、人を動かし、物を動かすことはできない。人主は民を愛して政を施し、順を賞し、逆を罰する。みなこの心に基づく。天下が服するゆえんである。天命を奉じて天下を治めるほかにない。この良心に従って、これを行うのみである。しからずして、ただ富強の事に従うのは覇者の術である」

小楠がみた天皇は君主たるべき人でしょうか。

「ご気量（容貌）を申し上げ候へば、十人並みにもあらせらるべきや、唯、並々ならぬ御英相にて、誠に非常の御方、恐悦無限の至りに存じ奉り候」（五月二十二日沼山津宛て）

「主上、当年御宝算御十七歳、いまだ御幼年に在らせられ候へども、非常に御聡明、誠に驚き入り奉り候」（九月二十一日、弥富千左衛門宛て）

まずは及第点でした。

七月十七日、江戸を東京と改め、九月八日、明治と改元、一世一元の制が定められます。二十二日に会津藩が降伏しました。

小楠は九月初旬にやや回復し、九月十五日より出勤。岩倉具視が小楠に秘密の相談をします。「天皇教育の根本、指針を考えてもらいたい」。そこで小楠は「中興の立志七条」を書きます。

一、中興の立志今日に在り。今日立つことあたはず。立たんことを他日に求む。豈《あに》此《こ》の理あらんや。（天皇の立志は今に在る）

一、皇天を敬し祖先に事《つか》ふ、本に報ずるの大孝なり。

一、万乗の尊を屈し匹夫の卑に降る。人情を察し知識を明にす。（天皇は雲の上に身を置くべきものではなく、匹夫の野に降って民情を察し、知識を明らかにすべき）

一、習気を去らざれば良心亡ぶ。虚礼虚文、此心の仇敵にあらざらんや。（天皇のあり方の根本は良心にめざめること、虚礼虚文がこの心の仇敵だ）

一、矯怠の心あれば事業を勉《つとむ》ることあたはず。事業を勉めずして何をか我霊台を磨かんや。（天皇の職務は民の生活を豊かにする事業にある）

一、忠言必ず逆《さから》ひ、巧言必ず順《したが》ふ。此間痛く猛省し私心を去らずんばあるべからず。（臣下の忠言に耳を傾けることだが、忠言は耳逆らい、巧言は耳に順いがちで、痛烈に反省し私心を去るべきだ）

一、戦争の惨憺万民の疲弊、これを思い又思い、更に見聞に求むれば自然に良心を発すべし。（戦争の惨憺は万民の疲弊だから、可能な限り避けるべき。これを思い、さらに見聞を求めると、自然に「良心」がわきあがる）

十一月も小楠は不調で時々、欠勤しました。下旬には沼山津へ「良くならなければ辞職して帰るほかあるまい」と書きます。十二月、病状が再び悪化。「正月十五日ごろを目途として、治らなければ辞表、万一治れば家族を呼び寄せという方針」で、さらに目途を二月半ばに修正して明治二（一八六九）年の正月を迎えます。

十二月十三日、小楠は寺町通竹屋町上ルの大垣屋の広大な家に転居しました。手狭になって、米田虎之助が肥後藩征東軍総帥として凱旋の帰途、京都に寄るための準備でもありました。

明治二（一八六九）年正月五日午前、底冷えのする陰鬱な冬の日でした。

小楠は駕籠に乗り、烏帽子《えぼし》、直垂《ひたたれ》の正装で太政官に出仕したが、疲れを覚えて、皆より早く八ツ（午後二時）過ぎに退庁しました。

駕籠脇には、若党の松村金三郎がつき添い、五、六間（約一一メートル）あとに同じく若党の上野友次郎、門生で当日の護衛番の横山助之進と下津鹿之助は二十間（約三六メートル）ほどおくれて続きます。

御所の寺町門から出た駕籠が、寺町丸太町を下ったあたりで、突然、銃声がして、黒覆面の六人が抜刀して殺到しました。

不意をつかれた松村らが応戦したときには、暴漢のふたりが駕籠わきに立っていました。松村は立ちむかい、右腕を深く斬られました。上野は銃声がきこえた途端、踏み出したが、背後から横腹に一刀をうけ、ふり返ったところを頬から首にかけ斬られました。

横山と下津は、すぐに駆け出したが、数人の敵が斬りかかって乱戦となり、頭や肩に手疵を負いながら敵にも手負わせました。下津は、ひとりの太刀を打ち落とすや、つけいって肩を深く斬り下げ、手応えがありました。

駕籠の左右から刀が突っ込まれると、小楠は転がり出て、驚くような早さで立ち上がり、駕籠を背にして短刀を構えましたが、病の老体に短刀では勝負になりません。下津が「先生！　先生！」と叫んだときには、幾太刀か斬られて倒れ、ひとりが首級をあげて、丸太町を西に逃走しました。

ほかの襲撃者も続き、横山と下津があとを追いました。

急を聞いた若党の吉尾七五三之助《しめのすけ》が、邸宅から駆けつけました。彼は〝八町次郎〟とあだ名をとった俊足で、富小路夷《えびす》川のあたりで追いつき、敵は首を投げつけ、吉尾が拾う間に逃げ去りました。

天皇は、凶報がもたらされると「深く震怒、悩《くるし》まれ、早速、悪徒召し捕りを厳重に処置いたすべき旨」命じます。

「朝威が立つか立たざるかは、このご処分にこれあり。京府、厳重手配、すみやかに悪徒を召し捕り候よう、よろしく差配いたすべく」

早速、召し捕り糾弾の儀が命じられ、寓居には勅使が派遣されました。

小楠の遺骸はまもなく寓居に運ばれ、変事をきいた人々が続々と集まってきました。遺骸は門人たちの手で清められ、通夜が行なわれました。

六日、朝廷より細川韶邦へ、葬儀のため三百両を下賜するとの沙汰があって、七日、葬儀が営まれ、肥後藩と関係の深い南禅寺山内天授庵の墓地に葬られました。享年六十一です。

小楠の遭難は、数日後、早打ち（馬）で熊本に達し、一族、門人、知己を驚愕、悲嘆のうちにつき落としました。妻のつせ子は、小楠の看護をしようと上京を決め、いとまごいのため、義兄の竹崎律次郎宅を訪れていました。沼山津からの急報をうけた竹崎の娘の律子は、叔母に小楠の死を告げかねて、病気といって帰しました。つせ子は三十九歳で寡婦となり、黒髪を切って小楠の霊にそなえ、子供たちを立派に育てると誓います。

その日、安場一平（保和）らは、久しく病床にある下津休也を見舞いました。ご隠居をなぐさめるために、池のまわりで子供らが「馬追い」の遊びをするのに大人もまじってにぎわっていたところへ、悲報がとどきました。みな打ちしおれ、涙にくれました。

息子の時雄は、十三になったばかりで、従弟の不破唯次郎と沼山津川から釣りをしてもどってくると、家中、悲嘆に沈んでいます。訳をたずねても誰もこたえなかったので、それ以上は気にせず、獲物の多寡をあらそうのに夢中になりました。その後、父の死を知らされて、折々、押し入れに隠れて泣きました。

徳富一敬は郷里の葦北にいて、小楠の病を案じていたが、ある夜、師を襲う刺客を斬りはらう夢までみて心配のあまり、つせ子の上京をうながそうと、妻の久子を沼山津にいかせました。久子は熊本に着いて凶報を知り、下男を葦北へやって知らせ、夜道を沼山津へいそぎました。

沼山津には岩男俊貞が遺髪を持ちかえり、瘞髪《えいはつ》式が村民総出でおこなわれました。横井家の菩提寺は熊本城下の浄土宗、往生院だが、沼山津には同派の寺がなく、真宗の光輪寺を借りて往生院僧侶により葬儀がすすめられ、遺髪はほど近い丘陵の一角に埋められました。

大久保利通は十日に小松玄蕃頭らに宛てた書簡中に、犯人はいわゆる攘夷社中とみえ、横井ひとりに止まらず、ほかに参与中、除かなければならぬ者もあるという説や、福岡孝弟もとくに恐れをなした模様と伝えています。大久保は鹿児島に帰る予定でしたが、「京情すこぶる紛糾せし」をもって中止します。

木戸孝允は二十日付け手紙で、岩倉具視にこう述べています。

「横井平四郎の一条、畢竟《ひっきょう》（つまるところ）朝廷のために恐れ入ることです。彼（小楠）が近ごろ、どんな説を主張しているかは知りませんが、今日、言路開明のご時節、このようなことがあっては、後来、何をもって朝威を立てるべきでしょうか。なにとぞ、朝憲の屹度《きっと》凛然あい立つようにご処置ください」

誤解と偏見

捜索は峻厳をきわめました。

下津の一太刀で重傷を負い逃走した浪人の柳田直蔵は、夕方、中町夷川通りの民家の便所にひそんで自殺をはかったところを発見され、捕縛されたが、十二日に死亡しました。

持っていた斬奸状には、

「この者、これまでの姦計、枚挙に遑《いとま》あらず候えども、姑《しばら》(暫)くこれを舎《お》(置)く。今般、夷賊に同心し、天主教を海内に蔓延せしめんとす。邪教、蔓延いたし候節は、皇国は外夷の有《もの》とあいなり候こと顕然なり。しかしながら、朝廷ご登用の人を殺害におよび候こと、深く恐れ入り奉り候えども、売国の姦、要路にふさがりおり候ときは、前条の次第にたちいたり候ゆえ、やむをえず天誅をくわうるものなり」

とありました。

誤解もはなはだしいとは、このことです。

実行犯は、石見国郷士の上田立夫三十歳、備前国上道郡の名主のせがれで土屋延雄(本名・津下四郎左衛門)二十三歳、大和十津川郷士の前岡力雄二十六歳、おなじく十津川郷士の中井刀禰尾

二十四、五歳（推定）、元住職の鹿島又之允二十四歳、柳田は二十五歳。
暗殺計画は、旧知の上田と土屋が、前年十二月中旬に京都で出会い、「小楠、討つべし」と一致し、十津川郷士の顔役であった上平主税の丸太町の家（十津川屯所などと呼ばれていた）で建議、下旬には六人が盟約をむすびました。彼らは、維新政府の洋夷許容の風が、すべて小楠のせいのように思ったのでした。

事件後、土屋は十四日、捕吏に出会って自首。上田、鹿島、中井、前岡は高野山中の旅籠商家に潜伏していたが、十六日、探索の手がおよんで、上田と鹿島は捕縛され、中井と前岡は十津川へ逃亡。前岡は翌三年七月、垂井宿で捕縛され、中井は行方不明。

ところが尊皇派は、小楠暗殺を快挙としました。

政府内でも、刑法官知事の大原重徳（公家）は急先鋒で「ああいう奸人が有志の手で片づけられたのは、皇天が聖朝のご維新を助けるために照鑒《しょうかん》を垂れたもうたのだから、その天意にしたがって、下手人たちは非常出格の寛典に浴すべきだ」と意見書を出しました。

九月には弾正台が、「国賊」ともいうべき人物を殺したものは罪一等を減ぜよと建議します。証拠固めに、大巡察の古賀十郎を熊本に派遣して、出てきたのが小楠の著述という『天道覚明論』です。

古賀が阿蘇神社に参詣すると、その前夜に「拝殿に投げ込まれていた」と大宮司の阿蘇惟治《これはる》から一文書を渡されました。それに記された「堯舜湯武の禅譲放伐を行うことができないなら、その亡滅をとる」、つまり「血統論は天理に順でない」という主張が国賊の証左とされました。小楠の論をよく知る者の捏造した偽書でしょう。明治三年二月十三日付けで阿蘇惟治から神祇官に提出した書面には、「横井平四郎の著述という証左はない」と明言してあります。

小楠、死して一年十カ月後、ようやく同年十月十日、廟議一決して犯人の刑を執行します。行方不明の中井をのぞく実行犯四人は「参与横井平四郎儀、邪説を唱うるとの浮説を信じ、擅《ほしいまま》に殺害におよび、剰《あまつさ》へその場を立ち遁《のが》るる条、朝憲憚《はばか》らず、不届き至極につき梟首《きょうしゅ》申しつくる」と即日、処刑されました。

また三人が、暗殺の密議にくわわり、刺客を隠匿した等の廉で終身流罪、ふたりが禁錮三年、ひとりが同百日、その他約二十人が処罰されています。

三岡八郎は、当時、建議して発行した金札が東京で流通しないという問題があって、命を受けて東下していて、十日に大阪に着船し、はじめて師の横死を知って驚愕しました。ただちに府庁にいって刺客捜索のことを協議し、数日して入京、小楠の寓居を訪れます。

「その寂莫として、ふたたび師の温容をみるあたわず、そぞろに悲痛の感にたえなかった」

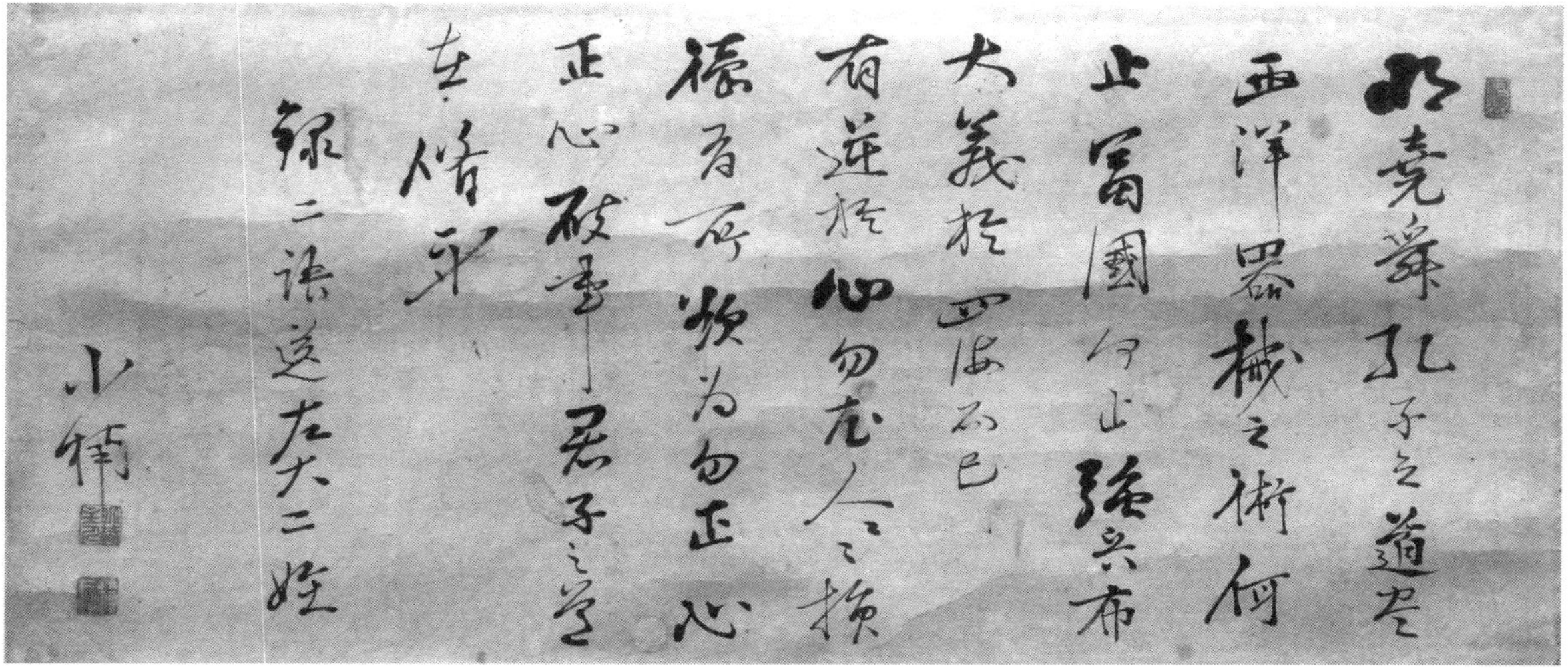

漢詩「堯舜孔子之道」（横井小楠筆）
（横井和子氏蔵　横井小楠記念館寄託）

あとがき

人類普遍の理想社会を、幕末という時代に構想した横井小楠という大思想家のことは、もっと知られてよいと思います。

小楠に関する優れた研究書はありますが、一般読者にはハードルが高過ぎます。難しすぎる第一の理由は、小楠が儒学から出発したというところにあるでしょう。「横井小楠とは四字熟語か」と質問した若い人がいたという嘘のような話がありますが、たとえば儒学用語の「格物致知」などという言葉が出てきただけで、多くの人は拒絶反応を起こすのではないでしょうか。

私たちには儒学の素養がありません。ですから、小楠の思想形成の過程を専門的に説明されると、頭が痛くなるわけです。それは、横井小楠という存在を私たちから遠ざける大きな要因だと思います。だからといって、そこを避けては小楠を語れません。何とか工夫して、面白くてやさしい「小楠」を書けないものだろうか。その課題に挑んだのが、二〇一三（平成二十五年）年に藤原書店から出した『小説　横井小楠』です。

これは伝記小説です。小楠は比較的、史料が多い方ですが、それでも、欠落する重要な場面というものがあります。それをフィクションで補わなければ、彼の生涯を自由に書けません。いわば虚実皮膜のうちに、小楠の人間臭い部分まで掘り下げて、実像に迫ることができるであろう、と考えました。

小楠の六十一年の人生はきわめて濃密ですから、書き込みたいことが多く、筆のおもむくところ、原稿の分量は多くなります。できあがってみたら、六百ページもの大著になっていました。それでもまだ加筆したい気持ちがあります。横井小楠をライフワークにされた源了圓先生が言われたように「小楠は、どんどん長くなるんです」という状態で、知友、関係者の感想は「決定版とはいえ、いかんせん長すぎる」というものでした。現代人は忙しいし、大著を読む経験が昭和世代より乏しいから、長くて歯ごたえのある本は敬遠されるといった指摘は、残念ながら当たっていると言わざるを得ません。

そこで『小説　横井小楠』を読んでもらうためには、量的に半分ほど短い小楠の本を用意して、まずは気軽に手にとっていただく必要があると思いました。それには、小楠の思想や人生を、できるだけかみ砕いて読者に語りかける手法がふさわしいでしょう。こうして書き上げたのが、この評伝です。

二冊目の「小楠」の誕生には、藤原書店の藤原良雄さんの理解と熱意がありました。前著から引き続き編集作業にあたられた小枝冬実さんに感謝いたします。

二〇一八年六月

小島英記

北条時行―時満―時任―時利―時永（横井に改姓）―時勝―時延

- 時延
  - 時泰
  - 時雄
  - 時朝…也有（俳人）
  - 時久…千秋・時冬（国学者　文学者）
  - 時春
    - 時次（熊本横井家の祖）
      - 時久
      - 時国
        - 時慎
        - 時昭―時秀―時元（時庸　嫡男）＝よせ（永嶺家　女）
          - 時昆（病身のため家督を継がず）＝しゅん（寺井家　女）
        - 時庸―時元
      - 時重
      - 時長
    - 時助

- 時明（左平太）（郡代定役）＝きよ（清子）（不破敬次郎二女）
  - いつ（母の実家不破家に嫁す）
  - 時治（左平太）（元老院権少書記官）＝玉子（女子美術学校創立）
  - 時実（大平）（熊本洋学校創立に尽力）

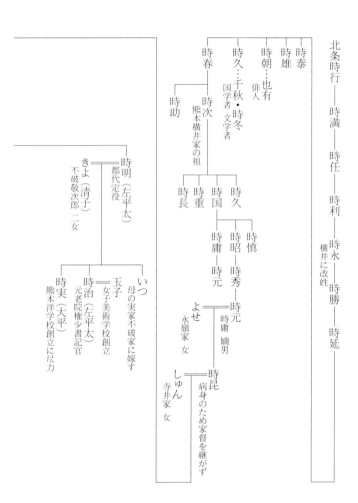

横井家略系図

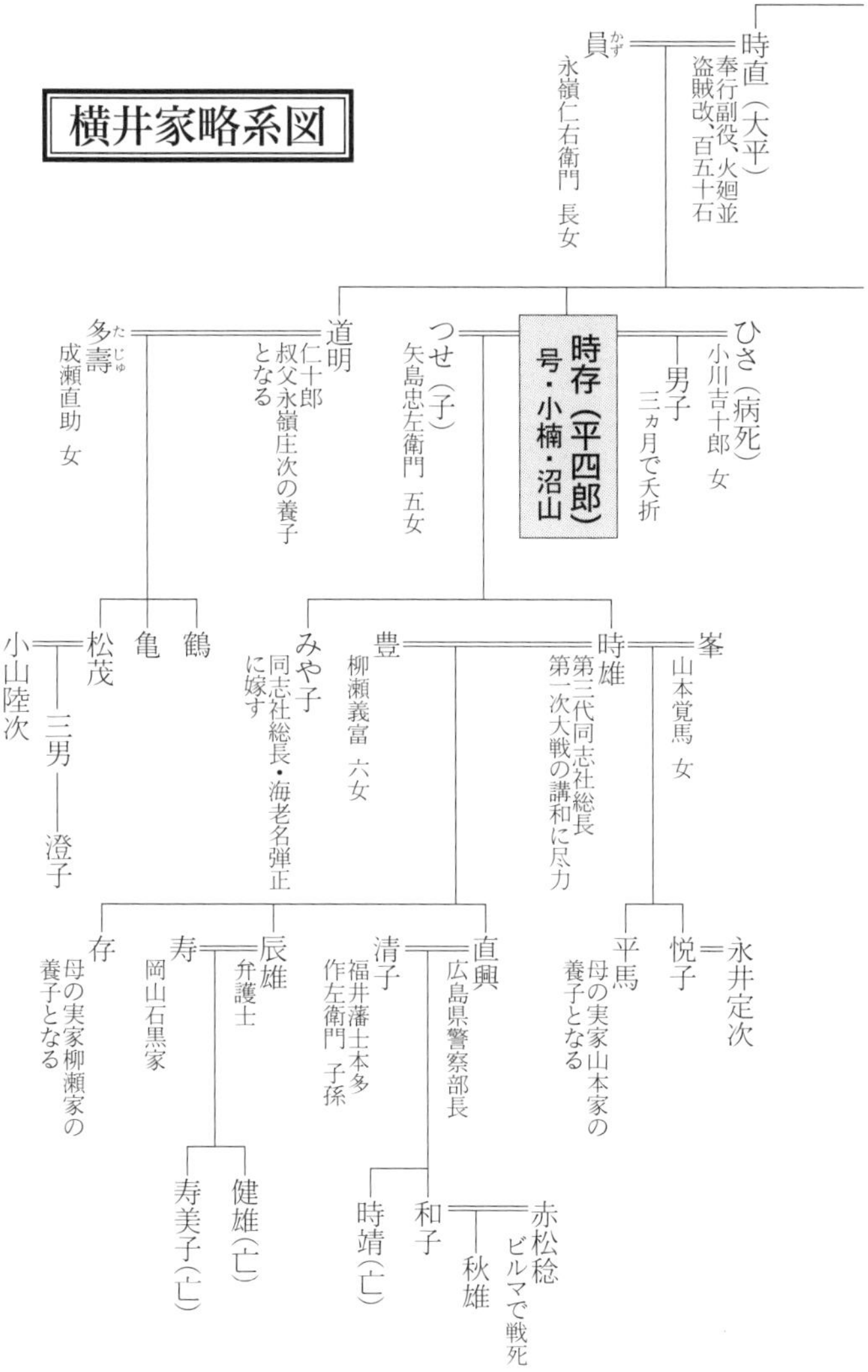

＊山崎正董『横井小楠　伝記篇』、源了圓・花立三郎・三上一夫・水野公寿編『横井小楠のすべて』（新人物往来社、一九九八年）を基に作成。

主要参考文献

『横井小楠　上巻　伝記篇』山崎正董著、明治書院、一九三八年。

『横井小楠　下巻　遺稿篇』山崎正董著、明治書院、一九三八年。

『横井小楠――儒学的正義とは何か』松浦玲著、朝日選書、二〇〇〇年。

『横井小楠』松浦玲著、ちくま学芸文庫、二〇一〇年。

『横井小楠研究』源了圓著、藤原書店、二〇一三年。

『横井小楠の弟子たち――熊本実学派の人々』花立三郎著、藤原書店、二〇一三年。

『横井小楠漢詩文全釈』野口宗親著、熊本出版文化会館、二〇一一年。

『横井小楠の実学思想――基盤・形成・転回の軌跡』堤克彦著、ぺりかん社、二〇一一年。

『公共する人間3　横井小楠――公共の政を首唱した開国の志士』平石直昭・金泰昌編、東京大学出版会、二〇一〇年。

『別冊環17　横井小楠 1809-1869 「公共」の先駆者』源了圓編、藤原書店、二〇〇九年。

『環』44号（小特集・横井小楠）藤原書店、二〇一一年。

『幕末維新の個性2　横井小楠と松平春嶽』高木不二著、吉川弘文館、二〇〇五年。

『熊本藩の法と政治――近代的統治への胎動』鎌田浩著、創文社、一九九八年。

『伝記叢書76　竹崎順子』徳富健次郎述、福永書店、一九二三年。

『蘇峰自伝』徳富猪一郎著、中央公論社、一九三五年。

『日本の名著30　佐久間象山　横井小楠』責任編集・訳松浦玲、中央公論社、一九七〇年。

『日本の名著31　吉田松陰』責任編集・松本三之介、中央公論社、一九七三年。

『日本の名著29　藤田東湖』責任編集・橋川文三、中央公論社、一九七四年。

『日本思想大系55　渡辺崋山・高野長英・佐久間象山・横井小楠・橋本左内』岩波書店、一九七一年。

『日本思想大系54　吉田松陰』岩波書店、一九七八年。

『江戸の思想家たち』上・下、相良亨・松本三之介・源了圓編、研究社出版、一九七九年。

『世界の名著3　孔子・孟子』、責任編集・貝塚茂樹、中央公論社、一九七八年。

『世界の名著19　朱子・王陽明』、責任編集・荒木見悟、中央公論社、一九七八年。

『日本の思想19　吉田松陰集』、奈良本辰也編、筑摩書房、一九六九年。

『松平春嶽全集』(全四巻)、松平春嶽全集編纂委員会編、原書房、一九七三年。

『昨夢紀事』中根雪江著、東京大学出版会、一九六八年。

『再夢紀事』中根雪江著、日本史籍協会叢書、東京大学出版会、一九七四年。

『続再夢紀事』中根雪江著、日本史籍協会叢書、東京大学出版会、一九七四年。

『松平春嶽』川端太平著、吉川弘文館、一九九〇年。

『由利公正伝』三岡丈夫編、光融館、一九一六年。

『子爵由利公正伝』由利正通編、三秀舎、一九四〇年。

『高杉晋作全集』上・下、堀哲三郎編、新人物往来社、一九七四年。

『橋本景岳全集』続日本史籍協会叢書、東京大学出版会、一九七七年。

『啓発録』橋本左内著、伴五十嗣郎全訳注、講談社学術文庫、一九八二年。

『維新前夜の群像第1　高杉晋作』奈良本辰也著、中公新書、一九六五年。

『大久保一翁――最後の幕臣』松岡英夫著、中公新書、一九七九年。

『維新前夜の群像第4　木戸孝允』大江志乃夫著、中公新書、一九六八年。

『維新前夜の群像7　岩倉具視』大久保利謙著、中公新書、一九九〇年。

『明治天皇――苦悩する「理想的君主」』笠原英彦著、中公新書、二〇〇六年。

『明治天皇紀』第一、宮内庁編、吉川弘文館、一九六八年。

『維新前夜の群像 第3　勝海舟』松浦玲著、中公新書、一九六八年。

『勝海舟』松浦玲著、筑摩書房、二〇一〇年。

『勝海舟と西郷隆盛』松浦玲著、岩波新書、二〇一一年。

『勝海舟全集1　幕末日記』勝海舟全集刊行会（代表・江藤淳)、講談社、一九七六年。

『勝海舟全集別巻「来簡と資料」』勝海舟全集刊行会（代表・江藤淳)、講談社、一九九四年。

『氷川清話』勝部真長編、角川文庫、一九七二年。

『海舟座談』巌本善治編、岩波文庫、一九八三年。

『勝海舟』石井孝著、吉川弘文館、一九八六年。

『徳川慶喜公伝』（全四巻）、渋沢栄一著、東洋文庫（平凡社）、一九六七―八年。

『佐久間象山』大平喜間多著、吉川弘文館、一九八七年。

『川路聖謨』川田貞夫著、吉川弘文館、一九九七年。

『井伊直弼』吉田常吉著、吉川弘文館、一九八五年。

『藤田東湖』鈴木暎一著、吉川弘文館、一九九八年。

『西郷隆盛』上下、井上清著、中公新書、一九七〇年。

『西郷隆盛全集』（全六巻）西郷隆盛全集編集委員会編、大和書房、一九七六―八〇年。

『西郷隆盛』田中惣五郎著、吉川弘文館、一九八五年。

『西郷隆盛――西南戦争への道』猪飼隆明著、岩波新書、一九九二年。

『大久保利通』佐々木克監修、講談社学術文庫、二〇〇四年。

『大久保利通と明治維新』佐々木克著、吉川弘文館、一九九八年。

『維新前夜の群像第5　大久保利通』毛利敏彦著、中公新書、一九六九年。

『幕末維新の個性 3　大久保利通』笠原英彦著、吉川弘文館、二〇〇五年。

『小松帯刀』高村直助著、吉川弘文館、二〇一二年。

『坂本龍馬全集』平尾道雄監修、宮地佐一郎編集、光風社出版、一九八八年。

『坂本龍馬と明治維新』マリアス・ジャンセン著、平尾道雄・浜田亀吉訳、時事通信社、一九七三年。

『検証・龍馬伝説』松浦玲著、論創社、二〇〇一年。

『坂本龍馬』松浦玲著、岩波新書、二〇〇八年。

『維新前夜の群像第2　坂本龍馬』池田敬正著、中公新書、一九六五年。

『坂本龍馬日記』上・下、菊地明・山村竜也編、新人物往来社、一九九六年。

『龍馬の手紙――坂本龍馬全書簡集・関係文書・詠草』宮地佐一郎著、講談社学術文庫、二〇〇三年。

『オランダ風説書――「鎖国」日本に語られた「世界」』松方冬子著、中公新書、二〇一〇年。

『ペリー来航』三谷博著、吉川弘文館、二〇〇三年。

『幕末の長州――維新志士出現の背景』田中彰著、中公新書、一九六五年。

『王政復古――慶応三年十二月九日の政変』井上勲著、中公新書、一九九一年。

『幕末政治家』福地桜痴著、岩波文庫、二〇〇三年。

『安場保和伝 1835-99――豪傑・無私の政治家』安場保吉編、藤原書店、二〇〇六年。

横井小楠年譜（一八〇九―六九）

和暦（西暦）	齢	関係事項
文化6（一八〇九）	1	8・13熊本城下内坪井町に生れる。肥後藩士横井時直（世禄一五〇石）の次男。
文化13（一八一六）	8	このころ藩校時習館に入学。
文政4（一八二一）	13	経国の志をおこし下津久馬と他日国事の振興に当ることを約束する。
文政5（一八二二）	14	このころ熊本城下水道町に転居。
文政6（一八二三）	15	11月句読・習書・詩作出精につき金子二〇〇疋を受ける。12月藩主にお目見え。
文政12（一八二九）	21	犬追物・芸術・学問・居合・槍術・游の出精により、藩主より賞詞を受ける。
天保2（一八三一）	23	7・4父時直死去（享年五三歳）。11月兄左平太（時明）家督相続。
天保4（一八三三）	25	6・23時習館居寮生となる。
天保6（一八三五）	27	9月肥後藩士伊藤石之助ら時習館訓導宅へ放火。翌年士分一九人、百姓六四人処罰。
天保7（一八三六）	28	4月講堂世話役。11月居寮世話役。
天保8（一八三七）	29	2・7居寮長に昇進。毎年米一〇俵の心付。2月大塩平八郎の乱。
天保9（一八三八）	30	時習館内の菁莪斎に寝食する間、『寓館雑志』を執筆。
天保10（一八三九）	31	3月江戸遊学の命をうけ出発、4・16江戸着。林大学頭に入門、佐藤一斎・松崎慊堂・藤田東湖らと交る。12・25藤田東湖の酒宴に出席。

和暦（西暦）	齢	関係事項
天保11（一八四〇）	32	2・9酒失の故をもって帰国命令を受ける。3・3江戸を出発、4月熊本着。12月逼塞七〇日の処分をうける。アヘン戦争（〜42年）。
天保12（一八四一）	33	**『時務策』**を執筆（天保14年説あり）。幕府、天保の改革（〜43年）。
天保14（一八四三）	35	長岡監物・下津久也・荻昌国・元田永孚と講学（実学党のおこり、天保12年説あり）。このころ私塾を開く。入門第一号は徳富一敬、ついで矢島直方入門、塾生漸次増加（徳富一敬自伝では弘化2年入門とあり）。
弘化2（一八四五）	37	「感懐十首」をつくり、親友に実学への決意を披瀝。
弘化3（一八四六）	38	兄に従い熊本城下相撲町に転居。一室を居室兼講義室とする。
弘化4（一八四七）	39	3月塾舎を新築し、小楠堂と名付ける。塾生二十余人寄宿。
嘉永2（一八四九）	41	福井藩士三寺三作、西国巡歴の際、10・15小楠をたずね、二旬に及び小楠堂に滞在、11・10熊本を離れる。11・9肥後藩主細川斉護三女・勇姫、福井藩主松平春嶽に嫁す。
嘉永3（一八五〇）	42	12月吉田松陰九州遊歴。12・9〜13熊本滞在、池辺啓太、宮部鼎蔵と会う。
嘉永4（一八五一）	43	上国遊歴。2・18熊本出発、北九州・山陽道・南海道・畿内・東海道・北陸道の二〇余藩を遊歴し、8・21帰国。門生徳富一義、笠左一右衛門随行。6・12〜6・20及び7・6〜7・20福井に滞在。
嘉永5（一八五二）	44	福井藩の学校の制についての諮問に、3月**『学校問答書』**を執筆し送る。
嘉永6（一八五三）	45	1月**『文武一途の説』**を執筆し福井藩に送る。2月小川ひさと結婚。6月ペリー浦賀来航。7月プチャーチン長崎来航。10月吉田松陰熊本に来て、小楠らと会合。10月ごろ**『夷虜応接大意』**を執筆。
安政元（一八五四）	46	7・17兄時明病死（文化4・1・27生、享年四八）。9月家督総続。

安政2(一八五五)	47	3月ごろ長岡監物と絶交。5月熊本郊外沼山津村に転居(四時軒)。10・29生後三カ月の長男死去、その一〇余日後11月妻ひさ病死。『海国図志』を読み、この年より開国論を主張。
安政3(一八五六)	48	矢島つせと再婚。「沼山閑居雑詩十首」を作成。
安政4(一八五七)	49	5・13福井藩士村田氏寿、松平春嶽の命で来熊し小楠招聘の意を伝える。10・17長男・又雄誕生(のち時雄)。
安政5(一八五八)	50	3・12ごろ熊本を出発、安場保和、河瀬典次、池辺亀三郎随行。4・7福井着。福井藩は賓師の礼をもって迎え、五〇人扶持を与える。8・17弟永嶺仁十郎死去(文化12・7・7生、享年四四)。12・15福井出発、竹崎律次郎、河瀬典次のほか福井藩士三岡石五郎(八郎、のち由利公正)、榊原幸八、平瀬儀作をともない、翌年1・3熊本着。
安政6(一八五九)	51	4月下旬従者二、三人と熊本を出発、5・20福井着。福井藩の富国策を推進する。矢島源助来福し、母かず重病の知らせにより直ちに12・5福井出発、同18日沼山津着(母はすでに11・29死去していた、享年七二)。
万延元(一八六〇)	52	3月3度めの福井藩招聘に応じて福井に赴く。『**国是三論**』を執筆。7月おこり病にかかる。10月、高杉晋作が訪ねてくる。松平春嶽と国許家老らの対立「東北行き違い」を小楠が解決する。
文久元(一八六一)	53	松平春嶽の招きにより3・24福井を出発し、4月中旬江戸に着く。春嶽・茂昭の諮問に応える。8・20江戸を出発、9月初旬福井着。10・5福井を出発し帰国。福井藩の書生七人(松平正直、青山貞、堤正誼ら)随行、10・19沼山津着。11・26榜示犯禁事件(禁猟場での発砲)をおこす。
文久2(一八六二)	54	3月榜示犯禁に対し「先平常通り心得る様」との処分がある。4月、福井藩の書生帰国。5月三岡石五郎来熊。6・10ごろ熊本を出発、福井に向う。三岡のほか内藤泰吉、横井大平ら六人が随行。途中松平春嶽の急使に迎えられ、小楠のみ江戸に向い7・6着府。7・7春嶽は小楠の進言により政事総裁職就任を決意。小楠は春嶽のブレーンとして活躍。「**国是七条**」(7月)「攘夷三策」(12月)を幕府に建白。9・15長女みや誕生。12・19肥後藩江戸留守役吉田平之助、同藩士都築四郎と酒宴、刺客に襲われ、脱出(士道忘却事件)。12・22江戸をたち福井へ赴く。

和暦（西暦）	齢	関係事項
文久3（一八六三）	55	4月、福井藩のため「処時変議」「朋党の病を建言す」を執筆。4月福井藩の挙藩上洛計画を主導。5月挙藩上洛の藩議成立。8・11上洛計画の中止により福井を辞し、帰熊。8・25熊本着。8・18八月十八日の政変。12・16士道忘却事件の判決があり、知行召上げ・士席剥奪される。これ以後、明治元年まで沼山津に蟄居。
元治元（一八六四）	56	勝海舟の長崎出張に同伴した坂本龍馬はその往路2月と帰路の4月に沼山津四時軒を訪問。「**海軍問答書**」を執筆し、長崎の海舟に献策。横井左平太・大平の二甥と門人の岩男俊貞神戸海軍操練所入門のため龍馬に同行。秋、井上毅は小楠と対話、「**沼山対話**」を執筆。6・5池田屋事件。7・19禁門の変。
慶応元（一八六五）	57	5・19坂本龍馬は薩摩からの帰途、沼山津四時軒を訪問。晩秋、元田永孚は小楠と談話、「**沼山閑話**」を執筆。肥後滞在中の松江藩士桃節山、10・28、11・16四時軒を訪問。
慶応2（一八六六）	58	4・27二甥横井左平太・大平、長崎から出帆、米国へ向う。送別の漢詩をおくる。9・20福井藩士下山尚来訪。福井藩に時事についての意見を提出。
慶応3（一八六七）	59	1月福井藩に「国是十二条」を贈る。8月柳川藩士曾我祐準、四時軒来訪。11月新政について松平春嶽に建言。12・18朝廷より召命、熊本藩は断る。
明治元（一八六八）	60	3・8再度の召命。肥後藩は士席を回復し、上京を命ず。4・8百貫石港から肥後藩船凌雲丸で上京。4・11大坂着。同23参与を拝命。閏4・4入洛。同5制度事務局判事を拝命。同21上局参与拝命。同22従四位下に叙せられる。5月下旬病状募り欠勤、「遺表」を門弟らに口授。8月ごろから数回、英国留学から6月帰国した森有礼、鮫島尚信と談話。9月初旬、快復。9・15より出勤。9月下旬、「中興の立志七条」建白。11月時々欠勤。12月病状再び悪化。
明治2（一八六九）	61	1・5太政官に出仕した帰途暗殺される。1・6朝廷より三〇〇両下される。1・7京都南禅寺天授庵に葬られる。
昭和3（一九二八）		11月特旨を以て正三位追陞。

（＊別冊『環』⑰「横井小楠 1809-1869」中の水野公寿氏作成の年譜をもとに、著者が修正し作成した。）

ら 行

わ 行

や　行

ま行

な　行

は　行

た 行

か 行

さ 行

主要人名索引

＊本書登場人物中、随所に登場する横井小楠（又雄、平四郎、時存)、「主な登場人物」の頁、「あとがき」以降の頁を除く。

あ行

著者紹介

小島英記（こじま・ひでき）

1945年福岡県八女市生まれ。早稲田大学政治学科卒業。日本経済新聞のパリ特派員、文化部編集委員などを経て作家となる。

幕末維新をテーマとする作品に『小説・横井小楠』（藤原書店）、『幕末維新を動かした８人の外国人』（東洋経済新報社）がある。

時代小説も多く手がけ、『塚原卜伝　古今無双の剣豪』『伊藤一刀斎　天下一の剣』（いずれも日経文芸文庫）や柳生石舟斎の生涯を描いた『孤舟沈まず』（日本経済新聞出版社）、針ヶ谷夕雲を主人公にした『転覆記』（講談社）、『強情・彦左』（日本経済新聞社）など。

評伝・伝記小説に『剣豪伝説』（ちくま文庫）、『宮本武蔵の真実』（ちくま新書）、『第二の男』（日本経済新聞出版社）、『男の晩節』（日経ビジネス人文庫）、『宰相リシュリュー』（講談社）など多数。

評伝《ひょうでん》 横井《よこい》小楠《しょうなん》——未来《みらい》を紡《つむ》ぐ人《ひと》 1809–1869

2018年７月10日　初版第１刷発行©

著　者　小島英記

発行者　藤原良雄

発行所　株式会社 藤原書店

〒162-0041　東京都新宿区早稲田鶴巻町523
電　話　03（5272）0301
ＦＡＸ　03（5272）0450
振　替　00160 - 4 - 17013
info@fujiwara-shoten.co.jp

印刷・製本　中央精版印刷

落丁本・乱丁本はお取替えいたします
定価はカバーに表示してあります

Printed in Japan
ISBN978-4-86578-178-6

二人の巨人をつなぐものは何か

往復書簡 後藤新平―徳富蘇峰 *1895-1929*

高野静子＝編著

幕末から昭和を生きた、稀代の政治家とジャーナリズムの巨頭との往復書簡全七一通を写真版で収録。時には相手を批判し、時には弱みを見せ合う二巨人の知られざる親交を初めて明かし、二人を廻る豊かな人脈と近代日本の新たな一面を照射する。

実物書簡写真収録

菊大上製　二一六頁　**六〇〇〇円**
（二〇〇五年一二月刊）
◇978-4-89434-488-4

シベリア出兵は後藤の失敗か？

後藤新平と日露関係史
（ロシア側新資料に基づく新見解）

V・モロジャコフ
木村汎訳

ロシアの俊英が、ロシア側の新資料を駆使して描く初の日露関係史。一貫してロシア／ソ連との関係を重視した後藤新平が日露関係に果たした役割を初めて明かす。

第21回「アジア・太平洋賞」大賞受賞

四六上製　二八八頁　**三八〇〇円**
（二〇〇九年五月刊）
◇978-4-89434-684-0

今、なぜ後藤新平か？

時代が求める後藤新平
〈自治／公共／世界認識〉

藤原書店編集部編

現代に生きるわれわれは、百年先を見通し、近代日本のあるべき道を指し示した後藤新平に何を思い、何を託すのか。一一五人の識者によって書かれた現代の後藤新平論の決定版。**赤坂憲雄／緒方貞子／粕谷一希／佐藤優／鈴木俊一／辻井喬／鶴見和子／鶴見俊輔／李登輝**ほか　**［附］略年譜／人名索引**

A5並製　四三二頁　**三六〇〇円**
（二〇一四年六月刊）
◇978-4-89434-977-3

後藤新平が遺した珠玉の名言

一に人 二に人 三に人
（近代日本と「後藤新平山脈」100人）

後藤新平研究会編

百年先を見通し近代日本のあるべき道を指し示した先覚者・後藤新平の卓越した仕事は、「人」に尽きると言っても過言ではない。優れた人物を生かすことに長け、次世代の活躍にも貢献した後藤の、経験に裏打ちされた名言と、関連人物一〇〇人（板垣退助／伊藤博文／大杉栄／渋沢栄一／スターリン／孫文／高野長英／徳富蘇峰／新渡戸稲造ほか）とのエピソード。

A5並製　二八八頁　**二六〇〇円**
（二〇一五年七月刊）
◇978-4-86578-036-9

近代日本随一の国際人、没百年記念出版

近代日本の万能人・
榎本武揚
1836-1908

榎本隆充・高成田享編

箱館戦争を率い、出獄後は外交・内政両面で日本の近代化に尽くした榎本武揚。最先端の科学知識と世界観を兼ね備え、世界に通用する稀有な官僚として活躍しながら幕末維新史において軽視されてきた男の全体像を、豪華執筆陣により描き出す。

Ａ５並製　三四四頁　三三〇〇円
（二〇〇八年四月刊）
◇978-4-89434-623-9

自筆資料から実像に迫る！

古文書にみる
榎本武揚
〈思想と生涯〉

合田一道

裏切り者か、新政府の切り札か。その複雑な人間像と魅力を、榎本家に現存する書簡や、図書館等に保管されている日記・古文書類を渉猟しあぶり出す。膨大な資料を読み解く中でその思想、信条に触れながら、逆賊から一転、政府高官にのぼりつめた榎本武揚という人物の実像に迫る。

［附］年譜・人名索引
四六上製　三三六頁　三〇〇〇円
（二〇一四年九月刊）
◇978-4-89434-989-6

龍馬は世界をどう見ていたか？

龍馬の世界認識

岩下哲典・小美濃清明編

黒鉄ヒロシ／中田宏／岩下哲典／小美濃清明／桐原健真／佐野真由子／塚越俊志／冨成博／宮川禎一／小田倉仁志／岩川拓夫／濱口裕介

「この国のかたち」を提案し、自由自在な発想と抜群の行動力で、世界に飛翔せんとした龍馬の世界認識は、いつどのようにして作られたのだろうか。気鋭の執筆陣が周辺資料を駆使し、従来にない視点で描いた挑戦の書。

［附］詳細年譜・系図・人名索引
Ａ５並製　二九六頁　三二〇〇円
（二〇一〇年二月刊）
◇978-4-89434-730-4

龍馬の描いた近代日本の国家像とは？

龍馬の遺言
〈近代国家への道筋〉

小美濃清明

①龍馬は三舟（勝海舟・山岡鉄舟・高橋泥舟）に会っていた②龍馬はスペンサー騎兵銃を撃っていた③「大阪の造幣局」は龍馬の発案だった――これらの新事実から、平等思考、経営感覚、軍事指導力、国家構想力を兼ね備えた龍馬の実像と、その死後に実現した新政府財政構想が見えてくる！

四六上製　二九六頁　二五〇〇円
（二〇一五年一一月刊）
◇978-4-86578-052-9

「近代日本」をつくった思想家

別冊『環』⑰

横井小楠 1809-1869
〈「公共」の先駆者〉

源了圓編

I **小楠の魅力と現代性**
〈鼎談〉**いま、なぜ小楠か**
平石直昭＋松浦玲＋源了圓　司会＝田尻祐一郎

II **小楠思想の形成――肥後時代**
源了圓／平石直昭／北野雄士／吉田公平／鎌田浩／堤克彦／田尻祐一郎／野口宗親／八木清治

III **小楠思想の実践――越前時代**
沖田行司／本川幹男／山﨑益吉／北野雄士

IV **小楠の世界観――「開国」をめぐって**
源了圓／森藤一史／桐原健真／石津達也

V **小楠の晩年――幕政改革と明治維新**
松浦玲／小美濃清明／源了圓／河村哲夫／徳永洋

VI **小楠をめぐる人々**　松浦玲／源了圓

〈附〉**系図・年譜**（水野公寿）**関連人物一覧**（堤克彦）

菊大並製　二四八頁　**二八〇〇円**
（二〇〇九年一一月刊）
◇978-4-89434-713-7

大義を四海に布かんのみ

小説 横井小楠

小島英記

来るべき世界の指針を明示し、近代日本の礎となる「公共」思想を提言。幕末の志士の勝海舟、吉田松陰、坂本龍馬らに影響を与え、龍馬の「船中八策」や、「五箇条の御誓文」に範を示した徹底的な理想主義者ながら、大酒を呑み、時には失敗。揺るぎない信念と情熱と不思議な魅力をもった人間・横井小楠を大胆に描く歴史小説。

［附］略年譜／参考文献／系図／事項・人名索引

四六上製　六一六頁　**三六〇〇円**
（二〇一一年三月刊）
◇978-4-89434-907-0

小楠研究の第一人者による金字塔！

横井小楠研究

源　了圓

幕末・開国期において世界を視野に収めつつ「公共」の思想を唱導、近代へ向かう日本のあるべき国家像を提示し、維新の志士たちに多大な影響を与えた思想家・横井小楠（一八〇九―一八六九）の核心とは何か。江戸思想と日本文化論を両輪として日本思想史に巨大な足跡を残してきた著者の五〇年にわたるライフワークを集大成。

A5上製クロス装
五六〇頁　**九五〇〇円**
（二〇一三年六月刊）
◇978-4-89434-920-9

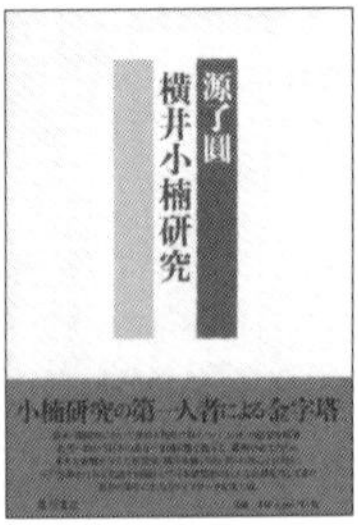

未踏の「小楠山脈」に迫る初成果！

横井小楠の弟子たち
〈熊本実学派の人々〉

花立三郎

幕末・維新期の実学思想家・横井小楠の理想と世界観に多大な影響を受け、近代日本に雄飛した、牛嶋五一郎、荘村助右衛門、徳富一敬、内藤泰吉、河瀬典次、山田武甫、嘉悦氏房、安場保和ら門弟八名の人物像と業績を初めて掘り起こした、著者の永年の業績を集大成。

A5上製クロス装
五一二頁　**八五〇〇円**
（二〇一三年六月刊）
◇978-4-89434-921-6